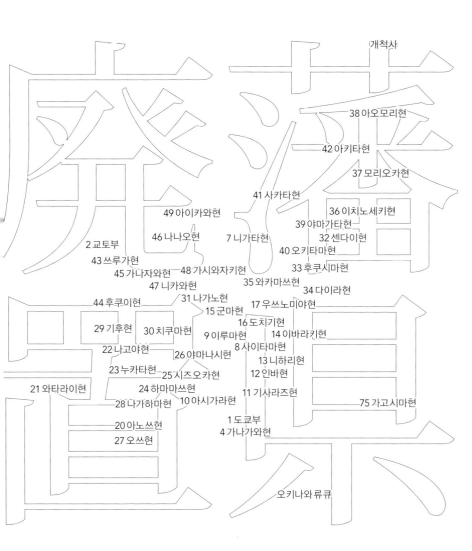

廃藩置県

개척사

38 아오모리현
42 아키타현
37 모리오카현
41 사카타현
36 이치노세키현
49 아이카와현
39 야마가타현
46 나나오현
32 센다이현
7 니가타현
2 교토부
40 오키타마현
43 쓰루가현
33 후쿠시마현
45 가나자와현
48 가시와자키현
47 니카와현
35 와카마쓰현
34 다이라현
44 후쿠이현
31 나가노현
17 우쓰노미야현
15 군마현
29 기후현
30 치쿠마현
16 도치기현
14 이바라키현
9 이루마현
22 나고야현
8 사이타마현
26 야마나시현
23 누카타현
13 니하리현
25 시즈오카현
12 인바현
21 와타라이현
24 하마마쓰현
11 기사라즈현
28 나가하마현
10 아시가라현
75 가고시마현
20 아노쓰현
1 도쿄부
27 오쓰현
4 가나가와현

오키나와 류큐

폐번치현
廃藩置県

일본 근대국가 탄생의 무대 뒤

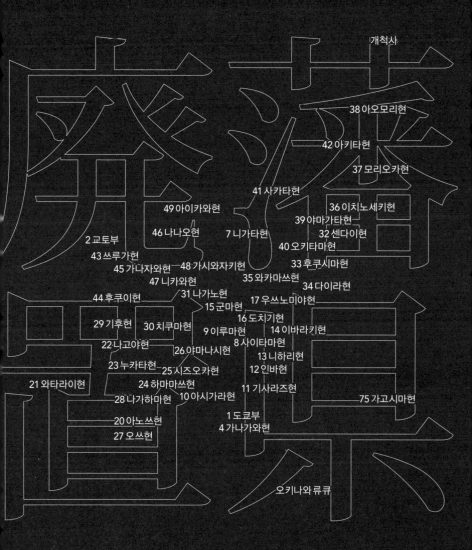

개척사

38 아오모리현

42 아키타현

37 모리오카현

41 사카타현

36 이치노세키현

49 아이카와현

39 야마가타현

46 나나오현 7 니가타현 32 센다이현

2 교토부 40 오키타마현

43 쓰루가현 48 가시와자키현 33 후쿠시마현

45 가나자와현 35 와카마쓰현

47 니카와현 34 다이라현

44 후쿠이현 31 나가노현 17 우쓰노미야현

15 군마현

29 기후현 30 치쿠마현 16 도치기현

9 이루마현 14 이바라키현

22 나고야현 8 사이타마현

26 야마나시현 13 니하리현

23 누카타현 25 시즈오카현 12 인바현

24 하마마쓰현 11 기사라즈현

21 와타라이현 10 아시가라현

28 나가하마현 1 도쿄부 75 가고시마현

20 아노쓰현 4 가나가와현

27 오쓰현

오키나와 류큐

가쓰타 마사하루 지음   김용범 옮김

교유서가

한국어판 서문

본서는 2014년에 간행된 『廃藩置県 — 近代国家誕生の舞台裏』(角川ソフィア文庫)의 한국어판이다. 2014년판의 원본은 2000년에 출간된 『廃藩置県 — 「明治国家」が生まれた日』(講談社選書メチエ)이다. 따라서 필자가 폐번치현론을 발표하고 나서 이미 23년이나 시간이 흘렀다. 그간에 필자의 폐번치현론에 수정을 가할 정도의 비판이 밀려오지는 않았으며, 지금도 그 견해는 바꾸지 않고 있다. 또한 그와 별개로, 일본 이외의 나라에 처음 소개되는 것은 뜻하지 않은 기쁨이었기에, 이번의 한국어판 간행 및 서문을 흔쾌히 수락하게 되었다.

폐번치현은 일본을 봉건국가(에도시대의 막번제국가로 불리는 에도막부와 번에 의한 분권국가)에서 근대국가(천황을 중심으로 하는 중앙집권국가)로 이행시킨 사건이었다. 폐번치현을 포함한 메이지유신에 의해 일본근대국가는 탄생한 것이다. 그리고 막부(쇼군)와 번(다이묘)은 그 모습을 감추게 되었다.

허나 막부와 번이 동시에 소멸한 것은 아니었다. 막부가 막을 내린 것은 1867년 12월의 왕정복고 쿠데타에 의해서였으나, 번이 소멸한 것은 그로부터 3년 8개월 후인 1871년 7월의 폐번치현에 의해서였다.

에도막부를 쓰러뜨리고 성립된 메이지 신정부가 번을 뛰어넘는 절대적인 권력을 지니고 있었더라면, 막부와 함께 번도 모습을 감추었을 것이고, 일거에 중앙집권국가를 창출하는 일도 용이했을 것이다. 그러나 막부와 번의 소멸에는 이러한 시차가 생겨나게 되었다. 이와 같이 왕정복고로 탄생한 신정부는 결코 처음부터 번의 폐지를 목표로 했던 것은 아니었다.

애당초 메이지 신정부는 본론에서 상술하겠으나, 제번(諸藩)에 의존하지 않으면 안 되는 정권으로서 탄생했다. 따라서 스스로의 기반이었던 분립하는 번을 존치시켜가며 중앙집권화를 꾀해야 했고, 이러한 지난한 과제와 씨름하지 않으면 안 되었던 것이다. 그리고 폐번을 의도하지 않았던 정부에 의해, 4년 후 번은 해체되게 된다. 본서는 번에 의존하던 정부가 구체적으로 어떻게 폐번에 이르게 되었는가를 테마로 한다.

폐번치현은 전술한 바과 같이 중앙집권화를 위해서 결행되었다. 그렇다면 어째서 중앙집권이 필요했던 것인가? 폐번치현의 칙서(천황의 문서)에는 그 목적이 다음과 같이 서술되어 있다.

메이지 천황은 즉위 이래 '억조(만민)를 보안'하는 국민생활의 안정과 더불어 '만국과 대치'하기 위해 정령을 하나로 하는 중앙집권으로 가고자 했다. 그러나 그 결실이 거둬지지 않았기에 폐번치현을 단행하였던 것이다.

이와 같이 폐번치현은 '만국과 대치'하는 데에 필요한 중앙집권을 실현하기 위함이 목적이었다. '만국과 대치'한다는 것은 '모든 나라들'과 '마주보며 선다'는 의미이다. 그렇다면 만국대치(万国対峙)는 당시 어떻게 사용되었던 것인가?

근대 국제법을 내세우는 구미제국의 압력이 가해진 19세기에 폐번치현을 포함한 메이지유신이 이루어졌다. 근대 국제법은 18세기 유럽에서 형성된 것으로, 세계를 문명국(文明国), 반문명국(半文明国), 미개(야만)로 나눠 구분하고 있다.

문명국이란 서양문명(기독교문명)국, 다시 말해 구미제국이다. 법과 행정 제도를 정비한 '한 사람 몫을 하는' 나라로서, 서로 평등한 권리를 인정하고 있는 그룹이다. 이어서 반문명국은 일본, 중국, 조선(한국), 튀르키예 등 아시아 제국(諸国)들이다. 그 나름대로 사회적 발전은 했으나, 문명국과 같은 법제도를 갖추고 있지 않은 탓에 평등한 권리는 인정되지 않는 나라들이다. 영사재판제도를 기축으로 하는 불평등조약을 강요받고, '반 사람 몫을 하는' 나라로 위치되는 그룹이다. 마지막으로 '미개'는 아프리카 지역이다. 국가로서 인정받지 못하고 국제법의 주체로서도 인정받지 못하기에, 선점의 이론(처음 발견한 '문명국'이 영유권을 지니게 된다는 원리)에 의해 문명국의 식민지지배 대상으로 정당화되는 지역이다. '국제법'이라 하더라도 어디까지나 구미 중심의 국제질서인 것이다.

따라서 구미제국은 반문명국이었던 일본(에도막부)에 대하여 군사력을 배경으로 불평등조약을 강요했고, 일본도 그것을 감수하지 않으면 안 되게 되었던 것이다. 그리고 성립 후 얼마 지나지 않은 메이지정부는 폐번치현에 앞선 1868년 1월 대외화친의 포고를 내어, 외국과의 교제는 '우내의 공법'(근대 국제법)에 준거하여 해나갈 것을 선언했다. 메이지 신정부(일본)는 근대 국제법을 받아들여, '반문명국'으로부터 '문명국'의 단계에 도달하는 것을 과제로 내걸었던 것이다. 내세웠던 만국대치란 불평등조약 체제로부터 벗어나, 구미제국(만국)과 대등(대치)하게 되는 것을 목적으로 한 것이었다.

폐번치현은 이미 보았던 대로 만국대치를 위해 중앙집권국가의 실현을 목적으로 단행한 것이었다. 본서에서도 만국대치라는 관점은 명확히 내세웠으나, 본서 간행 후에 나는 메이지유신기에 있어 최대의 국가적 과제(목표)는 만국대치였다는 인식을 갖게 되었다. 현재는 만국대치라는 관점으로부터 메이지유신의 종합적 연구를 진행하고 있다. 동시에, 일본과 같이 반문명국지역으로 인식되었던 아시아에 있어서, 근대화(서양화)를 달성한 한국이 만국대치라는 과제에 어떻게 대응하였는지에 대해서도 관심을 기울이고 있다.

마지막으로, 한국어판 간행과 관련하여 번역자인 한국산업인력공단의 김용범 씨에게 크게 신세를 졌다. 글의 말미에야 언급하게 되었으나 번역을 맡은 김용범 씨에게 깊은 감사를 전한다.

2023년 5월 가쓰타 마사하루

목차

• 일본의 연호 •

게이오(慶応) 1865년 4월 7일 개원
메이지(明治) 1868년 9월 8일 개원
다이쇼(大正) 1912년 7월 30일 개원
쇼와(昭和) 1926년 12월 25일 개원
헤이세이(平成) 1989년 1월 8일 개원
레이와(令和) 2019년 5월 1일 개원

개원한 당해를 원년으로 함. (예: 게이오 4년 = 메이지 원년)
메이지시대부터는 각각의 연호의 알파벳을 따서 약어로 쓰기도 함.

M = 메이지(明治)
T = 다이쇼(大正)
S = 쇼와(昭和)
H = 헤이세이(平成)
R = 레이와(令和)

서장
번(藩)이 사라진 날

메이지 4년(1871년) 7월 14일(양력으로는 1871년 8월 29일. 이하 연월일은 음력으로 기술), 아침부터 비가 왔던 이날 오후 2시, 황거(皇居) 회합장에는 급히 호출되어 정장을 하고 달려온 재경(在京) 지번사(구 번주) 56명이 모였다.

그들 앞에 메이지 천황이 모습을 드러내고, 우대신 산조 사네토미가 칙서를 낭독했다. 칙서에는 '억조(*億兆. 수많은 백성 —역자 주)를 보안(保安)하여 만국과 대치'할 수 있도록 '번을 폐하고 현을 만든다'는 천황의 어명이 있었다. 폐번치현의 단행이었다. 대부분의 지번사는 귀를 의심했다. 그것은 전혀 예상하지 못한 일이었다. 대부분이라고 한 것은, 몇 명의 지번사는 몇 시간 전에 이미 알림을 받았기 때문이다. 실은, 세레모니는 오전중에 이미 시작되어 7월 14일은 황거가 실로 분주한 하루였다.

또 아직 비가 내렸던 오전 10시, 조슈(야마구치)번지사 모리 모토노리, 사쓰마(가고시마)번지사 시마즈 다다요시, 히젠(사가)

11

번지사 나베시마 나오히로, 도사(고치)번지사 야마노우치 도요노리 대리(代理) 대참사(大参事) 이타가키 다이스케 등 4명이 황거로 불려왔다. 솔선하여 판적봉환(版籍奉還)을 건의한 이들 4개번의 지사와 대리 앞에 천황이 나타나 칙어를 내렸다. 판적봉환 행위를 칭찬함과 동시에, 이번에 '번을 폐하고 현을 만들게' 되었으니 이를 받들어 익찬(*翼賛. 보좌―역자 주)하라는 내용이었다. 폐번치현이 처음 선언된 것이다.

이윽고 나고야번지사 도쿠가와 요시카쓰, 구마모토번지사 호소카와 모리히사, 돗토리번지사 이케다 요시노리, 도쿠시마번지사 하치스카 모치아키가 불려왔다. 폐번이나 지번사 사직(辞職)을 건의해왔던 이 4명의 지번사들에게는 그 건의를 칭찬하는 칙어가 내려졌다. 그후, 전술한 바와 같이 재경 지번사들 앞에서 돌연히 폐번치현 선언이 내려졌다.

본론에서 상술하는 바와 같이, 폐번 합의가 유신정권 내부에서 성립된 것은 단행 닷새 전인 7월 9일이었다. 그것도 사쓰마·조슈 양 번의 지도자(사이고 다카모리·오쿠보 도시미치·사이고 쓰구미치·오야마 이와오와 기도 다카요시·야마가타 아리토모·이노우에 가오루 등)만으로 이루어진 결정이었고, 그들은 유력번인 도사번을 비롯한 제번에 어떠한 언질도 주지 않았다. 더욱이 당시의 최고 수뇌부였던 우대신 산조 사네토미와 대납언 이와쿠라 도모미가 폐번계획을 알게 된 것은 불과 이틀 전인 7월 12일이었다.

폐번치현은 이와 같이 단기간에 극비로 계획이 진행되었고, 천황이 일방적으로 전광석화와 같이 처리하여 단행되었다.

261개의 번이 폐지되고 그대로 현이 되어, 에도막부 멸망 후 신정부의 직할지에 놓인 부현과 합해 3부 302현이 되었다. 지번사는 파면되어 옛 번지(藩地)를 벗어나 도쿄로 옮기도록 명을 받았다.

칙서 한 통으로 번은 사라지고 에도막부체제는 완전히 붕괴되었다. 메이지 중앙집권국가 즉 '메이지국가'가 탄생한 것이다.

7위 니가타, 75위 가고시마 — 부현의 명확한 서열화

부현은 그후 메이지 4년 11월에 3부 72현으로 통폐합되었다. 그리고 12월에는 그 75부현의 '열순(列順)'(서열)이 포고되었다(『법령전서』 메이지 4년).

현재는 도도부현의 편의적 순번은 있어도 서열은 따로 없다. 그 순번 또한 여름의 전국고교야구선수권대회[*속칭 고시엔(甲子園) — 역자 주] 입장행진에서 보이듯, 홋카이도부터 도호쿠, 간토, 주부, 긴키, 주고쿠, 시코쿠, 규슈지방으로 이어져 마지막이 오키나와현으로, 북쪽에서 남쪽으로 내려간다.

그러나 메이지정부는 새로이 설치한 부현에 명확한 서열을 두었다.

'열순' 포고를 보면, 1위 도쿄부, 2위 교토부, 3위 오사카부, 4위 가나가와현, 5위 효고현, 6위 나가사키현, 7위 니가타현으로, 여기까지는 지역과 서열의 연계가 없다. 그리고 8위 사이타마현 이하는 거의 지역단위로 간토, 긴키, 도카이, 도호쿠, 호쿠

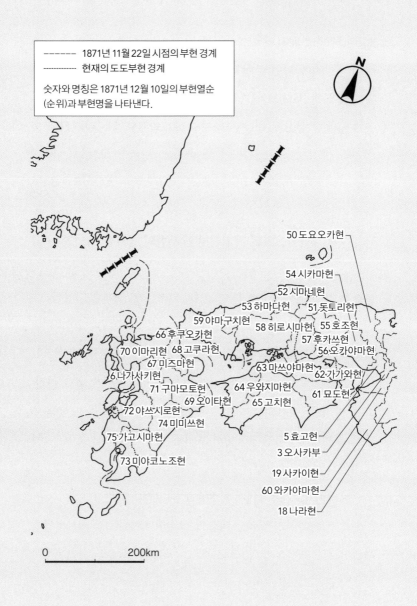

N

50 도요오카현
54 시카마현
52 시마네현
53 하마다현   51 돗토리현
59 야마구치현   55 호조현
58 히로시마현
66 후쿠오카현   57 후카쓰현
70 이마리현 68 고쿠라현   56 오카야마현
67 미즈마현
6 나가사키현   63 마쓰야마현   62 가가와현
64 우와지마현   61 묘도현
71 구마모토현
69 오이타현   65 고치현
72 야쓰시로현
74 미미쓰현
75 가고시마현   5 효고현
73 미야코노조현   3 오사카부
19 사카이현
60 와카야마현
18 나라현

0   200km

개척사

0 200km

N

개척사

38 아오모리현

42 아키타현

37 모리오카현

41 사카타현

36 이치노세키현

49 아이카와현

46 나나오현

7 니가타현

39 야마가타현

32 센다이현

40 오키타마현

2 교토부

43 쓰루가현

45 가나자와현

48 가시와자키현

47 니카와현

33 후쿠시마현

35 와카마쓰현

34 다이라현

44 후쿠이현

31 나가노현

17 우쓰노미야현

29 기후현

30 치쿠마현

15 군마현

16 도치기현

22 나고야현

9 이루마현

14 이바라키현

8 사이타마현

23 누카타현

26 야마나시현

13 닝하리현

21 와타라이현

25 시즈오카현

12 인바현

24 하마마쓰현

11 기사라즈현

28 나가하마현

10 아시가라현

75 가고시마현

20 아노쓰현

1 도쿄부

27 오쓰현

4 가나가와현

오키나와 류큐

N

0 200km

리쿠, 산인, 산요, 시코쿠, 규슈지방의 제현들로 이어진다(홋카이도와 오키나와지방은 메이지 4년의 폐번치현에서는 아직 현이 설치되지 않았다).

도쿄, 교토, 오사카, 가나가와, 효고 등은 어쨌든 이해가 가지만, 나가사키와 니가타가 상위에 있는 것은 현대의 관점에서는 의외의 서열이라고 볼 수 있지 않을까? 특히 니가타현은 메이지 중기 청일전쟁 이후 우라니혼(* 裏日本. 혼슈에서 동해에 면해 있는 가장 먼 지방을 가리킴 ― 역자 주)이라 차별받아 경제·사회·문화적으로 발전이 뒤처진 지방이었다(아베 쓰네히사, 『'우라니혼' 은 어떻게 만들어졌는가』). 그리고 현대에도 발전이 뒤처졌다는 인식이 완전히 없어지지는 않았다고 생각되는 것이, 필자가 우라니혼인 니가타현 출신인 탓이 아닌가 싶다. 사실 나가사키와 니가타는 가나가와(요코하마)·효고(고베)와 함께 개항지였고, 메이지정부는 3부와 함께 개항지를 중시했던 것이다.

또한 지역별로는 반드시 북쪽에서 남쪽으로 이어지는 것이 아니라 간토지방과 긴키지방이 상위에 있는 점이 시선을 끈다. 한편 도막(倒幕)의 중추를 담당한 많은 인재를 메이지정부에 보낸 구 사쓰마·조슈·도사·히젠번 4현(가고시마·야마구치·고치·사가현)을 보면 야마구치현 59위, 고치현 65위, 이마리현(메이지 5년 5월, 사가현으로 개칭) 70위, 가고시마현 75위(최하위)로 하위에 위치했다. 메이지 초기 부현의 서열이 정해졌을 당시 나가사키현과 니가타현이 상위에, 메이지유신의 중추를 담당한 가고시마·야마구치·고치·사가현이 하위에 랭크된 것은 사실이었다.

16

'상벌적 현명(県名)' — 미야타케 가이코쓰의 폐번치현론

현의 명칭은 폐번치현 직후에는 번명이 그대로 사용되었으나, 메이지 4년 11월 통폐합과 함께 변경이 이루어졌다. 그후, 다음해 5년 6월까지 다시금 변경이 이루어져 많은 현은 구 번과는 다른 명칭을 갖게 되었다.

메이지기부터 쇼와기까지 활동한 대표적 저널리스트로 미야타케 가이코쓰(1867년~1955년)가 있다. 〈돈치(頓智)협회잡지〉를 시작으로 40개에 이르는 잡지를 창간하였고, 메이지기에 발행된 신문과 잡지를 폭넓게 수집하여 도쿄대학 법학부 내에 메이지신문잡지문고를 창설한 인물이다. 그런 그가 1941년(쇼와 16년) 『부번현제사(府藩県制史)』라는 제목의 책을 간행했다.

미야타케는 현명이 붙여진 형식(구 번명과 현명의 관련성)에 착목하여 "메이지 역사상 놓쳐서는 안 되는 순역(順逆)이 표시된 사실(史実), 영구불멸의 상벌적 현명으로 봐야 하는 것들을 알 수 있었다"라고 주장한다. 다시 말해 '충근(忠勤)번'과 '조적(朝敵)번'을 구별하여, '충근번' 대번(大藩)의 현명에는 번명을 그대로 가져오고, '조적번'이나 '기회주의적으로 애매한 태도를 취했던' 대번의 현명에는 번명을 사용하지 않고 군명 내지 산천명을 붙였다는 것이다.

구체적으로는 '충근번'인 가고시마·야마구치·고치·사가·후쿠오카·돗토리·히로시마·오카야마·아키타 9개 번이 현명을 그대로 쓰고 있다고 지적한다. 한편 메이지 4년 9월 상순부터 11월 하순까지 3개월간 합병·개치(改置)한 현명에는 '조적'번명도 있으나, 다음해 5년 1월 이후에는 '조적번명은 하나도 없음'이라 단언하고, 마쓰에번의 시마네현(이즈모국 시마네군), 다카사키번의 군마현(고즈케국 군마군), 센다이번의 미야기현(리쿠젠국 미야기군), 모리오카번의 이와테현(리쿠추국 이와테군) 등 22개를 예로 든다.

미야타케의 주장은 폐번치현을 강행한 유신정권의 성격을 생각하는 데 하나의 재료를 제공하나, 그 옳고 그름은 본론에서 검토해보도록 하자(제6장).

정권 기반으로서의 번

에도시대의 체제는 막번체제로 불린다. 막부(쇼군)와 번(다이묘)을 기축으로 한 정치사회체제이다. 따라서 막부의 타도와 붕괴뿐만 아니라, 번을 소멸시키지 않으면 진정한 의미에서 에도막부체제 시대가 끝났다고 할 수 없다. 왕정복고를 결행하여 막부를 무너뜨린 것은 사쓰마·조슈 양 번을 중심으로 하는 제번과 공가(公家)에 의한 도막파이고, 번을 소멸시킨 것이 그 도막파에 의한 유신정권이다.

유신정권이란 통상 게이오 3년 12월 왕정복고 대호령부터 메이지 4년 7월 폐번치현까지의 정권을 지칭한다. 왕정복고 쿠데타로 도쿠가와막부는 폐지되고, 그후 보신전쟁으로 구막부 세

18

력이나 반대세력을 쓰러뜨린 유신정권은 천황을 위로 섬기고 천황친정을 표방했으나, 기본적으로는 제번의 힘에 의거한 정권이었다. 그것은 보신전쟁을 수행하는 데에 있어서 무엇보다도 제번의 군사력에 의존해야 했던 사실에서 단적으로 드러난다.

유신정권이 제번에 의존하는 것이 아니라 제번을 뛰어넘는 절대적인 권력을 지녔다면 번을 소멸시키는 것은 무리 없이 이해되었을 것이다. 그러나 현실적으로 유신정권은 제번에 의거하는 정권이었다. 그렇다면 자신의 기반인 번을 스스로 해체하는 상황이기에 매우 곤란한 일이었음이 틀림없다. 폐번치현을 생각하는 데에 있어서 가장 문제가 되는 것이 유신정권과 번의 관계이다.

폐번구상에 대한 의문

지금까지 메이지 유신사 연구의 통설에서는 다음과 같이 설명했다. 왕정복고로 탄생한 유신정부는 확실히 제번연합정권이었다. 그러나 보신전쟁을 거치면서 그 성격은 크게 변화하여, 제번으로부터 상대적으로 고도로 자립한 전제정권이 되었다. 그리고 그 정권은 초기부터 천황을 옹립하는 중앙집권국가 수립과 봉건체제(번체제) 해체가 목표였다. 이 목표를 향하여 정권 내에서 수립된 폐번플랜에 기초하여 번을 통제하는 정책이 일방적으로 진행되고 그 결과 제번 해체가 진행되어 폐번으로 가게 되었다는, 다

19

시 말하여 폐번치현은 유신정권이 당초부터 의도한 정책이었다는 이해이다.

이러한 통설에 대해서 근년 큰 의문이 제기되고 있다. 폐번치현 직전까지 정권 내부에서 폐번구상은 존재하지 않았던 것은 아닌가라는 지적이다. 종래의 '폐번플랜'이라 하는 제(諸)구상에 대한 의문이다.

폐번구상이 부정되면 폐번치현은 유신정권이 본래 의도한 것이라는 통설은 흔들리게 된다. 이에 폐번치현은 어떻게 이루어졌는가라는 소박하면서도 근본적인 의문이 다시금 부상하게 되었다. 폐번구상 유무의 재검토가 요청되게 된 것이다.

그리고 폐번치현 단행 요인으로 최근 두 가지 학설이 나오고 있다. 하나는 존왕양이(尊王攘夷)파에 의한 번을 기반으로 하는 반정부운동이다. 반정부운동이 격화되면서 쫓기게 된 유신정권이 권력을 유지하기 위해 제번에 의존하던 태도를 바꾸어 제번을 해체했다는 설이다.

또 하나는 유력 번(도쿠시마·돗토리·구마모토·나고야번 등)의 자주적 폐번운동이다. 이러한 제번의 운동에 대항하여 사쓰마·조슈 양 번(특히 조슈번)이 정권의 주도권을 유지하기 위해 폐번을 쿠데타 방식으로 단행했다는 설이다.

폐번치현은 어째서 일어난 것인가

폐번치현은 에도시대의 막부체제에 종지부를 찍고 진정한 의미의 '메이지국가'를 탄생시킨 중요한 의의를 지니는 사건이다. 그리고 메이지유신 3대 개혁이라 불리는 학제·징병령·지조개정으로 시작하는 근대화정책은 폐번치현 직후부터 급속히 진행된다. 폐번치현 덕에 드디어 근대화로 가는 출발점에 서는 것이 가능해졌다. 이처럼 폐번치현은 근대화로의 급발진을 가져왔다는 의의를 지닌다.

이러한 획기적 의의를 지닌 폐번치현을 서술하는 데 있어서, 앞에서 언급했던 연구 상황을 바탕으로 본서에서는 두 가지 과제를 설정하고자 한다.

첫째로, 유신정권 내부에서 번체제가 어떻게 여겨졌는지에 대해서이다. 폐번구상은 당시 실제로 제기되었는가. 유신정권이 과제로 삼은 것은 폐번치현의 칙서에 있는 대로 '억조를 보안하여 만국과 대치'하는 것이다. 다시 말해, 다가오는 구미열강의 압력이라는 국제환경 아래 어떻게 하면 국민 생활의 안정을 꾀하고 열강과 어깨를 나란히 할 수 있는가 하는 점이 긴급한 정치 과제가 되었다. 번체제를 해체하지 않으면 그 과제를 해결할 수 없다고 생각했던 것인가. 그렇지 않으면 번체제를 유지한 채로도 그것이 가능하다고 생각했던 것인가.

둘째로, 폐번치현을 단행한 요인을 유신정권 내부에서 찾는 것이다. 반정부운동이나 자주적 폐번운동이라는 종래의 지적은 유신정권 외부에서 요인을 찾는다는 공통점이 있다. 과연 이 두 가지 운동은 폐번치현을 단행시킬 정도로 유신정권에 위기감을 불러온 것인가.

이러한 과제에 접근하기 위해, 폐번치현을 결과론적으로 재단하는 것이 아니라 당시의 상황에 몸을 두고 그 장소로부터 시좌(視座)하는 것을 본서의 기본적인 입장으로 하고자 한다.

제1장
유신정권이 탄생한 날

1. 왕정복고 대호령

쿠데타

게이오 3년(1867년) 10월 14일, 제15대 쇼군 도쿠가와 요시노부는 대정봉환(정권반환) 상주를 조정에 제출했다. 도사번이 공의정체론에 기초하여 대정봉환을 막부에 제청해, 그것을 받아들이는 모습으로 이루어진 것이다.

요시노부는 상주문에서, 외국과의 교제가 번성한 현상황에 조정의 권력이 통일되지 않으면 국가를 통치하는 근본 원칙이 서지 않으니, 정권을 조정에 반환하여 널리 '천하의 공의'에 힘쓰고 '성단'을 우러러 동심협력하여 국가를 보호하지 않으면 안 된다고 하였다.

공의정체론이란 평화적으로 막부를 폐지하여 막부의 전제(專制)를 부정하는 제번연합정권의 구상으로, 제번주의 회의를 국책결정기관으로 두는 것이다. 결코 한 명의 번주로서 도쿠가와 요시노부를 배제하는 것이 아니다. '천하의 공의'란 제번의 공의를 의미하는 것으로, 요시노부는 공의정체론에 의한 신정권(제번연합정권)을 기대했고, 스스로도 번주로서 그 정권에 참가하려는 의도로 대정봉환을 실행한 것이다.

한편 군사력으로 막부를 쓰러뜨려 도쿠가와가를 말살하려는 무력도막파인 사쓰마번과 조슈번에는 각각 10월 13일과 14일 조정에서 '토막의 명'이 내려왔다. 적신(賊臣) 요시노부의 '처형'을 명하는 밀칙이었다. 이러한 정치 상황에서 요시노부가 선택한 길은 사쓰마·조슈 양 번의 무력도막파와 군사충돌을 피하고, 대정봉환 후 신정부의 주도적 지위에 오르는 것이었다.

상황은 요시노부에게 유리하게 전개된다. 조정은 15일에 상주를 수리하고 요시노부에게 '천하'와 동심협력하라고 하여, 신정부에 참가하는 것을 인정하는 의향을 표한다. 또한 내정·외교의 중요사항은 제다이묘의 '중의'에 맡기게 하고, 10만 석 이상의 다이묘에게 상경을 명했다.

이때 특히 8명이 지명된다. 도쿠가와 요시카쓰(나고야번), 마쓰다이라 요시나가(후쿠이번), 나베시마 나리마사(히젠번), 야마노우치 도요시게(도사번), 다테 무네나리(우와지마번), 아사노 모치나가(히로시마번), 이케다 모치마사(오카야마번), 시마즈 히사미쓰(사쓰마번)이다. 그들을 중심으로 하는 제번연합정권이 구상되었던 것이다.

그후 10월 20일, 조정은 국정을 자문하기 위해 교토에 체재하고 있는 제번의 중신을 소집했으며 요시노부도 그 자리에 불려갔다. 21일에는 사쓰마·조슈 양 번에 '토막의 명'을 중지하라는 지시가 내려졌다.

24일, 요시노부는 쇼군직에 사표를 제출했으나, 조정은 제 다이묘의 회의에서 결정하도록 보류했다. 요시노부는 여전히 쇼군의 자리에 있게 되었다.

사태가 이렇게 전개되는 와중에, 어디까지고 무력도막을 목표로 하는 오쿠보 도시미치와 이와쿠라 도모미 등은 쿠데타 방식으로 막부를 폐지하는 계획을 진행해간다. 먼저 군사력 결집부터 시작된다. 사쓰마번에서는 오쿠보의 주선으로 번주 시마즈 다다요시가 번병 3000명을 이끌고 가고시마를 출발한다. 도중에 조슈 미타지리에 들러 출병에 대해 협의하고, 11월 23일 교토에 입성한다. 조슈번도 29일에 번병 1200명을 효고에 상륙시켰고, 히로시마 번병 300명도 28일 교토에 도착했다. 조정 내에서는 오기마치산조 사네나루나 나카미카도 쓰네유키 및 메이지 천황의 외조부인 나카야마 다다야스가, 제번 중에서는 도사번과 나고야번 및 후쿠이번이 움직였다.

12월 6일, 오쿠보 저택에 사쓰마번사 사이고 다카모리·이와시타 마사히라·요시이 도모자네·이지치 마사하루와 이와쿠라가 모여 결행일을 9일로 결정했다. 8일, 이와쿠라는 사쓰마·도사·히로시마·나고야·후쿠이번의 중신을 자택으로 불러, 다음날인 9일에 결행한다고 전하고 각각의 출병을 확인했다. 9일 오전 10시, 사이고의 지휘하에 앞서 말한 5개 번의 번병이 출동하여 궁문을 봉쇄하는 중에, 천황이 친왕과 공가 및 야마노우치 도요시게,

시마즈 다다요시 등을 앞에 두고 왕정복고 대호령을 선포했다.

웅번연합정권의 탄생

왕정복고 대호령은 요시노부의 정권 반환과 쇼군직 사임을 허가하고, 왕정복고의 기초를 세우기 위해 섭정·관백·막부를 폐지한다는 선언이다. 단순히 막부제도뿐 아니라 섭관제도도 폐지한 것이다. 대호령에는 '진무 창업의 시(始)'에 기초한다고 명기되어 있다. 가마쿠라막부 이래의 무가정치와 그에 앞선 섭관정치(* 헤이안시대 이래, 후지와라 씨가 천황을 대신하여 섭정·관백으로 조정의 정치를 맡은 것―역자 주)를 부정하고, 고대의 천황친정으로 복고하는 것을 의미한다. 그리고 여기에서도 '지당한 공의'를 다하라는 뜻을 높이 세우고 있음을 확인할 수 있다.

대호령에는 신정권이 당면한 구상으로 총재(総裁)·의정(議定)·참여(参与) 등 3직을 둔다고 되어 있으나, 그 권한 및 직무에 대해서는 어떠한 기술도 없다(후술하듯 그것은 다음해인 게이오 4년 1월 17일에 제정된다). 3직은 왕정복고 정신으로 황족을 중심에 두고, 당연한 것이지만, 쿠데타에 참여한 공가 및 제번에서 선출한다.

총재에 황족인 아리스가와노미야 다루히토 친왕을 두고, 의정은 공가에서 나카야마 다다야스·오기마치산조 사네나루·나카미카도 쓰네유키, 번에서는 전 나고야번주 도쿠가와 요시카

28

쓰·전 후쿠이번주 마쓰다이라 요시나가·히로시마번 세자 아사노 모치코토·전 도사번주 야마노우치 도요시게·사쓰마번주 시마즈 다다요시가 선출됐다. 참여에는 이와쿠라 도모미와 5개번에서 각각 3명씩 임명되었다. 나고야·후쿠이·히로시마·도사·사쓰마번을 중심으로 하는 웅번연합정권의 탄생이었다.

12월 18일 제번주에게 내려온 소집령에서 보이듯, 이 정권은 다른 번주의 참여를 호소한다. 또한 같은 날 3직회의에서 왕정복고를 외국에 통고하는 문장이 검토되었으나, 오쿠보 도시미치가 기초한 문안에는, 천황은 '동맹열번의 주인'이고 정책은 전부 '동맹열번의 회의'를 통해 천황이 결정한다고 적혀 있다(『이와쿠라공 실기』 중). 3직회의는 이를 인정하였고, 자문받은 재경 제번주도 동의를 표했다. 그러나 이 통지도 번주회의의 결정이 필요하므로 회의가 개최될 때까지 연기되었다. 번주회의의 중요성이 드러나 보이는 부분이다.

22일, 조정이 만기를 재결하는 데 있어서 널리 '천하의 공의'를 채택한다는 고유(告諭)가 제번에 내려진다. 신정권은 확실히 제번연합정권의 실체화를 향해 움직이기 시작했다.

'수포로 돌아간다'

왕정복고 쿠데타를 결행한 12월 9일 밤, 신정권 첫 회의가 소어소(小御所)에서 열렸다. 천황 임재하에 총재·의정·참여가 참석

도쿠가와 요시노부(국립국회도서관 소장)

하였다. 의제는 소위 사관납지(辭官納地)와 요시노부 처우 문제
였다. 여기에서 도사번의 야마노우치 도요시게·고토 쇼지로와
이와쿠라 도모미·오쿠보 도시미치 사이에 격론이 오갔다.

야마노우치·고토는 대정봉환을 높이 평가해 요시노부의 회
의 참가를 요구하면서, 왕정복고 쿠데타를 몇 명의 공경이 '어린
천자'를 옹립한 '음험한' 일이라고 강하게 비판했다. 이에 반해 이
와쿠라·오쿠보는 모든 것은 '성단'에 근거한 행동으로, 요시노부
에게 관직(내대신) 사임과 토지반환을 요구해야 한다고 주장했
다. 회의는 심야까지 이어져 간신히 사관납지가 결정되었다.

이 결정은 다음날인 10일, 마쓰다이라 요시나가와 도쿠가와
요시카쓰가 요시노부에게 전달하였다. 요시노부는 배하 가신들
의 마음이 수그러들 때까지 사관납지 유예를 원한다고 답장했다.
요시노부는 12일 교토 니조성에서 오사카성으로 옮기고, 그후의

사관납지문제는 요시노부에게 유리한 방향으로 전개된다.

　23일과 24일에 열린 3직회의에서 납지는 강제가 아니라 정부의 경비를 위해 상납하는 것으로 하고, 그 액수도 '천하의 공론'으로 확정하기로 결정했다. 이와쿠라와 오쿠보의 납지론은 골자가 빠지게 되었다.

　이 결정은 26일에 요시노부에게 전해졌다. 요시노부는 납지를 '천하의 공론'으로 확정하는 것은 당연하며, 더 나아가 도쿠가와가뿐 아니라 제번에도 석고에 따라 상납을 요구하여야 하며, 그렇지 않으면 '신하된 자들의 민심'을 가라앉힐 수 없다고 주장하였다(『도쿠가와 요시노부 공전』).

　이러한 상황에서 이와쿠라는 이듬해인 게이오 4년 1월, 요시노부 면관 이후의 의정 취임과 석고에 따른 토지 제공을 인정할 수밖에 없었다. 왕정복고 쿠데타에 품었던 이와쿠라·오쿠보의 의도(요시노부=구막부 세력의 배제)는 크게 후퇴했다.

　오쿠보는 1월 3일 이와쿠라에게 편지를 보내, 이대로 추이가 흘러간다면 왕정복고라는 '대변혁'도 '수포로 돌아간다'고 읍소한다(『오쿠보 도시미치 문서』 2). 요시노부를 포함한 제번연합정권이 될 가능성이 커지게 되었다. 요시노부는 이미 전년 12월 16일 영·불 등 6개국 공사와 만나 외국과의 교섭을 계속한다는 뜻을 명언하고, 19일에는 이와쿠라가 거부하긴 했지만 왕정복고 대호령 폐지를 요구했다.

　이 가능성을 완전히 없앤 것이, 사이고 다카모리 등이 에도에서 이끈 도발행위에 따라 도쿠가와측이 12월 25일 사쓰마번

번저에 불을 지른 사건이었다. 이 사건의 일보가 오사카성의 요시노부에게 들려온 것이 28일로, 요시노부측의 주전파는 이를 빌미로 교토 진군을 주장하게 되었다.

'조적' 요시노부 — 도바·후시미전투

게이오 4년(1868년) 1월 2일, 오사카성의 도쿠가와군은 '사쓰마 토벌의 표'를 상주하고 교토를 향해 출진한다. 도쿠가와 직속군과 아이즈·구와나 양 번병, 더 나아가 신선조 등을 포함하여 대략 1만 5000명이었다. '사쓰마 토벌의 표'에 의하면 왕정복고 쿠데타 이후의 군사사태는 조정의 '진의'가 아니라 사쓰마번 '간신'의 '음모'였다. 더 나아가 에도를 도발하는 행위를 엄히 규탄하며 그 '간신'의 신병을 넘길 것을 요구하고, 이를 받아들이지 않을 시 어쩔 수 없이 '주륙'을 행하게 될 것이라 하였다(『도쿠가와 요시노부 공전』). 사쓰마번에 대한 선전포고였다.

1월 3일, 도바·후시미에서 사쓰마·조슈·도사번을 중심으로 하는 신정부군과의 사이에 싸움이 벌어진 것으로 보신전쟁이 시작되었다.

같은 날, 오쿠보는 사이고와 협의한 후 이와쿠라에게 편지를 보낸다. 오쿠보는 편지에서 3대 실책을 지적하며 이와쿠라를 엄중히 질책한다. 3대 실책이란, 요시노부의 사관납지를 천황의 명령으로 실행하지 않고 마쓰다이라 요시나가와 도쿠가와 요시

32

카쓰에게 위임한 것, 요시노부의 오사카행을 인정한 것, 요시노부의 의정 취임을 약속한 것이다. 그리고 이 사태를 타개하기 위해서는 '근왕무이(勤王無二)'의 번이 힘을 합쳐 전쟁을 주창하여 '비상한 진력'으로 분발하지 않으면 안 된다고 이와쿠라를 격려한다(『오쿠보 도시미치 문서』2). 오쿠보·사이고는 도쿠가와측과의 전쟁에서 승리하는 것으로 왕정복고 쿠데타에 담은 의도를 실현하려고 했다.

1월 4일, 의정 요시아키라 친왕이 정토대장군에 임명되어 금기(錦旗)와 절도(節刀)를 받았으며, 사쓰마·히로시마 양 번병을 이끌고 출진했다. 소위 '관군'의 출현이다. 6일 도쿠가와측의 패배로 도바·후시미전투가 끝나고, 요시노부는 오사카성을 탈출하여 에도로 향했다. 다음날인 7일에는 요시노부 추토령이 내려졌다. 추토령은 요시노부의 행동은 시종 조정을 속이는 '대역무도'한 행동이라며, 요시노부를 '조적'으로 명확히 규정하고 있다.

10일에는 '지금까지 도쿠가와 지배하에 있던 지소(地所)', 다시 말해 구막부령을 '오랜 옛날과 같이' 모두 조정령으로 되돌리는 고유서를 앞서 말한 요시노부 추토서와 함께 게시했다. 납지 문제에 있어서 일방적인 반환을 명하는 오쿠보·이와쿠라의 의도는 도바·후시미전투를 거쳐 겨우 실현되었다.

제번연합이라는 성격

'관군'이라 불리는 신정부군은 1월 4일~25일에 조직된 산인도·도카이도·도산도·호쿠리쿠도·규슈 진무총독부와 주고쿠·시코쿠 추토총독부로 구성되었다. 왕정복고 정신에 따라 총독에는 천황 측근인 공가가 배치되었으나 실전경험이 없어 군사지휘는 불가능하였기에, 실제 지휘는 사쓰마·조슈 등 제번에서 임명된 참모가 맡았다. 참모는 기본적으로 번을 초월하는 성격을 지녔으나, 실제 병사 인원은 사쓰마·조슈 양 번을 중심으로 하는 제번병으로 구성되었다. 아직 직할군은 조직되지 못하고, 제번 연합에 의해 군사력이 구성된 것이다.

제번에 의거하는 성격은 관제상에서도 보인다.

1월 17일의 3직 7과제에서 총재·의정·참여 3직의 직무가 정해져, 행정을 분담하는 사무과로서 7과가 설치되었다. 총재는 '만기를 총람하여 일체의 사무를 결정'하게 되었으나, 이는 천황친정의 원칙('만기를 총재'하는 것이 천황)과 모순되는 것으로서, 아직 관제면에서는 천황친정은 명확히 드러나 있지 않다.

또한 징사(徵士)·공사(貢士)의 제도화가 이 7과제에서 이루어졌다. 징사는 신정부가 제번에서 발탁하여, 관료제의 출발이 되었다고 평가받는다. 한편 공사는 석고[* 石高. 토지의 곡물 수확량을 바탕으로 한 영지 면적을 나타내는 말. 메이지유신의 중추적 역할을 한 조슈번은 약 37만 석, 가고시마번은 약 72만 석 정도였다. 1873년(메이지 6년) 지조개정(地租改正)으로 폐지될 때까지

사용되었다―역자 주]에 따라 제번에서 1~3명을 선발하여 '여론공의'를 꾀했다. 지금까지 징사제도가 중시되어왔으나, 제번의 이해(利害)를 대표하는 공사제도도 무시할 수 없는 것이 사실이다.

그후 2월 3일에 3직 8국제로 개정되어, 사무과가 국이 되고 총재가 직할하는 총재국이 제도화되었다. 산조·이와쿠라·기도·오쿠보·고마쓰·고토가 총재국에 등용되어, 그들이 정부를 주도하는 체제가 가능해졌다 할 수 있다. 그러나 8국 구성원은 공가와 번주(쓰와노번주 가메이, 전 후쿠이번주 마쓰다이라, 다카나베번주 아키즈키, 우와지마번주 다테, 전 히젠번주 나베시마, 히로시마번주 아사노, 구마모토번주 호소카와, 다카토쿠번주 도다) 및 사쓰마·조슈·도사·아키타·히로시마·후쿠이·돗토리·우와지마·구마모토·오가키·오카야마의 번사로 구성되었다. 제번사의 '조신'(朝臣, 유신관료)화가 진행되었으나, 제번에 의거하는 정권이라는 성격이 크게 달라진 것은 아니었다.

2. 부번현 세 통치 체제의 성립

민심 장악

도바·후시미전투에서 구막부군의 패퇴는 서일본 제번이 신정부를 지지하게 되는 결정적인 요인이 되었다. 거의 1개월 내에 서일본이 평정되고 구막부령이나 '조적' 제번의 영지는 신정부에 몰수되었다. 그리고 이 몰수지(직할령)에 처음에는 진대(鎭台)를, 이어서 재판소를 두게 된다. 게이오 4년 1월 21일에 야마토 진대를 시작으로 하여, 22일에는 오사카 진대와 효고 진대가 설치된다. 야마토 진대는 2월 1일에 폐지되나, 오사카 진대는 1월 27일에 오사카재판소로, 효고 진대는 2월 2일에 효고재판소로 개조된다.

  재판소는 그후 2월 2일에 나가사키, 2월 19일에 교토, 3월 7일에 오쓰, 3월 19일에는 요코하마, 그리고 4월에 들어서는 12일에 하코다테, 18일에 가사마쓰(지금의 기후현), 19일에 니가타와

후추(지금의 효고현), 24일에 사도, 29일에는 미카와에 설치된다.

재판소라는 명칭이긴 하나 지금의 재판소(법원)와는 의미가 다르다. 당시는 사법뿐 아니라 행정도 담당하는 민정기구였다. 재판소에 내려진 지령에서는, 첫번째로 '자비심' 깊게 민중을 대하고 구막부의 악정을 새로이 할 필요성이 있음을 언급하고 있다(『복고기』). 민심 장악이 최우선인 점이 엿보인다. 재판소는 총독을 수반으로 두었으나 실질적으로는 그 아래의 참모나 참모조역이 사무를 수행하였다. 총독에는 공가가, 참모나 참모조역에는 제번의 번사가 임명되었다.

에도의 무혈개성

서일본의 제번이 공순한 태도를 보인 2월 초순부터 동일본을 평정하기 위한 군사행동이 개시된다. 2월 3일 천황친정령을 내리고 최고사령관으로 대총독을 두고, 9일에는 총재 아리스가와노미야 다루히토 친왕을 동정대총독에 임명하여 군사 전권을 위임하며, 15일에는 대총독이 직접 출진한다. 동정군은 도카이도·도산도·호쿠리쿠도 3방면으로 나뉘어 에도로 향하여, 구막부측의 저항을 거의 받지 않고 3월 12일부터 13일에 걸쳐 에도에 입성했다.

동정군의 진격에 대해 요시노부는 공순의 뜻을 표하고 우에노의 간에이지에 틀어박혀 나오지 않았다. 가쓰 가이슈가 대총독부 참모 사이고 다카모리와 교섭하여 요시노부를 관대하게 처분하는 데 성공했다. 요시노부는 죽음으로 사죄하는 것을 면하고, 미토에서 근신처분을 받게 되었다. 이 가쓰·사이고 면담으로 에도의 무혈개성이 결정된 것은 잘 알려진 사실이다.

4월 11일 에도성이 신정부측에 인도되어, 요시노부는 에도를 떠나 근신처인 미토로 향했다. 단, 에도성 개성으로 보신전쟁이 끝난 것은 아니다. 오히려 이후 구막부 일부나 제번의 신정부에 대한 저항은 간토지방에서 도호쿠지방, 더 나아가 홋카이도로 확대되어 전투는 격화되며 보신전쟁은 본격화된다. 간토 이북의 직할지는 이 전란 종식 후에 설치된다.

천황친정으로 전환

게이오 4년 3월 14일, 천황이 교토어소의 시신덴(紫宸殿)에서 공가·제번주 이하를 이끌고 천지신명에 맹세하는 형식으로 5항목에 걸친 신정부의 기본방침(국제)이 발표되었다. 소위 말하는 5개조 서약문이다.

서약문 원안은 참여인 후쿠이번사 유리 기미마사가 작성했다. '의사 본체의 대의'란 제명(題名)에서도 확연히 드러나듯, 유리의 안은 번주회의의 취지를 드러내는 것으로서 작성되었다. 그리고 이 안은, 마찬가지로 참여인 도사번사 후쿠오카 다카치카와 협의하여 '회맹'으로 수정된다. 후쿠오카는 '회맹'에서 유리의

안에서는 마지막 5조에 있던 '만기공론으로 결정하고 사적으로 정하는 일 없으라'를 '열후회의를 열어 만기공론으로 결정해야 할 것'으로 바꾸고 제1조로 가져온다. '회맹'이 기초된 시기는 게이오 4년 1월 초순으로 추정된다. 제번연합정권으로서 유신정권이 탄생한 것은 이미 기재한 대로이다. 후쿠오카의 안은 열후회의(번주회의)를 최고국책결정기관으로 하는 공의정체론에 기초한 초안이다.

이 안을 수정한 사람이 총재국 고문인 조슈번 기도 다카요시였다. 기도는 형식과 내용에 수정을 가했다. 형식면에서는 천황이 열후회의 상석에서 서약문에 서약하는 것에 이론(異論)을 제기하여, 신하가 천황에 맹세를 올리는 형식으로 변경했다. 그리고 내용면에서는 제1조의 '열후회의를 열어 만기공론으로 결정해야 할 것'을 '널리 회의를 열어 만기공론으로 결정해야 할 것'으로 수정하였다. 형식과 내용에서 모두 열후회의가 크게 후퇴하고, 거기에 대응하듯 천황이 급부상하는 것을 알 수 있다.

또한 서약을 위반하지 않도록 서약서에 서명할 것이 공가와 번주들에게 요구되었다. 그 서약서에는 5항목의 서약문이 '금일의 급무'이자 '영세(永世)의 기초'임이 기재되었다. 게이오 4년 3월 14일부터 메이지 4년 5월 4일까지 20회에 걸쳐 544명에 이르는 황족·공경·번주가 서명하였다. 제번주가 천황과 신종관계를 맺게 되어, 유신정권은 천황의 이름으로 제번에 대한 통제가 가능해졌다.

하라구치 기요시가 『보신전쟁』에서 주장하듯, 서약문에 따라 만기를 친재하는 천황의 절대적 지위가 정해진 것은 확실히 그러하다. 왕정복고 이래 천황친정 방침은 서약문으로 확정되었다고 할 수 있다. 그와 동시에, '만기공론으로 결정해야 할 것'을 제1조에 수록한 것에 주목해야 한다. '공론'이란 모호한 표현이긴 하나, 이 시기에 상정되는 것은 이때까지의 경위로 보아 제번의 '공론'인 것은 틀림없다.

　이는 천황친정이라 하더라도 현실적으로는 제번의 힘에 의거하지 않으면 국가적 과제를 실현할 수 없다는 사실을 표명한다. 그러나 하라구치 기요시의 『보신전쟁』에서 주장한 대로, 제번에 의거한다고 해서 제번연합정권인 것은 아니다. 어디까지나 의거하는 것일 뿐, 제번에 국책결정권은 부여되지 않았다. 국가의사의 최종 결정권은 번주회의가 아닌 천황에게 있었다. 그런 의미에서 유신정권은 탄생 당시에 진행되기 시작한 제번연합으로의 길을 서약문에 의해 천황친정으로의 길로 변환시킨 것이었다. 그와 동시에, 반복적으로 언급하게 되나 제번에 의거했던 정권인 점 또한 강조하고자 한다.

번의 대중소 구분

유신정권이 번에 대한 방침을 명백히 한 것은 2월 11일 제번을 대·중·소의 3종류로 구분한 것이 처음이다. 대번은 40만 석 이상, 중번은 10만 석 이상, 소번은 1만 석 이상이었다. 그리고 제번에 일률적으로 지령을 내린 것은 서약문 발포 후이다.

4월 12일, 제번에 다음과 같이 포고를 낸다. 서약을 바탕으로 제번도 '어의'(御意, 서약문)를 확실히 인식하고, 하루속히 정령을 '대변혁'시키도록 하라. 번 성립 이래 내려오던 법령이더라도 현재 시세에 맞지 않을 시에는 '단연 파기'하고, 조정·제번의 일체화를 목표로 전력을 다하여, 문벌제도를 타파하고 '현명한 재사'를 등용해야 한다. 그리고 이 변혁이 실행되었는지 확인하기 위해 순찰사를 파견한다(『태정관일지』).

유신정권은 5개조 서약문을 전면에 내세우며 조정과 일체화하도록 제번에 개혁을 요구하기 시작했다. 그리고 유신정권은 4월 14일, 서약서에 서명한 재경 제번주들에게 지령을 내려, 귀번하여 서약문의 '어의'를 받들어 번정개혁을 실시할 것과 아직 국가가 평정되지 않았으니 불측의 사태에 대비하여 군비를 충실히 할 것을 명한다. 또한 이 지령에는 서약을 끝내지 않은 번주는 그대로 재경하라는 문언도 있다(『태정관일지』). 서약서에 대한 서명은 강제였다.

'만기를 총람'하는 천황

유신정권이 번을 지방행정단위로 편입한 것은 윤4월 21일에 작성한 정체서에서였다. 정체서는 참여 소에지마 다네오미와 후쿠오카 다카치카가 중심이 되어 작성한 것이다. 5개조 서약문의 취지에 따른 관제개혁으로 천황친정을 제도면에서 명확히 한다는 의도였다.

구체적으로는 그때까지 '만기를 총람하여 일체의 사무를 결정'하게 되어 있던 총재를 폐지하고, 천황을 보좌하는 보상(輔相)을 둔 것에 단적으로 드러난다. '만기를 총람'하는 것은 천황 이외에 있을 수 없다. 그리고 삼권분립을 내세우기 위해 의정관(입법), 행정·신기(神祇)·회계·군무·외교관(이하 행정), 형법관(사법)의 7관을 두었다.

서약문에서도 거론되었던 '공론'에는, 각 부번현이 의원으로서 공사(貢士)를 보내어 의사를 내세우는 것은 '여론공의'를 모색하는 이유에서라고 명기되어 있다. 그리고 그것을 제도화한 것이 의정관(議政官)이다. 의정관은 상·하 두 국으로 이루어지며, 상국은 의정과 참여를 의원으로 하고, 하국은 공사를 의원으로 한다. 의정은 총 11명으로 산조·이와쿠라 등 공가에서 6명, 번주에서는 마쓰다이라 요시나가(전 에치젠번주)·하치스카 모치아키(도쿠시마번주)·가메이 고레미(쓰와노번주)·나베시마 나오마사(히젠번주)·모리 모토노리(조슈번주) 등 5명이 임명되었다. 참여는 전부 번사로, 사쓰마번에서 고마쓰 기요카도·오쿠보 도시미치, 조슈번에서 히로사와 사네오미·기도 다카요시, 도사번에서 고토 쇼지로·후쿠오카 다카치카, 히젠번에서 소에지마 다네오미, 후쿠이번에서 유리 기미마사, 구마모토번에서 요코이 쇼난 등 총 9명이 임명되었다. 제번에 의거하는 기본적 성격에 변화는 보이지 않았으나, 시간이 흐름에 따라 사쓰마·조슈·도사·히젠번 중심으로 이행해가는 모습이 보인다.

'소권(小權)'을 가지고 '대권(大權)'을 범하는 행위

지방행정구역으로 번이 관제상 처음 등장하는 것이 이 정체서였다. 지방을 부·번·현으로 구분한 것이다. 정부의 직할지를 부·현으로 두고 그 외의 다이묘령을 번으로 두었다. 부에는 '지부사', 번에는 '번후', 현에는 '지현사'를 두었다.

그런데 번은 통상적으로 '에도시대 다이묘의 영지·조직·구성원 등의 총칭'(사전 『고지엔』), '다이묘의 영지와 그 지배기구의 총칭'(고교 교과서 『상설일본사』)으로 인식되었다. 본서에서도 자연스레 번이라는 명칭을 지금까지 사용해왔다. 그러나 의외인 것이, 실은 에도막부는 번이라는 호칭을 한 번도 공식적으로는 사용하지 않았다.

당시 다이묘령의 공식명칭은 '영분(領分)'·'영지(領知)'나 '지행소(知行所)'였으며, 번이라는 단어는 아라이 하쿠세키 등 유학자들 사이에서 사용되던 표현에 지나지 않았다. 번은 본래 '울타리를 둘러 지킨다'(『신한어사전』)는 의미였으며, 중국 주나라 봉건제도에서 황제로부터 영지를 받은 제후들을 '번병(藩屛)'·'번진(藩鎭)' 등으로 불러왔다. 유학자들은 막번제를 중국의 봉건제도에 빗대어서 다이묘령을 번이라 부르게 되었다. 번을 가지고 숙어인 '번사(藩士)'·'번제(藩制)'나 '미토번(水藩)'·'조슈번(長藩)' 등의 고유명사가 쓰였으나, 이는 결코 공식명칭은 아니었다. 유신정권이 정체서에서 처음으로 공식적으로 채용한 뒤 번이라는 명칭이 널리 보급되었으며, 에도시대부터 이미 사용되어왔으리라 생각하게 된 것이다.

이렇게 하여 제도화된 지방체제를 부번현(府藩県) 세 통치체제라 부른다. 정체서에서는 부번현의 정령도 서약서의 취지를 받들어 독자적으로 작위를 수여하는 일, 화폐를 주조하는 일, 외국인을 고용하는 일, 다른 번이나 외국과 맹약을 맺는 일을 엄금했다. 이러한 행위는 '소권'을 가지고 '대권'을 범하는 행위라는 것이 그 이유였다.

부현의 설치

정체서 제정 후 윤4월 24일에는 하코다테에 부가 설치되며, 주부지방 서쪽의 서일본에서는 게이오 4년(메이지 원년) 중에 부나현이 점차로 설치된다(재판소가 설치되어 있던 지역은 이를 개칭한다). 순서대로 따라가면 다음과 같다.

윤4월 25일에 교토부·오쓰현·가사마쓰현·히타현·도미오카현·도미타카현, 28일에 구미하마현, 5월 2일에 오사카부, 4일에 나가사키부, 17일에 구라시키현, 19일에 나라현(7월 29일에 나라부로 개칭), 23일에 효고현, 29일에 에치고부(9월 21일에 니가타부로 개칭), 6월 2일에 다카야마현, 9일에 미카와현, 22일에 사카이현, 7월 6일에 와타라이부, 27일에 가시와자키현(11월 5일에 니가타부에 합병), 8월 2일에 이나현, 9월 2일에 사도부 등이다.

간토지방은 후술하듯이 전란이 이어졌기에 순조롭게 설치되지 않았다. 5월 12일 에도부(7월 17일에 도쿄부로 개칭), 6월 17일 가나가와부, 10월 28일 가이부 이외는 설치가 늦어져, 지현사만을 6월 이후에 임명하고 있다. 그 처음이 노오카 지현사로, 이후 8월까지 이와하나 지현사, 무사시 지현사, 히타치 지현사, 가즈사아와 지현사, 시모우사 지현사로 이어진다. 간토지방에 현이 설치되는 것은 도호쿠지방과 함께 메이지 2년 이후였다.

지현사에는 제번의 번사가 임명되었다. 이후 메이지정부를 담당하게 되는 사쓰마번사 마쓰카타 마사요시가 히타현지사, 사도번사 사사키 다카유키가 도미오카현지사, 조슈번사 이토 히로부미가 효고현지사에 취임했다.

부현 설치 후 유신정권은 부현과 번의 일체화를 꾀하고, 8월 5일 교토부 직제를 각 부번현에 배포하여 이에 대한 의견을 요청했다. 부번현에 일정한 규칙이 없으면 정령이 여러 갈래로 얽혀 복잡하게 되므로 교토부 직제를 모델로 하여 '영세 일정한 규칙'을 세우려는 의도였다.

그리고 그 의도는 10월 28일의 번치직제(藩治職制)로 나타났다. 부현 세 통치 체제의 성과를 거두기 위해서는 '구역마다 달랐던' 종래의 번직제를 '일반동궤(一般同軌)'에 따라 맞출 필요가 있었으며, 각 번도 집정·참정·공의인(公議人)으로 통일하도록 명했다. 집정과 참정의 임면권은 번주가 갖도록 인정했으나 문벌에 상관없이 인재를 등용할 것, 집정과 참정 이외의 직제는 각 번의 자주성에 맡기나 부현에 준하여 간소화에 힘쓰고 이를 정부에 제출할 것, 번주의 번정(藩政)과 가정(家政)을 구분할 것, 의사(議事) 제도를 세울 것 등이 지령으로 내려왔다. 직제의 일원화를 요구하고 있으나, '공론'을 중시하는 공의인의 설치나 의사 제도 정비도 포함하고 있는 데에 주목할 만하다. 제번에 의거하지 않으면 안 되었던 성격은 여전히 지적 가능하다.

번치직제에 대해 기도 다카요시는 9월 29일 고토 쇼지로에게 보낸 편지에서 다음과 같이 서술했다. '부번현의 정체(政体)대로 정도(政道)'가 이뤄지지 않으면 안 되나, '지금 당장은 부현에서 먼저 실행함'을 보이고, 그후에 각 번에까지 영향을 끼치도록 해야 한다. '일단 지금은' 직제의 포고 등은 '차차 착수'하여야 한다(『기도 다카요시 문서』 3).

다시 말해 기도는 부번현 세 통치 체제가 목표이나 조급한 실현은 곤란하다는 점에서, 먼저 부현의 일체화를 우선하고 그후 번에도 영향을 끼치도록 해야 한다고 생각하며, 현상황으로는 번의 직제를 지령하는 것부터 착수해야 한다고 이야기한다.

번체제의 온존

막번체제하에서 막부는 번직제의 통일화나 일률적인 번정개혁을 요구한 일은 없었으며 번의 자주성을 인정했다. 이에 비해 번치직제는 번에 대한 통제책이었으며 번체제의 변질을 가져온 첫걸음으로 평가할 수 있다. 그러나 결코 번을 부정하는 의도에서 나온 것은 아니었다. 이는 다음해인 2년 1월 제번에 대한 지령에서 확인할 수 있다. 지령에서는 부번현 '동일치'의 취지를 받들어 피아 구별 없이 처리해야 하나, 각 번의 '정무'에 관계되는 것은 모두 번이 '지휘'하라고 명령한다(『태정관일지』). 번의 구체적인 장래상도 이 시기에는 명확하지 않은 상태였다.

유신정부가 스스로의 통치체제로서 처음 번을 위치시킨 것이 정체서로, 번을 부정하는 것이 아니라 번을 자신의 통제하에 두어가며 직할지인 부현과 병존시키는 것이었다. 부번현 세 통치 체제란 어디까지나 번체제를 온존시키는 것이었다. 유신정권은 결코 성립 당시부터 번체제를 소멸시키려는 의도를 가진 것은 아니었다. 그리고 부번현 세 통치 체제 실현도 장래의 목표로 두었다. 당면한 상황에서는 직할지인 부현의 일치에 힘쓰는 것만을 의도했으며, 현실의 번은 아직 독자성을 지니고 있었다. 유신정권이 바란 번이란 과연 어떠한 것이었을까?

3. 보신전쟁은 무엇을 바꾸었는가

'전쟁보다 좋은 방법은 없다'

정체서를 제정하여 부번현 세 통치 체제의 방향을 내세운 윤4월은 전화가 간토지방에 파급된 시기이기도 하였다. 이후 보신전쟁은 점점 격화된다. 에도 개성에 불만을 품은 구막부 보병봉행 오토리 게이스케가 이끄는 부대나, 신선조의 히지카타 도시조 및 제번의 탈주부대는 간토 각지에서 게릴라전을 전개하며 신정부군을 궁지로 몰았다.

한편 에도에서는 구막신이나 제번을 탈주한 자로 구성된 창의대가 우에노 간에이지에 집결해 에도 시내를 횡행하며 신정부군과 충돌하여 치안이 극도로 악화되었다. 신정부의 위신은 저하하였고, 도호쿠지방의 제번은 신정부에 대한 적대적 태도를 강화해갔다.

간토지방에 옮겨붙은 전화에 대해 기도는 신정부의 기초를

우에노전쟁(도립중앙도서관 소장)

굳히는 기회로서 강한 의지를 갖고 대처해야 한다며 사이고, 오
쿠보, 고토, 히로자와 등을 설득했다. 기도는 확고한 '기초'를 다
져놓는 데에는 '전쟁보다 좋은 방법은 없다'며(『기도 다카요시 문
서』3), '간토 전쟁은 실로 정부 일신의 가장 좋은 방법이 될 것이
다'라고 주장하였다(『기도 다카요시 문서』1).

조슈번사 오무라 마스지로가 이끄는 사쓰마·조슈 양 번을
중심으로 하는 병력에 의해 5월 15일, 창의대에 총공격이 개시되
었고, 창의대는 하루 만에 괴멸되었다(우에노전쟁). 여기서 사용
된 것이 히젠번이 영국에서 수입해온 암스트롱포였다.

우에노전쟁에서 승리를 거두어 에도의 치안은 회복되었고,
간토지방의 반정부운동은 불길이 누그러들었으며, 신정부군의
간토 경영이 본격화되었다. 그리고 5월 24일 도쿠가와가의 처분
이 발표되었다. 시즈오카를 거성으로 하며 녹고(祿高)를 70만 석
으로 하는 것이었다. 신정부 내에서는 계속해서 에도를 거성으

로 두자는 의견도 있었지만, 오쿠보가 단호하게 주장한 데 따라 결정되었다. 왕정복고 이래 도쿠가와가 세력 삭감방침의 관철이었다. 이 엄격한 처분은 윤4월에 결정되었으나, 창의대를 비롯한 반정부세력을 자극할 것이라는 우려로 발표는 연기된 것이었다.

오쿠보 등의 도호쿠 경영전략

도호쿠지방에는 오우진무총독이 파견되었고, 총독은 도호쿠 제번에 아이즈·쇼나이 양 번을 토벌하라고 명했다. 간토지방에서는 신정부군의 고전이 전해지면서 반정부의 기운이 높아져 센다이·요네자와 양 번은 총독에게 아이즈번에 대한 관대한 처분을 요구했다. 총독이 이를 거부하자 도호쿠 제번은 태도를 굳혀 5월 3일 오우열번동맹을 결성한다. 이에 나가오카번 등 니가타지방의 제번이 참가하여 오우에쓰열번동맹이 성립되었다. 이 오우에쓰열번동맹이야말로 하라구치 기요시의 『보신전쟁』에서 말하듯이 지역적이긴 하나 공의정체론을 현실화한 진정한 의미의 제번연합정권이었다.

　　동맹의 맹약서에는 '열번의 중의'로 '대사건'을 결정한다고 명시하였으며 공의부가 설치되었다. 공의부는 제번 대표자를 구성원으로 하는 기구로 군사·회계·민정 등을 결정하였다. 허나 7월 13일에 설치된 공의부는 아이즈번이 9월 22일에 항복하면서 단명한 제번연합정권으로 끝나버렸다.

보신전쟁에서 가장 격렬했던 전투가 이후 니가타·도호쿠 각지에서 전개되었다. 기타에쓰 전선에서는 나가오카번의 분투로 일진일퇴가 이어졌으나, 7월 29일 나가오카성이 함락된 이후 신정부군의 승리가 확실해졌다. 간토전선에서도 8월 28일에 요네자와번이, 9월 15일에는 센다이번이 항복하여, 마지막으로 남은 성채였던 아이즈번도 히젠번의 암스트롱포 앞에 9월 22일 결국 항복하게 되었다. 쇼나이번이 같은 달 23일, 마지막으로 모리오카번이 25일 항복하여 니가타·도호쿠전쟁도 종결에 이르게 되었다.

격렬한 전투가 반복되는 와중에도 오쿠보와 기도는 이미 전후의 도호쿠지방 경영전략을 짜고 있었다. 나가오카 함락 전인 7월 17일, 기도는 오쿠보 도시미치에게 보낸 편지에서 도호쿠지방 경영은 '인심'을 장악하는 것이 최우선으로, '인심'이 '안도'할 때까지 부현을 두지 않고 당면한 대번이나 중번 중 한 번을 선택하여 그 번에서 통치한 후에 '부현지사'를 임명하는 것이 바람직하다고 썼다(『기도 다카요시 문서』3).

또한 오쿠보는 8월 7일에 기도에게 편지를 보내어 센다이에 '1부'를 설치하고, 그 외 지역은 2~3개 번의 '병력'을 가지고 '진무'하지 않으면 평정은 어려울 것이라 말했다(『오쿠보 도시미치 문서』2). 모두 도호쿠 경영 또한 제번의 힘에 의거하지 않으면 안 되는 사실을 인정하고 있다.

니가타·도호쿠지방이 진압된 후, 보신전쟁 최후의 무대가 되었던 곳이 하코다테 고료카쿠(五稜郭)이다. 게이오 4년 8월에 군함을 이끌고 에도를 탈출한 구막부 해군부총재 에노모토 다케아키는 마쓰시마항에서 도호쿠전쟁에서 패배한 열번동맹군을 모아, 10월에 에조치(* 蝦夷地. 지금의 홋카이도 ― 역자 주)에 상륙하여 고료카쿠를 점령했다. 이에 신정부군은 미국에서 군함 스톤월호를 손에 넣은 다음해인 메이지 2년(1869년) 4월에 에조치에 상륙하여 5월부터 하코다테를 총공격했다. 5월 18일 에노모토는 항복하였고, 이 전투의 사망자에 신선조 부장 히지카타 도시조가 있었다는 사실은 잘 알려져 있다. 도바·후시미전투 이후 1년 5개월에 걸친 내란(보신전쟁)은 여기에서 종식되었고, 유신정권 아래 규슈에서 홋카이도까지 통일되었다.

1869년 7월 31일(음력 메이지 2년 6월 23일) 〈뉴욕 타임스〉는 다음과 같은 기사를 실었다.

일본의 내란도 최후의 대전투가 끝나고 현재는 일본 3도(島)에서 천황의 주권이 명목상 확립된 듯 보인다. 충각함 스톤월호가 북군의 해군력에 최후의 일격을 가했고, 저항하는 도쿠가와 잔당을 하코다테 주위에 쌓은 토루에 몰아넣었다. (『외국신문으로 보는 일본』1)

관대한 처분

보신전쟁에 관여한 제번의 처분은 ① 도바·후시미전투 ② 간토전란 ③ 도호쿠전쟁 3종류로 나눠서 이루어졌다. ①의 대상이 된 제번은 아이즈·구와나·빗추마쓰야마·이요마쓰야마·히메지·다카마쓰·오타키이다. 이중에서 아이즈·구와나·빗추마쓰야마는 이후 전란에도 관여한 점에서 ③과 동시에 처분이 이루어졌으며, 도바·후시미전투만으로 보자면 이요마쓰야마 이하 4개 번이라 할 수 있다. 처분 내용은 군자금 헌납으로, 영지 삭감·몰수는 하지 않았다(오타키번은 성지가 몰수되었지만, 그뒤에 되돌려 받았다).

②에는 조사이·세키야도·유키·오다와라 4개 번이 해당되었으며, 오다와라번만이 6월에 처분받고 다른 3개 번은 ③과 동시에 처분되었다. 이와 같이 제번에 대한 전후처분은 대부분 도호쿠전쟁 종료 후에 실시되었다.

메이지원년 12월 7일(게이오 4년 9월 8일에 메이지로 개원), 황거의 회합장에 처분대상이 된 '조적' 제번의 번주나 중신이 소환되고, 처분발표가 이뤄졌다. 25개 번이 처분되었으나 그 내용은 대체로 관대했다. 사형에 처해진 번주는 한 명도 없었으며, 영지 몰수액도 25개 번을 총합하여 103만 석 정도였다(25개 번의 총 석고는 232만여 석).

대체로 관대했다고는 하나 아이즈번(23만 석)과 조자이번(가즈사국에서 1만 석, 번주 하야시 다다타카가 진두지휘하여 신정부군과 싸운 번)은 전영지를 몰수당했다. 유신정권이 직접 군사력을 써서 폐번으로 몰아간 것은 이 2개 번뿐이다.

영지의 삭감률이 가장 높았던 것은 나가오카번이었다. 7만 4000석에서 5만 석이나 삭감되어 불과 2만 4000석이 되었다. 그 외로는 센다이번이 62만 5000석에서 28만 석으로, 모리오카번이 20만 석에서 13만 석으로, 쇼나이번이 17만 석에서 12만 석, 요네자와번이 18만 석에서 14만 석이 되었다. 아이즈번은 다음해인 메이지 2년 11월에 시모키타반도에 3만 석(실수입 7000석)을 받아 도나미번으로 부활했으나, 이주한 번사의 비참한 생활상은 이시미쓰 마히토가 편저한 『어느 메이지인의 기록―아이즈인 시바고로의 유서』에 극명히 드러나 있다.

처분에 대해서는 관용론과 엄정론이 정부 내에 있었으나 대체로 기도의 의견에 따라 결정이 내려졌다. 기도는 신정부에 대한 반발은 중죄이나 '어단'으로 관대한 처분을 내릴 필요성을 주창했다. 천황의 자비를 강조한 것이다. 이는 처분 칙서에서, 아이즈번주 마쓰다이라 가타모리 등의 죄는 '역적의 죄로서 엄형에 처할 만한 것'이기는 하나 '짐의 부덕으로 교화의 길'이 서지 않았던 상황임을 거론하며 '매우 관대한' 처분을 내린다는 내용에서도 드러난다(『메이지 천황기』 1).

또한 기도는 영지를 엄격히 몰수하면 대량의 낭인이 발생하여 치안 악화 등의 우려가 있을 것을 예상하여 이러한 점을 극력 피하지 않으면 안 된다고 주장하였다.

'일본국의 부모'

유신정권은 이러한 새로운 지배지(몰수지) 관리를 제번에 명했다. 이 방식은 앞서 언급한 기도의 생각에 기초한 것이다. 예를 들면, 센다이번은 마에바시·마쓰모토·우쓰노미야·다카자키·쓰치우라번에, 모리오카번은 히로사키·구로바네·누마타·마에바시·마쓰모토·마쓰시로번에 각각 '단속할 것'을 명했다.

그리고 2년 2월에는 민중에게 '오우인민고유'를 내어 '한 척의 땅도, 한 명의 백성도 모두 천자님의 것'으로, 천황은 '일본국의 부모'이며 '실로 예려(* 叡慮. 임금의 심려— 역자 주)하시고 관대'하여 '아이즈와 같은 적괴들조차 목숨을 건진' 것은 '더할 나위 없는 자비'라고 말한다. 왕토왕민론과 천황의 자비를 강조하는 것이다. 그리고 '일본 땅에서 태어난 사람들은 모두가 적자'로 생각하며, '차차 때가 되어 감사한 어차를 내리실 때엔 이에 거역하지 말고, 안온하게 가업'에 임할 것을 장려하고 있다(『일본 근대사상대계 천황과 화족』). 천황지배의 정당성을 왕토왕민론과 자비를 전면에 내세워 침투시키려는 의도가 명확히 드러난다.

이 고유(告諭)를 내린 후 5월부터 도호쿠지방에 현을 설치해나간다. 5월 와카마쓰현, 7월 사카타·후쿠시마·모노현, 8월 시라카와·시로이시·도메·구노헤·에사시·이사와현 등이다.

사쓰마·조슈·도사번의 후대

'조적' 제번의 처분과 함께 신정부군의 전공에 대한 상전록이 내려졌다. 처분 발표 다음해인 메이지 2년 6월 2일, 천황이 황거 회합장에서 전공상전을 발표했다. 황족·공가·번주·번사 등 400여 명이 대상이었다. 최고액인 10만 석은 사쓰마번주(부자)와 조슈번주(부자)에게 내려졌고, 도사번주(부자)는 4만 석, 돗토리·오가키·오무라·사도와라·마쓰시로번주 3만 석으로 이어진다(참고로 히젠번은 2만 석이다). 이하 3000석까지 상위를 모두 번주가 점했다. 번사로서 최고는 사쓰마번의 사이고 다카모리가 2000석, 그다음은 조슈번사 오무라 마스지로가 1500석이었으며, 황족 중 최고액은 정토대장군 요시아키라 친왕이 1500석이었다. 상전록 지급은 유공장사(有功將士)의 불만이 터져나오는 것을 막을 의도로 이루어졌으나, 그렇다 하더라도 사쓰마·조슈 양 번과 도사번에 대한 후대가 눈길을 끈다. 유신정권이 의거하지 않으면 안 되었던 것은 어느 누구보다도 이 3개 번이었다는 증거라 할 것이다.

번사의 신민화

1년 5개월에 걸친 전란은 번체제에 어느 정도의 영향을 끼쳤을까? 이 또한 주로 두 가지 면에서 지적할 수 있다. 하나는 번 재정을 극도로 악화시킨 점, 또하나는 번주 및 번중신의 권위를 실추시킨 점이다. 먼저 전자부터 보도록 하자.

각 번의 재정도 막말부터 이미 연공 중심의 수입으로는 감당되지 않아, 3도[* 3도(都)는 교토, 오사카, 에도를 가리킴— 역자주]의 대상인이나 영내의 호농상을 통한 차금이나 전매를 통한수입, 더 나아가 번찰(藩札) 발행 등으로 간신히 유지했다. 여기에 보신전쟁의 군사비 지출이 무거워지자 제번의 재정운영은 점점 심각해졌다.

이 사태는 영지를 삭감당한 '조적번'은 물론이고, 신정부측에 있던 제번들도 예외가 아니었다. 예를 들면 구마모토번은 병기나 탄약 등의 비용을 제외한 출병비만으로도 약 10만 9000냥이 필요했고, 이는 연간수입의 절반에 이를 정도였다(시모야마 사부로『근대 천황제 연구서설』). 또한 히젠번은 막말 이래 발행한 번찰의 85퍼센트가 군함 구입비와 출병비로 쓰였다. 그리고 메이지 2년에는 그것으로도 부족해 새로운 번찰을 발행하였는데 이는 동년의 가록을 제외한 번 재정액 전체에 가까울 정도였으며 이미 상환불능한 지경에 이르렀다(나가노 스스무「번제와 폐번치현」, 나가노 스스무 편저『서남제번과 폐번치현』). 또한 작은 번일수록 재정 악화 속도가 빨랐다(후술).

이어 후자의 이야기로 옮겨가도록 하자. 보신전쟁에서 신정부군 지도부는 대총독부와 그 밑의 제도총독부였으나, 그들은 황족·공가와 제번의 번사로 구성되었다. 다시 말해서 번주는 단 한 사람도 전투에 참가하지 않았다.

또한 간토·도호쿠전쟁에서 신정부는 일부 번주에게 솔병하여 참가하라고 명령하였으나 그들은 중신을 대리로 파견하거나, 스스로 나섰다 해도 에도에 머물렀다. 실제 전장에 나서 군사 지휘를 맡은 번주는 전무했다. 번주 없이 제번의 번사가 전쟁을 해나가게 되었고, 군사집단 통솔자로서 번주의 존재 의의는 이제 상실되게 되었다.

또한 철포 중심의 새로운 전투에서는 문벌에 상관없이 번사가 지휘관으로서 주역을 맡게 되면서, 본래의 지휘관인 중신층이 군사적으로 얼마나 무능한지 백일하에 보여주게 되었다. 더 나아가 번주가 신정부에 충성을 서약하고 번사는 신정부군과 싸우는 등, 번주와 번사의 종래의 군신관계가 붕괴한 번까지 나타났다. 총체적으로 번주를 중심으로 하는 결합이 크게 흔들리기 시작했다. 그리고 이러한 현상과는 반대로 천황의 권위가 보신전쟁을 통해 높아지게 되었다.

에도 창의대를 향한 총공격을 목전에 둔 게이오 4년 5월 8일 신정부의 군자금을 요구하는 포고를 내렸는데, 거기에서 유신정권이 왕토왕민론으로부터 번사를 '신민'화하려는 의도를 확인할 수 있다.

포고에는 다음과 같이 기재되어 있다. 왕정복고에 의해 '황도가 새로이 복귀되었으며' 5개조 서약문에 따라 '만기친람'이라는 '국제'가 정해졌으나, 구비되지 않은 게 단 하나 있다. 그것이 '금전과 곡식'이다. '정토의 병사'가 집을 버리고 몸을 죽여 '일편단심으로 보국'하려는 시기에 군자금이 부족하면 전국평정이 늦어져 '도탄'에 빠지는 나날이 길어지고 만다. 이에 정부 관리는 물론이고 '하늘 아래 모든 신민'은 '성지(聖旨)'를 받들어 병력이 있는 자는 병력을, 재력이 있는 자는 재력을 제공하여 '상하 일반의 힘'을 모으며, 일개의 '나'를 버리고 '천하'의 대사를 생각하여 '그 분수에 맞게' '조정에 힘을 다하는 것'이 중요하다(『태정관일지』).

보신전쟁에 동원된 제번의 번사를 '신민'에 위치시킨 것이다. 번주와 번사라는 종래의 주종관계로부터 천황과 '신민'이라는 관계로 전환하는 것을 목적으로 한다고 할 수 있다. 그리고 그 의도는 보신전쟁을 통해서 어느 정도 스며들었던 듯하다. 번주가 아닌 총독의 지휘 아래 싸운 기간이 길어질수록, 번의식은 지니고 있으면서도 총독은 천황 군대의 일원이라는 의식이 자연히 강해진 것이다.

나가노 스스무의 「번제와 폐번치현」(나가노 스스무 편저 『서남제번과 폐번치현』)은 종군한 히젠번사의 일기를 분석하여, 보신전쟁으로 번사가 천황 및 천황정권의 존재를 의식하게 되었다는 점을 논한다.

번 재정을 궁지로 몰아가고 가고 번주의 위신을 실추시켜 천황의 권위를 상승시킨 것이 보신전쟁이었다. 번주가 종래와 같은 지위를 유지하길 원한다면 어떠한 방책을 세워야만 했다. 그럼, 그 방책이 무엇이었는지 알아보도록 하자.

제2장
판적봉환과 번체제

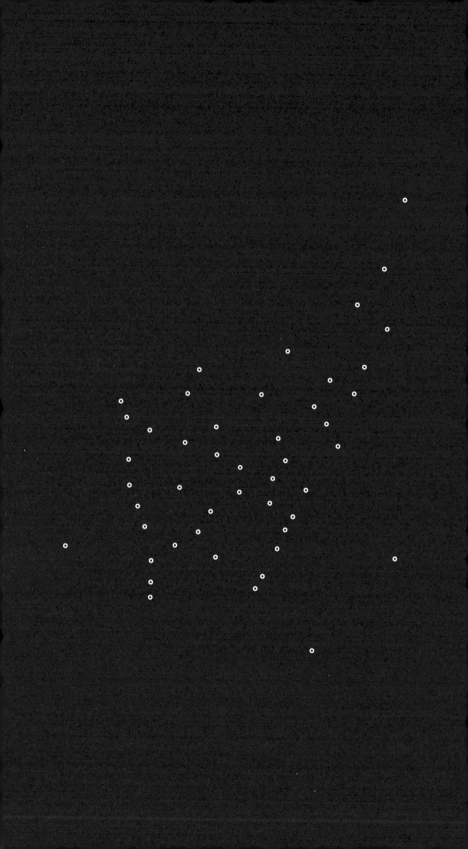

1. 기도·오쿠보의 계획

'진정한 왕도' — 사쓰마번의 판적봉환론

토지[판(版)]와 인민[적(籍)]을 천황에 반환하는 것을 의미하는 판적봉환론은 사쓰마번과 조슈번에서 먼저 주창했다. 사쓰마번의 움직임부터 보도록 하자.

게이오 3년(1867년) 11월 2일, 사쓰마번사 데라시마 무네노리는 번주 시마즈 다다요시에게 의견서를 제출했다. 요시노부의 대정봉환이 이루어져 조정이 제번주에 상경을 명해 번주 다다요시가 가고시마를 떠나려던 시기였다.

의견서 내용은 다음과 같았다. 정권이 조정에 반환된 현상황에서 모든 인민이 감복하지 않으면 안 된다. 그것은 '봉건 제후' 다시 말해 제번주를 폐지하고 '진정한 왕도'를 세우는 것이다. 이를 위해 제번주는 '봉지'와 '국민'을 조정에 반환하여 스스로 '서민'이 되지 않으면 안 된다. 이렇게 하여야 비로소 공명정대한 '근왕'

이 실현되는 것이다. 구태의연한 '제후'인 채로는 정권을 조정이 쥐어도 '이름'만 달라질 뿐이며 '실질'은 전혀 변하지 않는 것이나 마찬가지이다. 명확한 판적봉환론이다.

다만 데라시마도 '사람들의 특성'이 자기가 하고자 하는 말만 하고 남의 말을 듣지 않는 상황으로, 즉시 이것이 실현될 것이라고는 생각하지 않았다. 이에 구체적으로는 사쓰마번이 앞서서 영지를 몇 분의 일을 반환하고 다른 번주도 이를 따라 반환하도록 제안했다(『가고시마현 사료 다다요시 공 사료』4).

데라시마는 이미 분큐 원년(1861년)에 막부 유럽사절단 수행원으로, 또 게이오 원년(1865년)에는 사쓰마번에서 영국으로 보내는 사절단 수행원으로 두 번에 걸쳐 유럽에 건너갔다. 데라시마의 판적봉환론은 이때의 견문에 의해 생겨난 것이다. 또한 이 의견서는 오쿠보 도시미치에게 사전에 보였다고 한다.

사쓰마번의 판적봉환론은 다음해인 4년 2월 11일 시마즈 다다요시가 조정에 제출한 '청원서'에 나타나 있다. 신정부 '친병'(직할군)의 군자금으로 사쓰마번의 영지 10만 석을 '헌납'한다는 내용이다. 군사비 공출이 목적이었으나 여기에는 다음과 같은 논리가 보인다. 지금 영지는 대대로 맡아온 것으로, 왕정복고 정신에서 보자면 '가마쿠라 이전'(* 가마쿠라막부 무사정권이 세워진 1192년 이전—역자 주)과 같이 '봉환'하는 것이 '지당'하다. 그러나 '시세'가 아직 무르익지 않았기에 일부 반환에 머물렀다는 것이다(『오쿠보 도시미치 문서』2).

데라시마가 주창한 판적봉환론(영지 일부 반환론)과 공통점을 지니는 '청원서'는 오쿠보가 썼다고 알려져 있다. 사쓰마번에 서는 오쿠보를 중심으로 하여, 완전한 판적봉환은 장래의 과제라 여기며 우선은 일부 반환을 실현하고자 했던 것이다.

기도의 급진론

다음으로 조슈로 옮겨가도록 하자. 조슈번의 중심인물이 기도 다카요시이다. 기도는 게이오 3년 12월, 조슈번이 '조슈정토'로 불리는 막부와의 전쟁에서 점령한 부젠·이와미 2국을 조정에 반 납하도록 주창했다. 다음해인 4년 1월, 기도의 의견을 받아들인 조슈번은 2국 반환을 조정에 상신했다. 조정은 이에 대해 당분간 조슈번의 소령으로 두도록 지시했다.

이러한 경과를 거쳐 2월에 기도는 2명의 부총재 산조 사네 토미와 이와쿠라 도모미에게 판적봉환을 건의한다. 기도는 다음 과 같이 말한다.

왕정복고 정신은 가마쿠라 이래 700년간 이어져온 봉건할 거라는 '적폐'를 일소해야 비로소 실현된다. 그리고 이를 위해 서는 모든 번주가 토지와 인민을 조정에 '반납'해야 한다. 기도 는 제번이 조정의 권력을 좌우하는, 즉 밑의 세력이 강하여 위에 서 제어하기 힘든 상황을 우려했던 것이다. 이를 미연에 막아 '진 정한 권력'을 조정에 확립시키기 위해서도 판적봉환은 필요했다 (『기도 다카요시 문서』 8).

기도 다카요시(국립국회도서관 소장)

기도는 판적봉환을 일거에 실현하려 했다. 사쓰마번의 오쿠보보다 명백히 급진적이었다. 그러나 봉환 후의 조치에 대해서는 어떠한 말도 하지 않았다. 어디까지나 판적을 봉환하는 일만을 말했다. 기도는 이러한 급진론을 번내에서 곧바로 이해해줄 것이라고 생각하지 않았다. '병사'들의 실제 사정을 우려해야 하며, '천하의 대세'를 알지 못한 채 단지 1개 번의 일만 생각하는 것은 아니다(『기도 다카요시 일기』1). 이에 기도는 번주 모리 다카치카에게 직접 읍소하여 윤4월부터 몇 번이나 지론을 설파해, 이윽고 다카치카의 동의를 얻는다.

기도는 이 사이의 경위를 「판적봉환 건의의 자서」가 되는 문장에서 '그간 일이 뒤섞이는 일이 백 번 천 번 고역이며, 용이하게 일이 흘러가지 않아 견딜 수가 없다'고 썼다(『기도 다카요시 문서』8).

사쓰마·조슈 제휴

사쓰마번과 조슈번은 각각 완급의 차는 있었지만 거의 동시기에 판적봉환론이 형성되었다. 번주 모리 다카치카를 설득하는 데 성공하여 사쓰마와의 교섭 허가를 얻은 기도는 오쿠보에게 '내담'(오쿠보의 말)을 요청하였고, 그 회담은 9월 18일 교토에서 실현되어 양자 사이에 '비밀스러운 일'(기도의 말), 다시 말해 판적봉환이 처음으로 거론되었다. 이 자리에서 심도 깊은 의논은 하지 않은 듯하나, 기도의 제안을 오쿠보가 승낙하고 힘을 다하기로 약속했다.

오쿠보는 기도와 회담한 같은 날 고마쓰 다테와키·이와시타 마사히라·이지치 사다카 등 사쓰마 수뇌부와 바로 회담했다. 사쓰마·조슈 양 번에 원칙적 동의가 성립된 것이다. 또한 기도는 같은 날에 도사번의 고토 쇼지로에게도 판적봉환론을 이야기했다.

실은 동의라 하더라도 어디까지나 원칙적인 것에 지나지 않았다. 기도는 오쿠보가 '속내'를 말하지 않고 '표면의 조리'에 머무르는 것이 실로 '유감'이었다고 같은 날의 일기에 적었다(『기도 다카요시 일기』1). '표면의 조리'란 판적봉환이며, '속내'란 봉환

후의 조치를 지칭하는 것이라 생각된다. 다시 말해서, 기도와 오쿠보는 판적봉환이라는 행위만을 합의했던 것이며, 봉환 후에 대해서는 어느 것도 이야기하지 않은 것이다.

오쿠보의 '속내'를 확실히 보여주는 사료는 없으나, 오쿠보와 함께 사쓰마번 내에서 판적봉환 문제를 검토했던 이지치 사다카의 '속내'는 11월 14일 이와쿠라에게 제출한 의견서에 나타나 있다. 이지치는 제번의 영지를 조정에 반환시키도록 할 것이라 말한다. 여기까지는 '표면의 조리'에서 기도의 판적봉환론과 같다. 허나 그것은 '우선' 그렇다는 것이고, 그뒤 조정이 다시금 '지금까지와 같이 지배'하도록 명하는 것이다. 구체적으로는, 제번은 조정에서 재교부된 영지를 10분의 1씩 '공론'에 의거하여 반환한다. 그러나 그 반환한 땅도 '지금까지 해온 대로 지배'를 명하여, 조세만을 '상납'하게 하는 계획이었다(『이와쿠라 도모미 관계문서』 4).

구막부는 쇼군이 교체될 때마다 제번주에 대해서 소령을 재확인해왔다. 이지치 안은 이 구막부 시대의 재교부와 기본적으로 같은 것이고, 후술하듯 판적봉환을 건의한 제번의 의도에 맞는 것이었다.

기도의 '속내'는 12월 14일 이와쿠라와의 회담에서 엿보인다. 여기에서 기도는 이와쿠라의 자문에 응하여 '몇 건'의 의견을 말하는데, '몇 건' 중 하나로서 판적봉환의 필요성을 역설한다(그 외로는 정한론을 주장한다). 기도의 의견은 다음과 같다. 아직까지 '천하의 대명분'이 정해지지 않고 제번주는 자신이 원하는 대로 '왕토'를 분할하고 있는 것이 현상황이며, 이러한 상황을 타파하여 '명분'을 확실히 하기 위해서는 제번주가 영토를 '일단 합쳐서' 조정에 상납하는 것이 필요하다. 또한 그후 '천의(天意)'에 따라 일정한 '규칙'을 정해야 한다. 기도는 이러한 내용을 '지난날' 오쿠보에게 말하고 동의를 얻었다. 그리고 이 반환에 많은 번주의 동의를 바라며 조슈번과 사쓰마번이 '우두머리'가 되기를 바라고 있다(『기도 다카요시 일기』1).

기도는 봉환 후에는 새로운 '규칙'을 세울 것이라고 말했는데, 이에 따라 적어도 종래의 재교부를 상정하고 있다고는 생각하기 어렵다. 재교부라면 '규칙'은 필요하지 않을 것이기에 그렇다.

이와 같이 기도는 사쓰마·조슈 양 번이 주도하는 판적봉환론을 열의를 담아 이와쿠라에게 읍소했다. 기도에 따르면 이와쿠라도 '탄성을 토했다'고 한다. 아무튼, 판적봉환을 향해서 사쓰마번과 조슈번은 손을 잡았다. 그 내용에 대해서는 모호한 점이 남아 있더라도 말이다.

천황 권위의 후원 — '조적' 히메지번의 청원서

기도나 오쿠보가 판적봉환 문제를 붙잡고 있을 때, 다른 곳에서도 판적봉환을 요청했다. '조적'번으로서 번주의 칩거·은퇴 및 군자금 상납 처분을 받은 히메지번이다. 히메지번은 신정부에 충성을 바치는 신번주 사카이 다다쿠니파와, 어디까지나 도쿠가와가를 따르고자 하는 아버지 다다토시·조부 다다시게파로 분열되어 격렬한 번내 항쟁을 벌이고 있었다.

유신정권은 번정쇄신과 다다시게파의 단속을 명했으나 성과는 간단히 오르지 않았다. 번주 다다쿠니의 위신이 확립되지 않았고, 번내 항쟁의 처리가 이뤄지지 않았던 점에서 히메지번은 판적봉환을 요청하게 된다. 다다쿠니는 메이지 원년 11월과 12월 두 번에 걸쳐 청원서를 제출한다(그뒤 2년 2월까지 총 4회에 걸쳐 청원서를 제출한다).

첫 청원서는 부번현 세 통치 체제를 철저히 해달라고 요구했다. 다시 말해서 번의 정령이나 직제가 제각각이어서 부번현 세 통치 체제가 일치되기 어려우므로, 번이라는 명칭을 폐하고 부현으로 바꾸어야 한다는 요구였다. 두번째 청원서에서는 보다 명확한 판적봉환론이 펼쳐졌다. 조정과 제번의 거리가 떨어져 있어 생기는 폐해는, 번주가 영지는 조정에서 받은 것이라는 사실을 잊고 스스로의 토지로 생각하는 '구습'에서 오는 것이기에, '일신(一新)'의 정신에서 '일단' 토지를 거둬들인 뒤 새로이 번에 나누어주고 명칭을 부현으로 바꿀 것을 요구한다(『유신사』 5).

일거에 봉환한다는 점에서 기도와 같은 급진론이지만, 번을 부현으로 새로이 바꾸면서도 봉환 후 재교부를 요구한다. 번주 스스로의 위신이 떨어져 번내를 제대로 통제하지 못하는 상황 속에서, 천황과의 군신관계를 정면에 내세워 천황 권위의 후원으로 번내 통제를 강화하여 번주의 보신을 꾀하려는 의도가 엿보인다. 또한 천황의 정통성을 강화하여 '조적'번에서 지위를 상승시키려는 점도 지적할 수 있다.

70

무기에 의한 봉환—이토 건백

유신정권은 히메지번의 청원을 무시하는 태도를 취했다. 기도에게 (판적봉환은) 무엇보다도 사쓰마·조슈 양 번이 처음으로 제출하지 않으면 안 되는 것이었다. 히메지번의 움직임에 민감히 대응한 것이 효고현지사였던 조슈번사 이토 히로부미였다. 이토는 11월, 히메지번의 청원을 받아들여야 한다고 건백한다.

이토는 다음과 같이 주장했다. 히메지번이 판적봉환을 청원한 것은 기쁜 일이며 조정은 이를 하루속히 허가해야 한다. 애초에 왕정복고란 전국의 정치를 '일제히' 조정에 돌려주는 것으로, 각 번이 대항하는 이 같은 상황의 폐해를 타파하고 정령은 모두 조정에서 나오도록 하는 것이다. 이를 위해서는 모든 번주가 '정치·병마의 권한'을 조정에 봉환하지 않으면 안 된다. 또한 봉환 후의 영지는 부현으로 만들 것, 번주에게는 작위와 봉록을 주어 귀족으로서 상원 의원이 되도록 할 것, 번사 일부는 조정의 병사나 관리를 앉히고 나머지는 '토착화'할 것 등을 제안했다.

이와 같이 이토의 건백은 정치권력을 조정으로 일원화하자는 판적봉환론이지만, 단순히 판적을 봉환하는 것이 아니다. 기도나 오쿠보가 명확히 하지 못했던 '속내', 다시 말해 봉환 후의 조치를 확실히 드러내고 있다. 뒤의 폐번치현 구상을 선취하는 듯한 주장(번의 부현화, 번주의 귀족화, 번사의 토착화 등)이 그것이다. 기도 이상의 급진론이라 평가할 수 있다.

또한 이토는 '수십 년'이 (지나도) 자주적 봉환이 일어나지 않으면 조정이 무력으로 봉환시켜야 한다고 주장한다. 군사력을 행사하는 강제적 봉환이다. 이 건백은 정부 내에서 검토되었는데 참여인 도사번사 후쿠오카 다카치카는 정권을 '일제히' 돌리는 데에 대해서 특히 찬성의 뜻을 표한다(『이와쿠라 도모미 관계문서』8).

이토는 더 나아가 다음해 2년 1월 '국시강목'을 건의한다. 앞의 정치·군사권 봉환을 포함한 전 6항목에 이르는 의견서이다. 다른 5항목은 천황중심체제 수립, 대외적 독립 유지, 자유권 확충, 서양학술 도입, 대외화친정책 추진이다. 이 의견서는 제번에도 널리 회람되어 '효고론'이라 불리게 된다. 급진적 의견도 있었기에 이토는 수구파로부터 격렬한 공격을 받았고, 특히 출신번인 조슈번에서는 정부추방운동이 일어났을 정도였다(『이토 히로부미전』상).

기도나 오쿠보를 중심으로 하는 사쓰마·조슈 양 번은 판적봉환을 향해 움직였으나 이는 극비행동이었다. 판적봉환론은 효고현지사 이토에 의해, 그 가장 급진적인 의견이 정부 내외에 퍼지게 되었다.

2. '토지 인민 반환'을 상주한 번주들

'토지 인민 반환' 건백서

메이지 2년(1869년) 1월 14일, 교토의 요정에서 사쓰마·조슈·도사 3개 번 유력자들이 모였다. 목적은 '토지 인민 반환'. 다시 말해 판적봉환 문제를 이야기하기 위해서였다. 주된 출석자는 사쓰마번 오쿠보 도시미치, 조슈번 히로사와 사네오미(기도는 도쿄에 있었기에 불참했다), 도사번 이타가키 다이스케였다. 건백서 초안 작성은 사쓰마번이 담당했다. 관여한 인물은 고마쓰 다테와키, 이지치 사다카, 요시이 도모자네 등이었다. 이는 1월 10일 고마쓰 등 3명에게 보낸 편지에서 오쿠보가 조슈번에 '토지 인민 반환' 건백서 기초를 독촉한 데에서 알 수 있다(『오쿠보 도시미치 문서』3).

이 회합에서 오쿠보·히로사와·이타가키의 합의가 성립되었다. 단지 도사번의 사사키 다카유키가 기록한 바에 의하면, 이

73

타가키는 판적봉환 실행은 어려우며 제번의 할거상태에 대비해서 무비(武備)에 충실해야 한다는 생각을 지니고 있었다고 한다(『호고히로이』4). 이타가키는 실현이 어려우리라 인식하면서도 찬동한 것이다.

또한 당시 교토에 체재하고 있던 도사번주 야마노우치 도요노리도 동의를 표했다. 회합에 참가하지 않은 히젠번에 대해서는 오쿠보가 직접 움직였다. 상대는 소에지마 다네오미와 오쿠마 시게노부였으며, 소에지마와 오쿠마가 전 번주 나베시마 나오마사에게 계획을 전하여 나오마사는 하룻밤 '숙고'한 끝에 참가를 결정했다. 히젠번을 끌어들인 것은 '제번을 압도하는'(히로사와의 말) 지명도가 나오마사에게 있었기 때문이다.

이러한 움직임을 거쳐 1월 20일 조슈번주 모리 다카치카, 사쓰마번주 시마즈 다다요시, 히젠번주 나베시마 나오히로, 도사번주 야마노우치 도요노리는 연서하여 판적봉환을 건백한다.

건백서의 모순

판적봉환 건백은 다음과 같았다.

신(臣) 모(某) 등 돈수재배(頓首再拜)하여 올리옵나이다. 삼가 걱정할지온대 조정에서 하루도 잃어서는 안 되는 것이 대체(大体, 국체)이며, 하루도 임시로 둘 수 없는 것이 대권(大権)이옵니다. 천조(天祖)께서 처음으로 나라를 여시고 기초를 세우시어, 황통일계 만세무궁 온 세상 위에 비할 것이 없사오며, 이 신하에게도 비할 것이 없사옵니다. 이가 대체이옵니다. 또한 주고 빼앗고, 작록을 가지고 아래를 유지하며, 척토도 사사로이 가지는 것이 가능하지 않사옵니다. 단 한 명의 백성도 저희가 지니는 것이 가능하지 않사옵니다. 이가 대권이옵니다. (…) 방금, 큰 정치가 새로이 돌아옴에 만기(万機) 이를 스스로 처리함에 실로 천재(千載)의 일기(一機)로 그 이름만 있고 그 성과가 없어서는 아니 될 것이옵니다. 그 성과를 거두는 데에는 대의를 밝게 하고, 명분을 바로 세우는 것보다 앞에 둘 것은 없사옵니다. (…) 애당초 신 등이 거하는 소령은 바로 천자의 땅이고, 신 등이 관할하는 백성은 천자의 백성이옵니다. 가벼이 사유(私有)하면 안 되는 것이옵니다. 지금 삼가 그 판적을 모아 올리건대, 조정에서 그것을 적의(適宜) 처분하시옵고, 그것을 하사하는 것이 맞는 자들에게 그것을 하사하시오며, 그것을 빼앗는 게 맞는 자에게서 그것을 빼앗으시옵고, 모든 열번의 봉토에 다시금 칙명을 내리사, 이것을 다시금 정하기를 원하옵니다. 그럼에 제도·전형·군의 정치부터 융복·기계의 제도에 이르기까지 곳곳마다 조정으로부터 영을 내어, 천하의 대소사 상관없이 모두 하나로 귀의하도록 하여야 하옵니다. 이러한 후 명실상득하고서야 해외 각국과 대치해야 할 것이옵니다. 이러한 조정의 금일 급무는 또한 신자(臣子)의 책임이옵니다. (『태정관일지』)

건백서는 우선 왕정복고에 의해 천황이 만기를 친람하는 체제가 되었다는 것을 확인하고, 이어서 그 체제를 확립하기 위해 진무 창업 이래의 '대체'와 '대권'을 실현해야 한다고 주장한다. '대체'는 모든 토지와 인민은 천황의 소유라는 것, '대권'은 토지·인민의 사유를 인정하지 않는 것을 의미한다. 여기에서 보이는 사상이야말로 왕토왕민론이다. 왕토왕민사상에 기초하여 4개 번주는 스스로의 토지와 인민의 봉환을 청원하게 된다. 봉환 후의 조치에 대해서는 하사해야 할 것을 하사하고, 빼앗아야 할 것은 빼앗은 후에, 천황의 명령에 따라 제번의 영지를 개정하도록 청원한다. 또한 이와 같이 하면 모든 천황의 소령은 통일되어 해외와 대등하게 대처하는 것이 가능하다고 맺고 있다.

　　건백서의 내용을 검토하면 두 부분으로 구성되어 있는 것을 알 수 있다. 하나는 왕토왕민론에서 나온 영지·영민의 반환이고, 또 하나는 천황에 의한 재교부 청원이다. 허나 이 두 가지는 원리적으로 모순된다. 왕토왕민론은 일군만민 아래 영유권을 모두 천황에게 귀속시켜 일체의 사유를 인정하지 않는 주의이다. 이에 비해 재교부론은 구막부시대 쇼군을 대신하는 것으로, 소령을 재확인했던 관행에 기초하여 번의 개별 영유권을 전제로 하는 주의이다. 그럼 이러한 모순이 어째서 하나의 건백서에 동시에 나타나게 된 것인가?

타협의 산물

재교부를 시사하는 듯한 표현이 사용된 데 대해 종래의 통설은 다음과 같이 설명한다. 건백의 목적은 물론 판적 수탈이지만 제 번의 동요와 반발을 두려워하여 교묘한 눈속임으로써 재교부 같 은 표현을 사용했다는 것이다. 다시 말해 유신정권의 본심은 어 디까지나 수탈에 있었지, 재교부는 마음에도 없이 그저 제후를 속이기 위한 모략이었다는 설명이다.

이러한 통설이 성립되기 위해서는 건백의 주체인 사쓰마·조 슈·도사·히젠 4개 번의 입장은 동일하게 판적 수탈이며 재교부 론은 존재하지 않았다는 증명이 되어야 한다. 그러나 과연 그와 같이 말할 수 있을 것인가.

건백 초안의 기초는 이미 앞에서 지적했듯 사쓰마번이 담당 했다. 그럼 사쓰마번 내에서는 누가 그 임무를 담당했던 것인가. 오쿠보가 건백서 작성을 고마쓰 등에게 독촉했던 것은 전술한 대 로 1월 10일이었다.

다음날인 1월 11일, 고마쓰는 오쿠보에게 보낸 답신에 다음 과 같이 적었다. '토지 인민 반환' 건백이 진행되지 않고 있는 것 은 나도 당혹스럽다. 건백서 작성은 이전부터 아시다시피 '이지 치'가 전담하고 있다. 이지치는 오늘밤 상경할 예정으로, 직접 만 나서 같이 이야기하고 싶다(『오쿠보 도시미치 관련문서』3). 고마 쓰의 편지에 따르면 '이지치', 즉 이지치 사다카가 기초했던 것이 판명된다. 오쿠보와 이지치는 12, 13일 양일에 걸쳐 회담한다.

이지치 사다카라 하면 앞에서도 언급했듯 이와쿠라에게 재교부론을 제안한 인물이다. 건백 주체인 사쓰마번에는 이지치와 같은 재교부론이 존재했던 것이다. 그리고 그 이지치가 직접 기초를 맡았다. 즉, 재교부론이 건백서에 등장하는 것은 극히 자연스러운 일이라는 뜻이다. 어떤 '눈속임'나 '모략' 등을 생각할 필요가 없다. 다시 말해서 건백서는 당시의 유신정권 내에 존재하던 왕토왕민론과 재교부론 쌍방의 의견을 거둬들여 작성한 것이었다. 양자는 본래 모순되는 것이나 그 실현을 위해서는 양자 모두 판적봉환이 필요불가결한 수단이기에 타협의 여지는 있었다.

후년의 일이나 기도가 메이지 4년 7월 7일(폐번치현 합의가 성립된 때)의 일기에 다음과 같이 남긴 것에서도 건백서가 타협의 산물임이 드러난다.

판적봉환을 '쾌히 승낙'하는 자가 적었으므로 어쩔 수 없이 '술책과 시책'을 써서 설득했다. 우선 구막부의 주인장(朱印狀)의 예를 폐지하고 조정에 '봉토'를 반환하고, 그 허가·불가는 '조정의 명'에 따르도록 하여, 이에 겨우 사쓰마의 오쿠보 등이 응하여 판적봉환의 쾌거에 이르게 되었다(『기도 다카요시 일기』 2).

기도는 사쓰마번과 타협하기 위해서 '술책과 시책'을 썼다고 기술했다. 사쓰마번과 조슈번의 단결은 결코 굳건하지 않았던 것이다. 판적봉환을 둘러싸고 오쿠보와 기도는 반드시 의견이 일치한 것은 아니었다. 일반적으로는 오쿠보의 점진론에 대한 기도의 급진론으로 이해되고는 있으나, 두 사람은 이후로도 대립과 타협을 반복하게 된다.

눈사태 현상

4개 번의 건백에 대해서 유신정부는 1월 24일 충성의 뜻이 있다며 수리하고, 그 처리에 대해서 회의를 열어 '공론'을 다하도록 지시했다. 제번의 반응을 보려 한 것이다. 같은 달 24일 돗토리번을 시작으로 27일 사도와라번, 28일 후쿠이·구마모토·오가키번, 30일 마쓰에번에 이르기까지 1월 중에 6개 번으로부터 봉환 상주가 이어졌다.

그후 2월에 78개 번, 3월에 47개 번, 4월에 101개 번, 5월에 17개 번, 6월에 4개 번으로 제번주가 계속해서 판적봉환 상주를 제출했다. 이는 마치 눈사태 내지는 도미노와 같은 현상이었다. 6월 24일 유신정권은 미제출한 번에 판적봉환을 명하였으며, 그 이전의 자주적 봉환은 257개 번주에 이르렀다(『태정관일지』). 또한 24일 이후에 판적을 봉환한 것이 14개 번주로, 총 271개 번주에 달했다.

번주들의 기대

그럼 번주들이 앞장서서 스스로의 영지와 영민을 천황에 반환한 현상이 어째서 일어났던 것일까? 보신전쟁으로 번주의 위신이 저하되고 번주를 중심으로 하는 통합에 동요가 일게 된 것은 이미 본 바이다. 이대로 아무것도 하지 않으면 번주의 위신은 점점 저하될 것이라는 위기의식이 퍼져갔다. 이러한 상황에서 번주가 종래의 지위를 유지하려 할 때에 판적봉환은 실로 매력적인 방책으로 비쳤을 것이다. 번주는 판적봉환으로 천황 권위에 의한 신분보장을 기대한 것이다.

다시 말해 천황에 의한 소령 재교부이다. 4개 번 건백시에 재교부를 시사하는 '그것을 하사하는 것이 맞는 자들에게 그것을 하사하시오며'라는 문구는 이 기대를 높이는 데 유효하게 작용했다. 제번의 상주문은 대동소이한데, 왕토왕민사상을 표명하면서도 재교부를 상정한 수속으로서의 봉환론이 대부분이었다. 봉환후 번체제를 개변해야 한다고 서술한 건백은 후술하듯이 극소수에 지나지 않았다.

상주문의 골자는 4개 번의 건백을 전면적으로 지지하여 판적을 봉환하고 천황의 재결(재교부)을 청하는 것이었다. 천황의 신하된 자로서 영주의 지위를 확보하려는 바람에 다름 아니었다. 이 바람을 상주문에 직접 기술한 번주도 있다. 가나자와번주 마에다 요시야스, 미쿠사번주 니와 우지나카, 소노베번주 고이데 히데나오, 아키타번주 사타케 요시타카, 하야시다번주 다케베 마사요, 다카다번주 사카키바라 마사타카 등이다. 마에다는 구막부로부터 받은 '판물'(判物, 쇼군이 발행한 소령 확인증서)은 이미 바쳤으나, '봉토' 여탈권은 천황에게 있으므로 '천황의 재가'를 바란다고 기술했다(고이데와 사카키바라도 동일하다). 니와는 봉환이 가능하다면 각 번 모두에 말할 나위 없는 선물일 것이라고, 사타케는 토지와 인민을 '접수'할 때에 조정은 명분대의를 엄

80

정히 하여 각 번에 새로이 봉할 것을 원한다고 기술했다(『태정관일지』).

또한 유신정권은 정체서를 공포하기 2일 전인 원년 윤4월 19일, 이미 제번주에게 구막부로부터 받은 '판물'을 바칠 것을 명하였고, 적어도 166명의 번주가 이에 응해 '판물'을 바친 것이 확인되었다(아오야마 다다마사 『메이지유신과 국가형성』). 마에다 등도 이에 따라 '판물'을 바쳤다.

이렇게 재교부의 기대가 번주층에 충만해지게 된 것은 유신관료인 이토 히로부미나 오쿠마 시게노부도 인정했다. 이토는 제번 중에서 판적봉환 문제를 깊게 생각하지 않고 '세간의 풍조'에 따라 건백하기도 하였던 곳이 있으며, 건백하더라도 반드시 '조정으로부터 다시금 본령안도의 지령'을 받을 수 있으리라 '꿈꾸는 자'가 있다고 서술했다(『이토 공 전집』). 오쿠마는 판적봉환은 판적을 몰수하는 것이 아니라 막부로부터 받은 '번토'를 새로이 '황실로부터 봉하는 의식'으로서, '본령안도'[* 本領安堵. 막부(여기에서는 이미 사라진 막부가 아닌 새로운 조정을 의미)가 충성을 맹세한 가신에 대해 그 영토의 소유를 보증한 제도—역자 주] 되는 '판물의 교체'로 생각하는 자도 많다고 말한다(『오쿠마 백작 석일담』).

또한 뒤에 공의소에서 판적봉환 문제를 검토하게 되는 사쿠라번 공의 요다 각카이는 쇼나이번사 이누즈카의 말을 빌려 '제번에서 교토로 보내온 상서(上書)는, 전부 봉토를 한번 올려드린 후 새로운 명의로 바르게 받고자 하는 주의'인 점을 기술했다

(『각카이 일록』2). 재교부론은 확실하게 퍼져가고 있었다.

각 번의 상주문이 비슷했던 이유는 상주문을 빌려 읽는 것이 제번들 사이에 널리 퍼졌던 까닭이다. 또한 많은 번에서는 교토에 체재하고 있는 중신이 번주와의 상담만으로 결정하고, 번으로는 사후보고로 승낙을 요청했다. 번내의 의견을 집약한 뒤에 건백을 한 것이 아니었다(아사이 기요시『메이지유신과 군현사상』). 물론 마쓰오 마사히토 씨가 명확히 하는 것처럼 요네자와번과 같이 내부의 심의를 거쳐 번체제 해체를 지향하는 입장에서 건백한 번도 있었다.

3. 봉건인가 군현인가 — 지방제도의 모색

공의소 설치

5개조 서약문과 정체서에서 크게 거론한 '공론'은 메이지 원년 12월 공의소(구 히메지 번저에 개설)로 제도화되었다. 제번에서 선출된 공의인을 의원으로 하는 의사기관이었다. 공의인의 전신은 게이오 4년 1월 17일 3직 7과제로 설치되었던 공사였다. 5월에는 공사대책규칙이 제정되었고(공사대책소 설치), 이후 매월 3회(5, 15, 25일) 건책 제출이 결정되었다.

이에 따라 각 번 공사는 각각의 건의서를 가지고 모이기 위해 월 3회 회합을 열게 되었다. 제번이 의견을 교환하는 장이 창출된 것이다. 공사는 그후 공무인(公務人)으로 개칭되었으며 공무인제는 조정의 '어의'와 제번의 '실정'을 잇는 것이라는 통달서가 내려졌다.

8월 20일 공무인은 공의인(公議人)으로 개칭되었다. 9월에는 의사체재취조담당이 설치되고, 의사제도를 세우는 행정관 통달서가 내려왔다. 의사원(議事院)은 '널리 공의를 진흥시켜 만기 공론으로 결정한다'는 취지로서 하루도 빠져서는 안 되는 것이 '공의'이며, 의사제도에 기초하여 전국이 일치해 조정과 제번과 의 기맥을 통하게 하는 데에 진력하라며 '공론'의 중요성을 강조한다.

그리고 10월 28일의 번치직제에서 공의인은 번론(藩論)을 대표하도록 자리잡고, 각 번에서 선출하도록 제도화되었다. 그후 의사체재취조소가 11월에 개설되었고 12월 6일에는 제번 공의인에게 공의소를 개설하라고 통달한다. 이 통달에는 '만기공론'에 의한다는 5개조 서약문의 '취의'가 강조되어 공명정대한 '국전(国典)'을 확립하기 위해 '숙의'하여 서약문의 취의를 관철하라고 기재되어 있다. 그리고 12월 12일에 공의소법칙안을 의원인 공의인에게 배부한다.

공의소는 메이지 2년 3월 7일에 제1회 회의가 개최되었다. 의장은 다카나베번 세자 아키즈키 다네타쓰이고, 제번의 공의인 227명이 출석했다. 이나다 마사쓰구가 『메이지헌법성립사』에서 이야기하듯, 공의소는 확실히 입법기관은 아니었으며 자문기구·건의기관에 지나지 않았다. 개회 때의 칙서에도 공의소 개최는 중의를 '자문'하여 국가의 '큰 기초'를 세우도록 하는 것으로, 충분히 토론하여 결론을 천황에게 제출하며 재결은 천황이 직접 하는 것으로 명기되어 있다.

이러한 점에서 '공론' 존중은 겉으로 보이기 위함이었고, 유

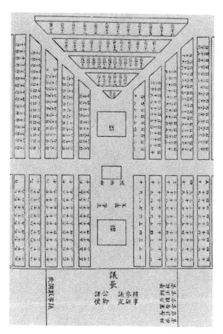

공의소 의사장

신정권은 스스로의 정당성을 주장하기 위해 '공론'을 이용한 것이라고 평가하는 설도 있으나, 이는 한 면만을 본 것이라고 필자는 생각한다. '공론'이라는 이름으로 제번의 의사를 모을 필요성은 역시 있었다고 솔직히 인정해야 할 것이다. 천황친정이라는 기본적 성격은 지니고 가면서도 유신정권은 제번에 기대지 않으면 안 되었다.

'공론'이란 구체적으로는 제번의 의사를 의미했으며, 그 제도화가 공의소였던 것이다.

모리 아리노리의 건의

공의소는 3월 7일부터 6월 7일까지 총 18회 열렸으며, 5월 4일 회의에서 군현·봉건론에 대해 총 8개 의안이 제출되었다. 군현 제도와 봉건제도는 중국고대의 제도에서 유래하며, 전자는 중앙 정부가 전국을 군현으로 구분하는 중앙집권적 제도, 후자는 제후가 각각의 영토를 분할통치하는 제도를 의미한다.

이 제출안이 나오게 된 계기는 의사취조역인 모리 아리노리가 3월 12일 아키즈키 의장에게 '국체의 의에 붙이는 문제 4조'를 건의한 것이다. 첫째로 봉건과 군현이 병존하는 것이 현상황인 것으로 보고 장래의 국제를 어떻게 할 것인가. 둘째로 봉건으로 할 것인가 군현으로 할 것인가, 그 경우 이치와 시시비비와 득실은 무엇인가. 셋째로 봉건으로 할 경우 어떠한 조치를 생각할 수 있는가. 넷째로 군현으로 할 경우 어떠한 조치를 생각할 수 있는가. 이렇게 4개조였다.

판적봉환 후의 지방제도를 모색하고자 이 4항목을 모리는 '시급한 용건'으로 보고 의장이 공의원에 하문하도록 요구했다 (『히고번 국사사료』 9). 아키즈키 의장은 이 건의를 받아들여 제번의 공의인에게 4월 15일까지 의안 제출을 지시했다.

판적봉환 후의 번체제를 어떻게 할 것인지에 대해 봉환건백에서 논했던 번주는 거의 없었으므로 이후 번체제에 관한 제번의 생각을 알기는 어려웠다. 이를 찾는 첫 모색으로 이 의안을 보고자 한다.

각 번의 공의인은 아키즈키 의장의 지시에 따라 의안 작성에 매달렸다. 사쿠라번 공의인 요다 각카이는 4월 9일 일기에 '하루 종일 군현의 의견을 기초했다'고, 의안 기초를 개시했음을 의미하는 문장을 적었다. 그리고 4월 28일에는 '의원 200여 명'이 제출한 그 수많은 안을 읽기 불편했기에 '공의소에 제출할 때에 군현·봉건론'을 구별하게 했다. 4월 말에는 각 번 공의인이 의안을 제출한 듯하다. 요다는 나아가 5월 2일, '의원에 이를 때에 군현의 뜻을 기초한다. 동설(同說)을 따르는 자들을 60여 명 얻었다'고 4월의 제안에 대한 '군현의 뜻'을 최종 확인하고 있다(『각카이 일록』2).

『공의소일지』(『메이지 문화전집』제4권)에 의하면 8개 의안이 제출되었으며, 그것들을 군현·봉건론으로 각각의 찬성 번 수로 구분하면 다음과 같다. 군현론 찬성 2개 의안 총 102개 번[국제개정의(国制改定議) 40개 번, 군현의(郡県議) 62개 번], 봉건론 찬성 5개 의안 총 115개 번[봉건의(封建議) 45개 번, 국체봉건의(国体封建議) 21개 번, 국체론절략(国体論節略) 36개 번, 국체의(国体議) 6개 번, 봉대국체문제4조(奉対国体問題四条) 7개 번], 봉건도 군현도 아닌 논이 1개 의안 2개 번[국체개정의(国体改定議)], 총 219개 번의 이름이 올라와 있다. 단, '공의소일지'에 '대략'이라 밝혔듯이 생략한 것도 있을 듯이 언급되었기에 정확한 기록은 아닐 것이다.

전술한 바와 같이 판적봉환을 상주한 번은 257개 번이었으므로 38개 번의 견해가 누락되어 있고, 그러한 번은 의안 제출 여부가 불명확하다. 그 38개 번 중에는 솔선해서 판적봉환건백을 한 유력 4개 번 사쓰마·조슈·도사·히젠번이 포함되며, 군현론을 주장했던 요네자와번도 포함되어 있었다.

　그러나 제번의 군현·봉건론에 대해서 대체로 알아보는 것은 가능할 것이다. 이는 판적봉환 후의 번체제를 제번이 어떻게 생각하고 있었는지 그 윤곽을 알려주는 것이다. 그럼 그 군현론과 봉건론의 내용으로 들어가보도록 하자.

가장 많았던 형식적 군현론

군현찬성론의 102개 번은 둘로 나눌 수 있다. 하나는 실질적 군현론(국제개정의)이고, 또하나는 형식적 군현론(군현의)이다.

　전자는 전 사유지를 공공에서 수납한 뒤 부현을 설치하여 각각의 지부사·지현사를 두고 구번주는 도쿄에 거주시키는 등, 이후의 폐번치현과도 이어지는 가장 급진적인 의견이었다. 그러나 동시에 부·현지사에는 당분간 구 번주(내지는 집정·참정)를 임명하는 항목도 있어 타협적인 측면도 있었다.

　40개 번이 동의했으며, 대번(40만 석 이상) 중에서는 가나자와번(102만 석)·와카야마번(55만 석)·히로시마번(42만 석)이 포함되었다. 봉환건백에서도 군현론에 대해 언급한 번주는 이 40개 번 중에서는 와카야마번뿐이다. 그렇다 하더라도 와카야마번의 건백은 '황위(皇威)'를 펼쳐 만국과 대치하기 위해서는 '군현제'를 부활시키지 않으면 안 되나, 바로 실현 가능하지 않기에 '일단 지금'은 제번의 영지 일부를 헌상한다는 점진적 의견이었다.

후자는 대번을 부로, 소번을 현으로 명칭을 변경할 뿐으로, 번주를 그대로 지사(세습제)로 두고 구 영지를 종래와 같이 지사에게 맡기는 안이다. '군현의'라 말하긴 하나 번체제의 실질적인 변경을 의도하는 것이 아니라 군현이라는 형식에 종래 번주의 지위를 옮기는 논의이다.

62개 번이 동의했고, 대번 중에서는 시즈오카번(70만 석)이 포함되었다. 또한 사쿠라번 공의인 요다 각카이가 '군현의 의'를 기초한 일기에 적혀 있던 사쿠라번(11만 석)은 이 안에 찬성한다. 봉환건백으로 '과거 천하 군현의 제도로 돌아갈 것'이라고 가장 급진적인 군현론을 주장한 후쿠이번(32만 석)도 전자가 아닌 이 안에 찬성한다. 봉환건백의에서 주장한 '군현'이란 형식적 군현론이었던 것일까?

한편 하라구치 기요시의 『보신전쟁』에서는 이러한 형식적 군현론도 포함하여 군현론을 주장한 번의 특징을 다음과 같이 정리했다. 하나는 막말 이래 재정악화에 더해 보신전쟁의 군사비를 크게 부담하게 되어 재정적으로 번체제를 유지할 수 없게 된 소번인 점, 또하나는 '조적'번 내지 신정부에 의심을 받는 번으로서 '열등한 지위'에서 벗어나려는 기대를 하는 번이다(대번인 가나자와·와카야마 양 번의 찬성 이유이다). 군현론 주장의 배경에는 확실히 이와 같은 이유가 존재했을 것이라고 생각된다.

그러나 군현론의 내용을 들여다보면 실질적 군현론은 219개 번 중 40개 번으로 전체의 1/5정도에 지나지 않았으며, 그보다 많은 62개 번은 형식적 군현론(군현·봉건병용론)으로 8개 의안 중에서 가장 많은 번의 동의를 얻었음을 확인해두고자 한다.

봉환건백으로 군현론을 설파했던 번은 전술한 와카야마번과 후쿠이번 외에는 다카나베번(2만 석)과 기쿠마번(5만 석) 정도이다. 특히 다카나베번은 속히 '군현의 옛 시절'로 복귀하면 나라를 부강하게 하고 군사력을 강하게 하며 '신위'를 해외에 빛낼 수 있을 것이라며, 후쿠이번과 함께 가장 급진적인 군현론을 주장했다. 그러나 그런 다카나베번도 공의소에서는 군현·봉건 어느 쪽도 아닌 안에 동의한다.

또한 기쿠마번은 '공의소일지'에는 그 이름이 보이지 않는다. 건백서의 '군현'이라는 말도 거기에 어떠한 의미가 포함되었는지 불분명하다. 공의소의 의안에서 보자면 실질적인 군현론은 역시 소수였다고 생각된다.

부번현 세 통치 체제의 용인

봉건찬성론인 115개 번은 다섯 부류로 구분할 수 있는데, 동의한 번수가 많은 순서대로 의안을 보고자 한다. 먼저 최다수인 45개 번의 동의를 얻은 것이 '봉건의'이다. 이 안은 지금의 제도(부번현 세 통치 체제)를 군현의 요소를 포함하면서도 기본적으로는 봉건인 제도로 보고, 그 체제로 조정이 전권을 장악하여 정령이 통일되면 '큰 해'는 아닐 것이라고 주장한다. 또한 억지로 군현으로 새로이 세운다면 민심을 불안하게 하고, 더 나아가 동란을 불러일으켜 국가를 쇠약하게 할 것이라 하였다. 이와 같이 봉건이라 하더라도 종래의 막번체제를 상정하는 것은 아니며, 현실의 부번현 세 통치 체제를 용인하는 것이다. 그리고 첫번째 구체책으로 제번에 속히 천황의 문서를 내려줄 것을 거론한다. 천황의 재교부를 요구하는 것이다. 동의한 대번은 구마모토번(54만 석)이었다.

이어서 36개 번의 동의를 얻은 '국체론절략'은 구체성이 결여된 가장 추상적인 안이다. 현실의 부번현 세 통치 체제를 전제로 하고, 나라가 다스려지는지 여부는 '사람'에 달려 있지 제도의 문제가 아니라고 하면서, 제도의 대변혁은 동란을 가져온다는 점에서 '옛 관습'에 의거해야 할 것이라 했다. 그러나 여기에서도 구막부시대부터 '이어져온 적폐'는 부정된다. 대번 중에서는 나고야번(56만 석)이 동의한다. 나고야번은 그후 메이지 4년에 번체제를 개편할 것을 요구한다. 나고야번과 같은 시기에 폐번론을 내세운 도쿠시마번(25만 석)도 이 시기에는 이 안에 동의한다.

세번째는 21개 번의 동의를 얻은 '국체봉건의'로, 현실의 부번현 세 통치 체제를 봉건으로 본다. 거기에 더해 군신주종관계가 자국의 풍토와 인정에 적합하다는 점, 외국의 침략 위험성, 보신전쟁이 가져온 피폐 등으로 인해 봉건이라는 현실의 국체를 변혁하는 것에 반대한다. 그리고 이 안에서도 이전과 같은 판물의 부여, 다시 말해 재교부를 요구한다.

네번째는 7개 번의 동의를 얻은 '봉대국체문제4조'인데, 추상론으로 시종일관하나 거의 '국체봉건의'와 같은 취지이다.

다섯번째는 6개 번의 동의를 얻은 '국체의'다. 판적봉환은 군현으로의 움직임을 보이는 것이나 수백 년간 이어온 군신의 '은의'로부터 군현의 실시는 곤란하므로, 판적을 다시금 '제후'에게 부여하여 종래의 폐해를 쇄신하고 조정에 의한 전국통일을 실현해야 한다고 주장한다. 이것은 '봉건에 군현의 뜻을 맡기는' 것이라 할 수 있다. 대번 중에서는 후쿠오카번(51만 석)이 동의했다.

이와 같이 봉건론이라 하더라도 다 똑같이 현실의 부번현 세 통치 체제를 '봉건'으로 보는 의론을 전개하고 있으며, 의론에는 재교부에 대한 기대가 드러나 보인다.

'진정한' 군현제의 폐해

실제로 제기된 군현론이나 봉건론을 검토해보면 양자 어느 쪽이든 종래의 번주 지위를 온존시키려는 의도가 존재하는 군현·봉건병용론이었음이 확인된다. 그리고 그 두 가지 요소 중 어디에 비중을 두는가로 나뉜다.

군현·봉건병용론의 내실에 대해서 구마모토번을 통해 일별해보도록 하자. 구마모토번은 전술한 바와 같이 봉건론에 찬성하는데, 그 내용은 『히고번 국사사료』에 타번보다도 확실히 드러난다.

각 번 공의인이 의견을 요청받아 그 견해를 공의소에 제출한

4월 16일, 도쿄에 체재하고 있던 구마모토번 중신 나가오카 다테와키는 군현·봉건론에 대해 번지(藩地)에 보고한다. 먼저 소번은 역으로 '군현을 주장'하고, 대번은 입에 내지는 않지만 '봉건을 좋아하는' 의향이라고, 제후의 움직임을 정리한다. 이어서 공의소에서는 '지금까지의 모습'인 봉건과 군현이 반씩 섞여 있는 체제를 '의정(議定)'하는 것은 아닐까 예상하고, '작금은 봉건 쪽이 좋다'는 논의가 늘어나고 있음을 이야기한다. 군현론은 소번에 많고 대번은 봉건론에 경도되어서 서서히 봉건론이 세력을 늘리는 상황이 보인다.

그리고 같은 날인 16일 구마모토번 공의인 가마타 헤이주로가 '봉건군현가병용론'(군현·봉건병용안)을 공의소에 제출한다. 여기에서 가마타는 '유신' 입장에서는 군현 하나로 정하는 것은 '명의'로 보면 당연할지 모르겠으나 '진정한' 군현제는 폐해가 있다고 부정한다. 폐해란 무엇인가.

가마타는 두 가지 점을 지적한다. 하나는, 군현제는 사족의 해체(사족의 귀농)를 필연적으로 가져오므로 지금 사족을 해체한다면 '동란'이 발생하리라는 점이며, 또다른 하나는 중국 고대의 군현제에서 군사력이 극도로 약체화된 점이다. 이러한 폐해로부터 봉건군현의 병용을 주장한다. 군현을 '경(経)'으로 하고 제후(봉건)를 '위(緯)'로 하여 양자가 '왕실'을 지키고, 정령을 통일하기 위해 복수의 '도독부' 설치를 제안한다. '도독부'는 관내의 제후와 군현의 연락기관으로, 조정의 정령도 '도독부'에 내리고 도독부에서 관내에 전하도록 하는 것이다. 이 '도독부'의 설치를 지금의 '급한 용무'로 보고 있다.

이와 같이 구마모토번 공의인 가마타는 병용론을 주장하나, 순수한 군현제에 반대하는 입장으로 의안에서는 봉건론에 동의했던 것이다. 그것은 가마타 개인이 아닌 구마모토번의 견해였다.

실리의 양득

5월 21일부터 25일에 걸쳐 정부는 황족·공경·번주·중앙정부 및 부현의 관원들에게 판적봉환에 대해 자문을 요청했다. 구마모토번에서는 징사(민부관 관원) 사와무라 슈조와 번주 호소카와 요시쿠니가 답신했다.

사와무라는 먼저 번주의 명칭을 지번사로 바꾸는 것을 멈추고, 토지와 인민은 지금까지와 같이 위임해야 한다고 주장한다. 그리고 군현제로 개혁하는 것은 '다소의 폐해'가 있으므로 군현·봉건 한쪽으로 기우는 것이 아니라 정령이 통일하는 방책으로서 '도독부' 설치를 제안한다.

호소카와도 지번사로 명칭이 정해지더라도 군신의 명의를 폐하지 않고 '번주·배신[* 배신(陪臣)은 번주의 신하를 말한다. 쇼군의 직신(直臣)이 다이묘인 데서 다이묘(번주)의 가신을 지칭한다 — 역자 주]의 실질'을 남기는 것이 양책이라고 종래의 관계 존속을 주장한 후에, 봉건·군현 양사를 유지하는 '양득'을 얻어야 할

94

것이라며 '도독부' 설치를 주창한다. 모두 가마타 건백과 같은 취지였다.

　공무소 의원에게도 자문이 있어 공무소에서는 6월 7일 의원 일동의 답신을 정리하기 위해 초고 취조위원 10명을 선출했는데, 거기에 구마모토번 공의인 가마타가 포함되었다. 그리고 10일에 가마타 등 97명이 연서한 답신을 제출했다. 답신안이 구마모토번의 의견과 거의 같았던 데에서 가마타가 집필한 것이라고 생각된다. 군현제는 많은 '분규'를 가져오고 '천하소란'을 일으킨다는 이유로 부정되었고, 부번현일치의 정령대강을 세워서 봉건·군현을 서로 유지하여 실리를 '양득'하라는 취지였다.

　판적봉환을 둘러싼 제번은 이후의 번체제를 어떻게 할지 의론을 전개했다. 이를 보면 번체제를 해체하는 군현론은 소수였으며, 다수는 현실의 부번현 세 통치 체제를 전제로 종래의 번체제를 온존하려는 군현·봉건병용론이었던 것이 확인된다. 그리고 이것은 유신정권이 진행하려 하는 방향과 기본적으로는 같은 것이었다.

4. 번주의 영유권이 부정된 때

주제(州制)의 부정

공의소에서 군현·봉건론이 논의된 2년 5월, 유신정권 내부에서는 판적봉환 실시를 둘러싼 구체적인 정책을 검토한다. 5월 4일(우연하게도 공의소의 군현·봉건론 의안 제출과 같은 날이다) 산조 사네토미 보상(輔相)은 사쓰마·조슈·도사·히젠 4개 번의 중신에게 판적봉환 문제가 아직 미확정이므로 각각의 예측을 제출하라고 지시했다.

요청을 받은 4개 번은 검토를 진행하여, 오쿠보 도시미치는 16일 일기에 판적봉환 문제를 평의하여 '초안'이 완성되었다고 쓴다. 이날 원안이 성립된 듯하다.

'초안'은 다음과 같은 내용이었다. 번을 주(州)로 개칭하고, 주에 지주사(知州事)를 두고 번주를 임명한다(번을 그대로 주로 만드는 것이 아니라, 몇몇의 번을 통합하여 1개 주로 한다). 토지와 인민은 지주사의 사유가 아님을 명확히 한 후에, 지주사에게 그 때까지의 영지를 '수호'하게 한다. 이것은 봉건의 형식에 군현의 실질을 넣는 의도이다. 그 외에 지주사의 가정(家政)과 주의 일은 분리할 것, 주의 세입 1할을 정부에 납부하며 남은 것은 3분하여 지주사의 가록, 사졸의 가록, 정청의 경비로 할 것 등이다(『이와쿠라 공 실기』 중). 군현·봉건병용론으로부터 종래의 번을 통합한 주제(州制)를 창출하려는 의도가 보인다.

원안을 확정한 닷새 후인 5월 21일 열린 상국회의에서 판적봉환 문제에 대한 자문이 있었으며, 여기에서 '지번사'라는 명칭이 결정되었다. 닷새 상간에 주제는 부정되고 번의 명칭이 그대로 남게 된 것이다(유감스럽게도 그 경위는 불명하다). 그후 6월 초에는 기본방침이 확정된 듯하다.

기도·이토의 항의

오쿠보는 6월 4일 가고시마에 있는 가쓰라 우에몬(히사타케)에게 보낸 편지에서 번주를 지번사로 임명하고, 번의 번정과 가정을 분리하여 번정은 번에 맡기도록 결정한 취지의 보고를 한다. 또한 오쿠보는 여기에서 군현론을 '공론(空論)'이라 하여 물리치고, 점진주의 입장에 있는 정부는 공무소에서의 군현론이 '무용한 논리'이므로 '국체'에 맞지 않다 하여 '폐국'으로 내부 결정하였다고 적었다(『오쿠보 도시미치 문서』 3). 오쿠보도 군현론을 배척하는 군현·봉건병용론자였음을 알 수 있다.

이와쿠라는 당시 정부 내의 의견을 기도·고토, 오쿠보·소에지마, 이타가키·히가시쿠제(미치토미) 3파로 분류하는데, 기도가 급진론(군현론), 오쿠보가 점진론(군현·봉건병용론)을 주장했다. 이 급진론과 점진론은 지번사를 세습제로 하는가 비세습제로 하는가에 대한 문제에서 차이가 드러나게 된다.

6월 12일, 기도가 결석한 회의에서 이와쿠라·오쿠보·소에지마 등은 지번사를 세습제로 할 것을 내부적으로 정했다. 이 결정에 반대한 것이 기도와 이토 히로부미였다. 기도는 판적봉환의 목적은 전국을 일치시키는 데 있으며, 지번사 세습제는 명칭변경일 뿐 실질적으로는 종래의 번주와 무엇 하나 변함이 없다고 비판한다. 이토는 앞서 본 것과 같이 가장 급진론자였으며 세습제 결정에 항의하는 의미로 사표를 제출한다. 기도·이토의 반대로 최종단계에서 지번사는 비세습제가 되었다.

기도 등의 군현론은 이 비세습제에 채용된 정도이고, 기본적으로는 오쿠보 등의 군현·봉건병용론에 따라 판적봉환 문제가 처리되었다. 6월 17일부터 판적봉환의 상주(上奏)를 허가하고, 각 번주는 지번사에 임명되었다. 다음해인 3년 8월까지 총 274개 번주가 지번사에 임명되었다.

배신당한 기대

판적봉환에서 유신정권은 많은 번주가 동의한 영지 재교부는 하지 않았다. 종래의 개별영유권을 재확인하지 않은 채 법적으로는 천황에 영유권을 일원화했다. 사쓰마번 내에 있던 재교부론은 부정되어(이 경위는 불명하나 기도의 주장일 것이다), 번주의 기대는 명백히 배신당했다. 그럼에도 불구하고 제번주가 어떠한 반대도 없이 받아들인 것은 어째서였을까.

종래의 설명에서는 판적봉환의 제도적 개혁의 의미(번주의 개별영유권 부인)를 번주가 중시하지 않았던 점, 지번사 임명 직전(6월 2일)에 이뤄진 보신전쟁의 상전(賞典)이 일시적으로 봉환 실시의 의의로부터 눈을 돌리게 한 점, 왕토왕민 이데올로기가 번주를 규제한 점 등이 지적되었다.

필자는 번주가 제출한 판적봉환 건백의 논리로부터는 반대론을 내세울 수 없다고 생각한다. 앞서 한번 보았으나, 다시금 건백의 내용을 정리해보도록 하자.

먼저 왕정복고의 정신에서 토지와 인민은 천황 소유라는 왕토왕민론을 용인한다. 다음으로 그 관점에서 종래의 영지·영민을 천황에게 반환한다. 그리고 '하사하여야 할 것을 하사하고, 빼앗아야 할 것은 빼앗은 후'에 천황의 '여탈의 권리'에 의한 재교부를 기대한다. '여탈의 권리'는 어디까지나 천황에게 있음을 인정한다. 이렇다면 하사하지 않더라도 공공연히 반항의 이유를 내세우는 것이 불가능하다.

해리 파크스

왕토왕민론을 받아들임으로써 번주는 영유권 주장이 불가능하게 되었다. 종래의 지위 유지를 목적으로 자주적으로 행한 판적봉환이었건만, 번주는 스스로의 손으로 자기 목을 매게 되었다.

그와 동시에 군현·봉건병용론에서 번명을 남기고 구 번주 보호에 신경쓴 것도 반발을 약하게 하는 원인이 되었다. 지번사가 되긴 했지만 오쿠보가 번정은 번에 맡긴다고 쓴 것과 같이, 구 번주는 계속해서 번에 거주하는 것을 인정받았다. 그리고 지번사 임명과 같은 날에 '공경제후의 칭호'를 폐지하고 새로이 화족이라는 칭호를 내려 신분보장에 힘썼으며, 또한 지번사의 가록을 세입의 1할로 하여 그 수입도 보호하였다.

판적봉환의 가장 큰 의의는 번주의 개별영유권이 부정된 것이다. 왕토왕민론은 여기에서 제도적으로는 실현되었다. 제후의 종래의 영지는 '관할지'로 불리게 되었고, 지번사는 천황의 토지를 관리하는 지방장관이 되었다.

주일 영국공사 해리 파크스는 판적봉환에 대해 본국 정부에 다음과 같이 보고한다.

모든 다이묘에게 지번사(번의 장관을 의미)의 칭호를 내렸다. 금후 그들은 천황의 이름으로 각각의 영지를 통치하게 된다. (…) 금후의 번(현)은 각각의 자치권을 지니는 것이 아니라 커다란 전체(일본국)의 일부분이 되어, 중앙정부가 모든 법률행정상의 전국적 제도를 운영하게 될 것이다. (디킨스 저, 다카하시 겐키치 역 『파크스 전』)

부번현 세 통치 체제의 확립

6월 25일, 유신정권은 제번에 11개조에 걸친 지령, 소위 '제무변혁령(諸務変革領)'을 내려 각 번의 석고·물산·세고·직제·직무·번사·병원(兵員)·인구·호수 등을 조사하여 10월까지 보고하도록 하였다. 통일적인 정책을 실시하기 위한 기초 자료 수집을 의도한 것이다.

이 지시에는 두 가지 중요한 내용이 포함되었다. 하나는 가로(家老) 이하의 번사를 모두 사족으로 하는 것이다. 번주가 영주의 지위에서 쫓겨나 화족이 된 것에 대응하는 조치이다. 번주-번사라는 종래의 주종관계를 제도적으로 폐지하고, 무사계급을 화족과 사족으로 재편성한 것이다[동년 12월, 하급사족을 졸(卒)로 하게 된다]. 또하나는 지번사의 가록을 세입의 1할로 하는 것이다. 지번사의 가록을 결정한 것은 번청경비와 구분한다는 의미이다. 가정(가록)과 번정(번청경비)을 구분하여 메이지 원년의 번치직제에 내세웠던 것을 다시 한번 명확히 한 것이다.

정체서에서 제도화된 지방체제가 부번현 세 통치 체제였으나, 이 체제를 확립시킨 것은 판적봉환 실시 후의 직원령이었다. 직원령은 정체서의 관제를 변경하기 위해 2년 7월 8일에 제정되었다. 신기관(神祇官)과 태정관(太政官)이 설치되고(신기관이 상위이다), 태정관 아래에 민부·대장(* 大藏. 재무—역자 주)·병부·형부·궁내·외무 6성을 설치했다. 소위 2관 6성제이다. 태정관이 형식적으로는 신기관 아래에 있었으나 실질적으로는 최고기관이 되어, 중앙집권화의 길로 나아가도록 한 관제개혁이었다. 번의 규정을 정체서와 비교하며 보도록 하자.

정체서에서는 번의 장관은 '제후' 다시 말해서 번주(다이묘)로 하였고, 직장(職掌)에 관해서 어떠한 규정은 없었다. 이에 비해 직원령에서는 부나 현과 같이 지사를 장관으로 하여, 그 직장도 부·현지사를 따라서 거의 똑같이 규제한다. 판적봉환으로 영주권이 소멸하여 처음으로 관제상에서도 지방장관의 위치에 서게 된다. 지사 외에 대참사(大參事)와 소참사(小參事)가 설치되었고, 이것도 각각 부현과 같은 모습이다.

이와 같이 판적봉환을 거친 직원령에 의해 부번현 세 통치 체제는 제도상 확정되었다. 판적봉환 문제를 상국회의에 자문

102

한 하문서에는 부번현 세 통치 체제를 가지고 전국을 통일한다는 '취지'에 따라 지번사에 임명한다고 명기되었다(『태정관일지』).

고꿍(股肱)

직원령체제에서 정부진은 어떻게 구성되었던 것일까. 중요한 역직은 좌대신·우대신·대납언·참의이다. 우대신에 산조 사네토미(좌대신은 결원), 대납언에 이와쿠라 도모미와 도쿠다이지 사네쓰네, 참의에 소에지마 다네오미(히젠번)·마에바라 잇세이(조슈번)·오쿠보 도시미치(사쓰마번)·히로사와 사네오미(조슈번)가 임명되고, 그후 참의에 도사번의 사사키 다카유키와 사이토 도시유키, 조슈번의 기도 다카요시, 히젠번의 오쿠마 시게노부가 취임한다.

참의는 사조도히(* 薩長土肥. 사쓰마, 조슈, 도사, 히젠―역자 주) 4개 번이 독점하고, 마쓰오 마사히토가 『유신정권』에서 설명하듯 번주나 황족·공가 세력은 정체서 단계에 비교하면 크게 후퇴했다. 그러나 제번의 힘에 의거하는 성격은 크게 달라지지 않은 채, 제번 중에서도 점점 사조도히 4개 번에 경도되는 성격이 강해진다.

유력번에 의존하려는 생각은 특히 오쿠보에게서 보인다. 오쿠보는 2년 말 의견서에서 사쓰마·조슈 양 번은 '황국의 주석(柱石)'으로, 양 번이 '합일'하여 조정에 힘쓰지 않으면 전도가 서지

산조 사네토미(국립국회도서관 소장)

않아 곤란하리라 주장하며 구체적 방책으로 다음과 같이 제안한다.

시마즈 히사미쓰 스스로 '분연히' 조정 강화에 진력할 뜻을 보임으로써 사쓰마 1개 번의 협력태세를 확정할 것, 사쓰마·조슈 양 번이 '맹약'을 주고받을 것, 그리고 사쓰마·조슈 양 번이 '힘을 합하여' 조정을 보좌하여 이를 기축으로 히젠·후쿠이·우와지마에도 호소할 것 등이다. 사쓰마·조슈 양 번을 중심으로 한 유력번이 제안하는 정부강화책이었다(『오쿠보 도시미치 문서』3).

2년 2월, 사쓰마번주의 부친 시마즈 히사미쓰와 조슈번주 모리 다카치카의 상경을 종용하기 위해 천황의 사자가 파견되었고, 이 칙서에는 조정의 '체재'를 바르게 하는 데에는 사쓰마·조슈 양 번의 '힘'이 필요하며, 양 번을 고굉(가장 신뢰할 수 있는 신하)으로써 의지한다고 쓰여 있다.

또한 6월에는 도쿄(황거)의 상비병에 대해 기도 등이 주장한 징병제가 각하되고, 오쿠보의 주장대로 사쓰마·조슈·도사 3개 번에서 부른 소집병으로 상비병을 실현시킨다. 12월에는 오쿠보의 주장으로 시마즈 히사미쓰와 모리 다카치카의 상경을 종용하기 위해 오쿠보와 기도가 귀번한다. 유력번, 특히 사쓰마·조슈 양 번에 의한 중앙정부 강화를 향해서 움직인 것이다.

전결의 엄금

판적봉환에 의해 천황에게로 영유권 일원화가 이뤄진 것은 중앙 집권화정책에 박차를 가했다. 그 집권화정책을 앞장서 진행한 것이 민부성과 대장성이었다. 양자는 장관 이하의 관원이 겸임하여 실질적으로는 합병을 이루었고 다른 관청을 압도하며 정책을 강행했으나, 여기에서는 부번현에 대한 통치강화를 의도한 지방행정에 초점을 맞추도록 한다.

먼저 부번 행정부터 보고자 한다. 판적봉환 실시 전인 2월 5일 부번시정 순서가 포고되었다. 이는 부번현 세 통치 체제의 방침이 내세워졌음에도 불구하고 일정한 규제가 없기에 번은 말할 것도 없고 부현조차도 정령이 통일되지 않고 있는 상황을 인식하여 이를 타파하기 위해 제정된 것이다. 부현 사무의 대강을 거론하며 각각의 토지풍토를 고려해 점진적으로 실시하도록 지시한다. 부현 통일의 시작이었다.

그리고 봉환 실시 후인 7월 27일, 부현봉직규칙과 현관인원 병상비금규칙을 제정한다. 전자는 부현관원의 복무규정으로, 부현행정은 민부성·대장성·병부성 등에 반드시 품의하여 지시를 받아서 실행하도록 하여 지방관의 전결을 금지한 내용이다. 지방관의 독단에 의한 조세액 개정(농민의 감세요구를 받아들인 감면조치), 사적인 금품 축적이나 병대(兵隊) 징병 등을 엄금한다. 후자는 현의 관원과 상비금에 대해서 석고에 따라 정원과 정액을 정한 것이다.

　　다음으로 번에 대한 통제를 보도록 하자. 2년 1월 9일 관내의 정무는 '부번현을 동일하게 다스린다는 취의'를 지켜 '이것들이 다름이 없도록' 취급하라고, 2월 20일에는 사적으로 외국에서 차금하는 것을 금지하고 차금이 필요한 경우에는 외국관의 '지도'를 기다리라고 지령한다.

　　봉환 후인 6월 22일에는 부현뿐만 아니라 번이 3부나 개항장 등에 '상회소'를 설치하여 상업활동을 한 것에 대해 그동안은 '일정한 상률'이 없었기에 묵인하였지만 금후는 일절 폐지하도록 명한다.

　　참고로 같은 달 30일에는 제번이 고용한 외국선이 개항장 이외에 입항하는 것을 금지하고, 이를 위반한 경우에는 적하를 몰수하고 벌금을 부과하는 엄한 조치가 내려졌다. 9월 19일에는 제번의 쓰도메(津留, 미곡의 영외 이출 금지)를 '당치도 않다' 하여 폐지를 명하고, 12월 5일에는 구막부의 허가를 얻어 제조한 번찰을 늘리지 못하도록 엄금함과 동시에 '일신' 후 제조한 번찰의 통용 정지를 명한다.

또한 12월 2일에 구 막신 녹제를 정하여 부현 관할하에 두고, 구 막신 영지를 정부로 수납할 것을 명했는데, 그때의 논거로 거론된 것이 판적봉환에 의해 '부번현의 일치의 정령'으로 돌아간 것이었다(『태정관일지』). 그리고 구막부시대 제번의 도비치(飛地, 원거리에 분산되어 있는 영지)를 정리하기 위해 부번 관할로 하는 방안이 제출된 것이 12월 5일이었다.

판적봉환으로 번주의 영유권이 부정되어 번이 부현과 같이 지방행정단위가 되면서 겨우 부번현 세 통치 체제가 제도적으로 확립된 의의는 크다. 판적봉환을 지레로 하여 유신정권은 이후 부번현 세 통치 체제를 실현시키기 위해 집권화정책을 강행하게 된다.

제3장
중앙집권화로 가는 길

1. 핍박하는 번 재정

수입의 3배에 달한 차금(借金)

부번현 세 통치 체제의 실체화를 향해 집권화정책이 진행되는 한 편으로 메이지 2년 후반부터 제번의 재정은 점점 악화일로를 걸어갔다.

보신전쟁의 군사비가 제번의 재정을 고통스럽게 한 것은 전술한 대로이나, 메이지 2년 도호쿠지방을 중심으로 동일본 전역에 이르는 흉작이 한층 결정타를 가한다. 기후불순으로 도호쿠지방 태평양측의 수확은 전년의 3할 정도에 지나지 않았다. 센다이에서는 원년 10월부터 3년 3월에 걸쳐 쌀값이 3배로 뛰었다 한다. 도호쿠지방의 흉작은 도쿄에 쌀 부족을 가져왔으며, 주고쿠로부터 쌀을 수입하는 등의 해결책으로 어떻게든 급한 불은 끌수 있었다.

제번의 재정상황을 시모야마 사부로의『근대 천황제 연구서설』로 개관해보고자 한다. 메이지 3년(1870년) 제번의 차금(번채와 번찰의 합계) 평균은 실로 수입의 약 3배에 달했다. 제번의 재정은 파탄상태였다. 대·중번(5만 석 이상)의 평균이 2.63배, 소번(5만 석 미만)의 평균이 3.58배였다. 대·중번에 비해 소번의 재정이 보다 궁핍했고 번체제는 재정면에서 유지될 수 없는 상태가 되어갔다.

차금이 수입 이하인 번은 대·중번에서는 겨우 시즈오카번과 사쿠라번밖에 없었다. 참고로 가장 힘 있고 유신정권이 가장 의지하던 4개 번은 사쓰마번이 1.77배, 조슈번이 3.61배, 도사번이 2.12배, 히젠번이 2.3배로 조슈 이외에는 전국평균을 하회했다. 15만 석 이상의 대번(15개 번) 중 평균 이하는 전술한 사쓰마·도사·히젠번 이외에 구마모토·도쿠시마·히로시마·돗토리·가나자와·후쿠오카번으로 총 9개 번이었다. 중번(24개 번)에서는 총 13개 번이었다.

재정악화로 제번에서는 번의 상징인 성곽의 유지비도 부족할 정도였다. 3년 4월 25일, 제제번(6만 석)은 다른 번에 앞서서 성곽은 '구법'이기에 철거하고 싶다고 청원을 내었다. 더 나아가 9월 5일에는 대번인 구마모토번이 철거를 신청한다. 신청문에는 화기를 사용하는 전투에서는 성곽이 '무용지물'이 되었기에 '구습'을 일신하기 위해서도 부수고 싶다고 적었다. '구법'이나 '구습'을 구실로 하나 재정악화가 진정한 이유였다. 3년 중에는 대번인 조슈번을 포함해 모두 19개 번에서 신청을 했다. 결국 구마모토성은 철거되지 않았고, 이후 세이난전쟁에서 격전의 장이 된 것은 잘 알려진 사실이다.

세끼 식사도 쉽지 않다

일반적인 재정상황은 이와 같으나, 여기에서 나가오카번(현재
니가타현 나가오카시)을 하나의 예로서 조금 구체적으로 보고자
한다.

나가오카번은 전술한 대로 오우에쓰열번동맹의 중심번으
로, 보신전쟁에서 패배하여 7만 4000석의 중번에서 2만 4000석
(실 수확고는 1만여 석)의 소번으로 전락하였다. 메이지 2년의 수
입은 지번사의 가록을 빼면 8200여 석으로, 여기에서 또 번청경
비를 빼고 나면 불과 1700여 석이 된다. 이에 반해 사족졸을 합
하면 인원은 8225명이나 되어 그들의 봉록이나 급여미로 1만
7000여 석이 필요하여, 이를 빼면 약 1만 5300석이나 부족하다
는 계산이 나온다(『니가타현사』 통사편 6).

대참사 고바야시 도라사부로는 도쿄에 있는 동생에게 보낸
2년 11월의 편지에서 곤궁한 상황을 다음과 같이 전했다. 먼저,
번내에 곤궁함이 극에 달해 사족 중에서는 '죽을 (하루에) 세 번
먹는 것도 힘든' 자도 있다며, 하루에 세 끼 식사도 쉽지 않은 상
황임을 적었다. 그리고 번청의 비용이 '심히 부족'하기에 '문교·
무비·정치'도 어떻게 할 방법이 없어, '조정'에서 무언가 '조치'를
받지 않으면 이대로는 어떻게 해나갈 수가 없을 정도로 매우 곤

란한 상황이라고 읍소한다(『나가오카시사』 사료편 3).

또한 9월에는 번의 중역이 정부에 구조를 탄원하며 쓴 서간에 다음과 같이 기재되어 있다. 종래 세입의 '5분의 1'이 되어 비상히 '절약과 검소'를 실천해도 '생계'를 유지해나갈 수가 없다. 사족의 집은 보신전쟁으로 소실되어, 오두막집 모양으로 만들어 겨우 눈비를 피하는 사람은 운이 좋은 사람이고 '열에 일고여덟'은 농민이나 상인에게 '집을 빌려' 간신히 하루하루를 보내는 상황이라고 하였다(『나가오카시사』 사료편 3).

1~4할의 가록삭감

수입 가증[연공(年貢) 징수 증가]이 가능하지 않은 이상, 재정악화에 대응하기 위해 각 번은 싫고 좋고 없이 지출 삭감이 강제되었다. 지출에서 가장 큰 비중을 차지하는 것은 사족의 급여인 가록이었기에 가록삭감 이외에 다른 구체적 방법이 없었다. 판적봉환과 동시에 이뤄진 '제무변혁령(諸務変革令)'에서 지번사의 가록이 세입의 1할로 결정된 것에 따라, 사족의 가록도 이에 준거하도록 한 지시가 내려져 2년 6월부터 녹제개혁에 착수하는 번이 나타나기 시작했다.

제번의 개혁은 모두 같은 모습은 아니나, 상층사족이 1할로 삭감된 데에 비해 중층 이하의 삭감률은 느슨해, 하층사족은 삭감률이 적거나 종래의 액수가 유지된 것이 일반적이었다. 소위

상손하익 방식이다. 그 실태를 센다 미노루의 『유신정권의 질록처분』을 보며 개관해보자.

사가번이나 도쿠시마번 등 상층사족에게 2～3할이나 지급되었던 대번이 있는 한편, 시즈오카·센다이·요네자와번 등 '조적'번이나 모리(이즈모)·나에기(미노) 등의 소번과 같이 상·중층사족에게 가혹한 삭감을 강제하여 상층부터 하층까지 거의 평등화시키는 번도 나타난다. 또한 아키타·히로시마번 등과 같이 상층사족은 1할 정도이나 하층사족은 오히려 녹봉이 증가한 번도 있다.

녹제개혁은 다음해인 3년 9월에 제정된 '번제'에 의해 더욱 가열차게 추진된다. 귀농법이나 녹권법에 따라 가록 자체를 폐지하려는 번도 나온다(후술). 이 '번제'에 의한 녹제개혁을 포함하여 가록 총액의 5할 이상을 삭감한 것은 284개 번 중 불과 9개 번(대번 1개, 중번 3개, 소번 5개)뿐이었다. 4～5할 삭감이 19개 번, 3～4할 삭감이 36개 번, 2～3할 삭감이 최다인 68개 번, 1～2할 삭감이 55개 번, 1할 미만 삭감이 44개 번, 바꾸지 않은 번이 5개 번이었으며, 26개 번은 하층사족의 녹봉 때문에 역으로 증가했다. 대부분의 번(159개 번)은 1～4할 삭감이었다.

'귀상(歸商)'을 신청하는 사족

제번이 이러한 녹제개혁을 진행하던 시기, 나가오카번은 재정악화를 해결하기 위해 어떠한 개혁을 시행하였던 것인가.

실은 나가오카번은 재정파탄으로 녹제개혁은커녕 녹제 그 자체를 세우는 것도 불가능했다. 대참사 미시마 오쿠지로가 몇 번에 걸쳐 정부에 제출한 탄원도 모두 각하되어, 3년 1월에는 다른 곳으로의 이주, 에조치의 개척, 귀농귀상책 등을 번내의 사족에게 자문한다. 그리고 2월에는 당면한 조치로서 1일 1인당 2합(하층졸)부터 4합(상층사족)의 쌀을 지급하게 되었으나, 생활비로 충당하기도 아슬아슬한 정도에 지나지 않았다.

7월에 탄원이 빛을 보게 되어 구조미 급부가 결정되었으나 사후약방문격이었다. 이에 같은 달 6일, 사족에게(졸에게는 7일) 번정개혁방침이 내려온다. 대참사 이하의 번청관원과 병사 이외는 전원이 농·상업직에 종사할 것, 농·상업으로 전직을 명한 자(농사·농졸로 칭함)에게는 평균 7표(俵)의 쌀을 지급할 것, 사족에게는 쌀 7표(졸에게는 쌀 4표)를 지급할 것이 골자이다. 마지막 항목에서 쌀 7표(4표)가 가록에 해당하며, 이를 10월부터 지급하는 것으로 했다. 그러나 이 지급조차 제대로 이뤄지지 않을 정도로 번정의 핍박은 심하였다.

번내에 개혁방침을 보여주었던 같은 7월, 4년분 가록 자금으로 1만 6000석의 무이자대출을 정부에 신청한다. 그리고 10월 2일에는 대출이 이뤄지지 않아, 사족에게는 가족 1인당 1일 3합

7작(勺), 졸에게는 2합 2작씩 지급하고, 점차 '살 길'이 서게 '노력' 하도록 사족졸에 요구한다. 가록과 자택을 반환하고 '귀상'을 신청하는 사족도 나타난다(『나가오카시사』 자료편 3·4). 나가오카번의 폐번이 가까워왔다.

또한 지번인 미네야마(미네오카)번 사족이 나가오카번 사족에게 보낸 '위문품'으로 쌀 100표가 도착한 일이 3년 5월에 있었다. 나가오카번 사족들은 이 쌀의 분배를 요구했다. 이에 대해 대참사 고바야시 도라사부로는, 쌀은 사족의 급여가 아닌 학문이나 교육에 사용해야 한다고 주장하여, '국한(国漢)학교'(사족뿐 아니라 농민이나 상인 자녀의 입학도 허가한 학교) 서적이나 기재 구입비에 사용하였다. 이것을 주제로 한 희곡이 야마모토 유조의 〈쌀 100표〉로, 니가타현 나가오카시에서 긍지를 가지고 지금도 시민들에게 전하고 있는 이야기이다.

13개 번의 폐번신청

재정파탄으로 소번 중에서는 자주적으로 폐번(지번사의 사임)을 신청하는 번도 나타나기 시작했다. 가장 빨리 청원한 것이 가메오카번(단바, 5만 석)·사야마번(가와치, 1만 석)·요시이번(고즈케, 1만 석)이었다. 3개 번의 지번사는 2년 6월에 '제무변혁령'이 내려오자 사표를 제출했으나(제출일과 내용은 불명), 7월 7일에 각하되었다. 아직 폐번은 실시되지 않았다.

그후 10월 들어 사야마번지사 호조 우지유키가 다시금 사표를 제출한다. 사표 내용을 보면, 이전에 사표를 제출했으나 '반복되는 칙의'로 단념하고 한층 개혁을 꾀하려 하였으나 '작금의 시세'로는 불가능하여 이에 따라 '토지인민'을 가까운 현에 병합하고 지번사 사직을 인정해주길 바란다고 적혀 있다.

또한 12월에는 요시이번지사 요시이 노부노리도 재차 사표를 제출하여, '공비막대'한 '비상한 현 시세'에는 '사민'을 '조정의 지배'로 돌리는 편이 '쓸데없는 비용'을 줄이게 될 것이라며 지번사 사직을 신청한다(『태정관일지』). 한편 가메오카번지사 마쓰다이라 노부마사는 사표를 제출하지 않았다.

어느 쪽이든, 번의 유지 그 자체가 곤란한 현상황을 제소하고 있다. 유신정권은 12월 26일에 '신묘'하다며 두 사람의 사표를 수리했고, 사야마번은 사카이현(현재의 오사카부)에, 요시이번은 이와하나현(현재의 사이타마현)에 합병되었다. 메이지 2년 말 최초의 폐번이었다. 또한 지번사였던 호조와 요시이는 종전의 가록이 내려져 도쿄 거주를 명받았고, 각 사족졸은 사카이·이와하나에 소속되었다.

4년 7월의 폐번치현 이전에 스스로 폐번을 선택한 번은 다음과 같다(괄호 안이 합병 번현). 3년에는 7월 모리오카번(모리오카현. 현재의 이와테현), 9월 마리야마번(오바마번. 현재의 후쿠이현), 10월 나가오카번(가시와자키현. 현재의 니가타현), 11월 후쿠모토번(돗토리번. 현재의 효고현), 12월 다카스번(나고야번. 현재의 아이치현) 등 5개 번, 4년에는 2월 다도쓰번(구라시키현. 현재

	번명(석고)	폐번연월일	합병 번현(현재 부현명)
현으로 합병	요시이번(10,000)	메이지 2년 12월 26일	이와하나현(사이타마현)
	사야마번(10,000)	메이지 2년 12월 26일	사카이현(오사카부)
	모리오카번(130,000)	메이지 3년 7월 10일	모리오카현(이와테현)
	나가오카번(24,000)	메이지 3년 10월 22일	가시와자키현(니가타현)
	다도쓰번(10,000)	메이지 4년 2월 5일	구라시키현(가가와현)
	마루가메번(51,512)	메이지 4년 4월 10일	마루가메현(가가와현)
	다쓰오카번(16,000)	메이지 4년 6월 2일	나카노현(나가노현)
			이나현(나가노현)
	오미조번(20,000)	메이지 4년 6월 23일	오쓰현(시가현)
	쓰와노번(43,000)	메이지 4년 6월 25일	하마다현(시마네현)
번으로 합병	마리야마번(10,000)	메이지 3년 9월 17일	오바마번(후쿠이현)
	후쿠모토번(10,573)	메이지 3년 11월 23일	돗토리번(효고현)
	다카스번(30,000)	메이지 3년 12월 23일	나고야번(아이치현)
	도쿠야마번(40,010)	메이지 4년 6월 19일	야마구치번(야마구치현)

폐번치현 이전의 폐번 일람(나카무라 사토루『메이지유신』, 슈에이샤)

의 가가와현), 4월 마루가메번(마루가메현. 현재의 가가와현), 6월
다쓰오카번(나가노현과 이나현. 현재의 나가노현), 도쿠야마번(야
마구치번. 현재의 야마구치현), 오미조번(오쓰현. 현재의 시가현),
쓰와노번(하마다현. 현재의 시마네현) 등 6개 번으로, 총 13개 번
이었다. 중번인 마루가메번(5만 1000석)과 모리오카번(13만 석)
이외의 11개 번은 전부 1만 석에서 5만 석 미만의 소번이었다.

3년 이후의 폐번건백도 기본적으로는 앞의 사야마·요시이
양 번과 같이 재정 핍박으로 번정개혁이 이뤄지지 않아 번을 유
지하기 곤란하다고 주장한다.

3년의 각 번의 건백을 보노라면, 마리야마번은 소번으로 '번
병'의 임무를 견뎌낼 '힘'이 없고 번청경비 등에 '막대한 번 재정'

을 소모하는 '번거로움'이 있다 하였고, 나가오카번도 소번의 '징력'으로는 어떻게도 하기 어렵다고 하였으며, 후쿠모토번도 소번으로는 '번병'으로 견뎌내기가 어렵다고 하였으며, 다카스번도 폐번을 통해 '쓸데없는 비용'을 없앨 수 있다고 주장한다.

4년에 들어서도 마루가메번이 번정개혁을 향해 '밤낮없이 노력'하나 잘 진행되지 않고 '탄식'이 끊이지 않는 점, 도쿠야마번이 소번으로는 '임무를 다할' 힘이 없는 점, 오즈번이 번정개혁의 '단서'를 얻는 것이 가능하지 않다는 점을 토로한다(『태정관일지』).

또한 이렇듯 자번의 해체만을 논하고 이후의 지방체제에 대해서는 언급하지는 않는다. 이러한 논의 중에 3년에는 모리오카번, 4년에는 다도쓰·다쓰오카·쓰와노번이 군현론의 입장에서 폐번론을 전개하는 것이 주목된다(4년의 동향은 후술).

이러한 번 중에서 소번의 예로 앞에 소개한 나가오카번과 3년에 유일하게 군현론을 전개한 모리오카번을 좀더 구체적으로 보고자 한다.

'극궁극박'— 나가오카번 폐번

나가오카번 대참사 미시마 오쿠지로는 2년 초두부터 상경하여 이와쿠라·오쿠보·히로사와 등 정부요인에게 번의 곤경을 설명하고 원조를 읍소한다. 그리고 이 청원활동이 잘 진행되지 않았던 데에서 폐번의 움직임이 나타나게 된다. 미시마의 일기에서 그 내용을 살펴보자.

6월 26일, 정부에 제출한 탄원이 열매를 맺지 못해 '지사로서 첫 대참사 면직' 신청을 결정했으나, '지금의 세입'으로 후년의 목적을 세울 여지가 있는 자는 그 방책을 보고하도록 사족졸에게 '연설'했다고 미시마는 적었다. 6월 말에 미시마는 폐번을 결의한 것이다.

이에 대해 번내에서는 '지금의 지사와 대참사'의 명령이라면 '이를테면 귀농상(歸農商)'이든 무엇이든 받아들이겠다며 사직 만류를 요청하는 목소리가 있었다. 이에 7월 4일, 사직은 어쩔 수 없이 '잠시 보류'로 일단 철회된다(『나가오카시사』 자료편 3).

그러나 그후로도 재정상황은 호전되지 않고 10월 15일, 미시마는 지번사 마키노 다다카쓰와 그의 부친인 전 번주 다다쿠니에게 사직을 진언하여, 19일 다다카쓰는 지번사 사임의 건백을 제출한다.

번정개혁을 진행하여 사족졸의 귀농상을 꾀했으나, 소번의 '미력'으로는 아무리 '진력'하여도 '어떠한 실효'를 거두는 것이 불가능하여 정부의 '높은 뜻'에 응하는 것이 '불안한' 상태라는 점에서 지사직 사임을 바란다고 밝히고, 말미에는 사족졸의 '극궁극박'의 정황을 두루 살펴 어떤 식으로든 '조치'를 '간원'한다고 적었다(『나가오카시사』 자료편 4).

10월 22일, 나가오카번은 소멸되고 가시와자키현에 병합되었다. 보신전쟁에서 '조적'번으로 엄중한 처분(7만 4000석에서

2만 4000석으로 삭감)을 받은 일이 나가오카번의 자립을 빼앗은
것이다.

70만 냥 헌금 — 모리오카번 폐번

폐번치현 이전에 폐번된 곳 중에서 예외적으로 큰 번이 모리오카
번이었다. 모리오카번은 '조적'번으로 20만 석에서 13만 석으로
삭감되어 시로이시(이와키)로 옮겨지는 처분을 받았다. 그후 시
로이시에서 구령인 모리오카로의 복귀운동이 진행되어 2년 7월
에 모리오카 복귀를 실현했다. 그러나 그 조건이 정부에 70만 냥
을 헌금하는 것이었고, 그 70만 냥 헌금이 폐번의 직접적 이유가
되었다. 70만 냥을 납부하는 것이 불가능했기에 결국 폐번 의사
를 밝히게 된 것이다. 그러나 여기에는 마쓰오 마사히토가 『폐번
치현』에서 지적한 바와 같이, 도호쿠지방 번·현 감독을 임무로
하는 안찰사가 폐번으로 몰아넣으려 한 의도가 있었다.

모리오카번은 수구파 세력의 반정부 경향이 강했다. 안찰사
는 번정개혁을 의도하여 헌금문제를 최대한으로 이용한다. 70만
냥을 염출(捻出)하기 위해 모리오카번에서는 사족졸의 가록을 반
환하고 무기·갑주·가재도구 등을 제공했으나, 3년 4월까지 5만
4000냥을 납입하는 데에 그쳤고, 번 재정은 완전히 파탄상태에
이르렀다.

그리하여 모리오카번에 대해 안찰사는 헌금미납분의 대상

제3장 중앙집권화로 가는 길

(代償)으로 3만 5000석을 정부에 제출하도록 요구한다. 새로이 3만 5000석을 제출하라는 것은 사실상의 폐번요구였다. 이 요구에 직면한 모리오카번 대참사 히가시 지로는 결국 지번사직 '반환'을 결의하게 된다.

이렇게 해서 3년 4월 지번사 난부 도시유키는 사표를 제출한다(제출일과 내용은 불명). 난부 도시유키는 그후로도 5월과 6월에 걸쳐 총 3번 사표를 제출한다. 5월에 제출한 사표에 대해서 안찰사는 헌금문제가 아니라 '황국'의 전도(前途)를 생각해서 출원하게 되었다는 자세를 강하게 내세우도록 압력을 가한다. 번체제 해체를 향한 자주적 폐번이라는 의사를 강조하려는 의도였다.

5월과 6월에 제출된 사표의 문면에서 이를 확인해보도록 하자. 5월에는 먼저 번정개혁이라는 당초의 '뜻'이 '수백 년 누적된 나쁜 구습'에 의해 잘 진척되지 않기에 사직하고자 한다며, 타번과 같은 내용을 언급하고 말미에 '진정한 군현'제 채용을 제안한다.

이에 비해 6월의 사표는 번정개혁의 곤란함을 거론한 부분은 모두 삭제되어 '군현'제가 전면에 나타난다. 다시 말해서, '우내(宇內, 천하)의 형세'를 생각하여 1개 번만이라도 종래의 '폐습'을 없애고 '진정한 군현'의 실적을 올릴 수 있도록 사직하며, 제번이 흩어져 나아가고 통일로 향하는 번이 없는 상황에서 솔선하여 출원하게 되었으니 부디 허가하여 주었으면 한다고 적혀 있다(『이와테현사』 7).

확실히 5월과 6월 사이에 내용이 수정된 것이 보인다. 6월의

사표가 수리되어, 7월 10일에 모리오카번은 폐번되어 모리오카
현이 되었다.

모리오카번은 직접적으로는 안찰사에 의해 폐번에 몰린 것
이나, '조적'번으로서 처분이 근저에 있었던 것은 나가오카번과
같았다. 또한 마쓰오 마사히토의 『폐번치현』은 모리오카 폐번에
대해서 군현제의 관철을 전국에 강요하여 확산시키는 것이 '정부
의 의향'이었다고 주장하나, 안찰사의 의사는 확인 가능해도 '정
부의 의사'라고까지 판단하는 데에는 의문이 남는다.

당시 참의였던 사사키 다카유키는 민부·대장 양 성의 조기
허가(5월 사표의 수리) 주장이 억눌러져 다시금 사표를 제출하게
되었다고 그 경위를 설명한다. 그 이유에 대해서는 다음과 같이
말한다. 모리오카번은 대번으로, 번내에는 사표에 대한 '의론'이
있어 즉시 허가해도 현실적으로 지번사보다도 월등하게 '민정'
등을 '빠르게 시행'하는 것이 곤란했다. 이에 따라 사표의 '진의'
를 '아래의 민중'에까지 관철시켜 금후의 행정을 원활하게 진행
하기 위해서는 다시 제출하게 하는 것이 좋겠다는 주장이 통했다
는 것이다(『호고히로이』 4). 사사키는 번내의 사직반대파에 대한
진정책으로 보았다.

또한 모리오카번 대참사 히가시 지로는 사표에 '부번현 세
통치체제를 그만둘' 것과 군현제를 수립하라고 기술한 점이 정
부의 '예상'과 상이한 까닭에 각하되었다고 보았다(『이와테현사』
7). 모리오카번 측은 역으로 정부에 군현제 수립의 의도가 없다
고 보았던 것이다.

124

2. 번제(藩制) 제정

'일치의 정체'

소번의 자주적 폐번이 눈에 띄던 시기, 정부 내에서는 부번현 세통치 체제를 철저히 하려는 움직임이 현저하게 나타났다. 그중 대표적인 것이 '번제' 제정이었다. '번제'는 번에 대한 통제를 강화하여 획일화를 진행해 중앙집권화를 꾀하려는 것이었다. '번제' 작성은 2년 10월의 번제취조역 설치부터 시작하여 이듬해 3년 5월 초에 원안이 거의 완성되어, 오쿠보 도시미치와 소에지마 다네오미 사이에서 검토가 이루어진다. 그리고 5월 28일에 공의소의 후신인 집의원(부번현 대표를 의원으로 하는)에 원안이 제출되어 심의를 거쳐 9월 10일에 일부 수정 후 공포되었다. 집의원에 대한 제번의 의론은 후술할 예정으로 먼저 '번제'의 내용을 보도록 하자.

제번을 3개로 구분(15만 석 이상의 대번, 5만 석 이상의 중번,

5만 석 미만의 소번)함을 제1조로 하여 총 13조로 구성되었고, 번 청직제와 번 재정의 통일이 주안이었으나 특히 후자가 번체제에서 크게 의미를 지녔다.

전자는 번에 부·현과 같은 직제를 채용하도록 했다. 2년 7월 직원령으로 번에도 부·현과 같이 지사 이하의 대·소참사를 두었으나, 부·현에는 번에는 없는 권(權)대참사·권소참사도 두게 되어 부·현과 번은 아직 동일화되지 않았다. '번제'는 번에도 권대참사·권소참사를 두게 하여 부·현과 동일화를 의도한 것이다.

후자는 번 세입의 용도나 번채·번찰의 처리방법에 관한 규칙이다. 용도는 번 세입의 10%를 지사 가록, 9%를 해·육군비(반액인 4.5%는 해군비로 정부에 상납), 남은 81%를 번청비와 사족졸 가록으로 한다(그것도 가능한 한 절약하여 군사비에 충당한다)는 것이었다. 번채 처리는 각 번이 상각연한을 결정하여 지사 가록·사족졸 가록·번청비 내에서 변제하도록 지시한다. 그리고 번채 상환 완료의 목표를 세우도록 명했다.

제번에는 '번제'에 따라 지출항목에 일률적인 범위가 설정되어 중앙정부에 군사비를 납입하는 것이 의무화되었으며, 시급히 차금변제와 함께 번찰회수가 명해졌다. 전에 보았듯이 어느 번 할 것 없이 번채와 번찰 발행으로 겨우 재정운영을 해나가고 있는 상황이었다. 여기에 이러한 규제가 더해지면서 이제 잔재주로 넘기는 것은 불가능하게 되었다. 더하여 새로이 군사비를 제공하지 않으면 안 되는 상황에서 각 번은 발본적인 재정개혁으로 내몰린다.

직제나 재정 이외로는, 가록의 증감이나 사형은 중앙정부의 재가를 받을 것, 사족졸 외에 등급을 두어서는 안 될 것, 지사는 3년에 한 번 상경해야 할 것 등이 명해졌다.

'번제' 포고 후 9월 28일, 참의 히로사와 사네오미는 출신번인 조슈번 수뇌부에 번정개혁에 관한 의견서를 보냈고, 여기에 '번제' 제정의 의도가 명료하게 나타나 있다. 히로사와는 우선 부번현은 '정부의 수족'이 되어 힘을 모아 '일치의 정체'를 쌓아올리지 않으면 안 된다고 적었다. '일치의 정체'란 물론 부번현 세 통치 체제를 의미한다. 그리고 이를 위해서 '봉건의 구습'에서 탈각하여 '만사 유명무실'해지지 않도록 직제의 간소화, 농공상민의 교육과 권업의 추진 등을 제시하였다(『히로사와 사네오미 일기』). '번제'는 부번현 세 통치 체제의 완성을 노리는 것이었다. '번제' 전문에는 '취의'를 받들어 '구습'을 제거하여 '유명무실'하게 되지 않도록 실적을 쌓으라고 기술하고 있다(『태정관일지』).

해군비 상납문제

부번현 세 통치 체제의 완성을 위해 번에 대한 통제 강화를 꾀한 '번제'에 대하여 제번은 어떻게 대응했던 것인가? 집의원의 의론으로부터 이를 개관해보자.

'번제' 원안은 5월 28일에 집의원에 제출되어 총 13회에 걸쳐 심의되었다. 먼저, 원안 14조에 21개 번이 전면적으로 찬성했고, 그중에는 구마모토번이나 히젠번 같은 대번이 포함되었다. 또한 원안의 의도를 넘어 군현제 즉시 실시라는 급진적인 폐번을 건백한 번(다테야마·아시카가·제제·요도번)도 있었으나, 많은 번은 어느 쪽인가의 조문에 이론을 제창했다.

참의 사사키 다카유키는 군사비문제에 대해서 '사조도(薩長土)가 크게 불복을 진언했으나' '각 번이 다 큰 이의는 없었다'고 심의 당시를 묘사했다(『호고히로이』 4).

집의원에서 비판이 집중되었던 것은 원안 4조의 해군비 상납문제(5분의 1을 군사비로 하고 그 반액을 상납하는 것으로 번 세입 전체의 9%가 된다)였다. 확실히 각 조별로 이론을 보노라면 제4조가 191개 번으로 가장 많았다. 비판의 중심 세력은 제번 중에서 정부가 가장 기대고 있는 사쓰마·조슈·도사 3개 번이었다.

혹박(酷薄)한 조치

사쓰마번 대참사 이지치 마사하루는 상경은 했으나 불만에 찬 나머지 회의에 참석하지 않고, 7월에 건백서를 제출하고는 폐원을 기다리지 않고 귀번했다. 이지치의 건백은 번내의 재정이 핍박한 이때에 5분의 1을 '헌금'하려면 번의 상비병을 폐지하지 않으면 불가능하며, '고금만국'에 비춰볼 때도 '부당'하다고 주장했다.

또한 사쓰마번 사족 요코야마 쇼타로가 7월 26일 집의원에 의견서를 제출하고 자살하는 사건이 일어났는데, 그 의견서에서

5분의 1 상납은 '인정'이나 '인심'을 돌보지 않는 혹박한 조치라고 비판했다.

　사사키 다카유키에 의하면, 해군은 번 독자적으로 보유해야 한다는 것이 사쓰마번의 주장이었던 듯하다(『호고히로이』 4). 번 군사력 유지를 우선하여 통제에 반발한 것이다.

　도사번에서는 대참사 이타가키 다이스케가 강경한 반대론자였다. 이타가키는 번 독자적 군사력 보유에 더하여 해군비를 상납하는 것은 '양세(兩稅)'로서, 재정상 견딜 수 있는 것이 아니며, 이것을 강행하려면 '동란'을 각오해야 한다고 하였다.

　한편 도사번에서는 사족 등급도 문제가 되었다. 이타가키는 이 점에 대해서, 일률적으로 사족·졸 둘로만 분류하는 것은 '인심'에 맞지 않고 각 번이 각각 '적의(適宜)' 조치하여 세 분류 정도로 나누어야 한다고 주장했다.

　권대참사로 집의원 의원이었던 하야시 가메키치가 7월 집의원에 건백서를 제출했는데, 그 내용은 다음과 같다. 번병의 유지비만으로도 5분의 1은 이미 소비하고 있으므로 그 반분을 염출하여 상납하는 것은 불가능하며, 그만큼의 '남은 재정'이 있으면 도사 1개 번이 해군을 보유하는 것으로 하여, 구체적으로는 20분의 1로 감액한다. 번의 독자적인 군사력을 온존하려는 의도가 보인다. 또한 사족 등급문제에 대해서는, 당분간은 사족·졸 각각의 세 분류 내지 두 분류로 나누어 점진적으로 폐지할 것을 요구하였고, 더 나아가 가록의 증감이나 사형은 중앙정부의 재결이 아니라 당분간은 각 지번사에 위임해야 한다고 주장했다(『호고히로이』4). 도사번은 군사력 이외에도 번의 세력을 온존시키려는 자세를 강고하게 보였다.

사쓰마번이나 도사번 같은 대번 이외에서도 군사비문제는 비판이 강했다. 사쿠라번 대참사로 집의원 의원이었던 요다 각카이는 '해육군비 5분의 1은 심히 혹독하다', '5분의 1의 절반을 납부하는 일에도 반대가 심하다'고 집의원 내부의 풍조를 적었다(『각카이 일기』3). 그러나 사쓰마·도사 양 번과 같이 번 통제 그 자체에 이론을 제기했다고 보기는 어렵다.

군사비문제(제4조)의 심의는 6월 27일과 29일 양일에 걸쳐 이루어졌으나, 「집의원일지」(『메이지문화전집』4)에 '집의의 결말이 나기 쉽지 않다'고 기술된 바와 같이 이론이 속출했다. 29일에는 각 번의 의결을 집약한 결과, 전체 260개 번 중 상납 그 자체를 불가로 하는 번은 히로시마 등 8개 번에 지나지 않았고, 원안에 동의하는 번이 약 반수인 127개 번까지 올라갔으며, 그 외로는 5분의 1이라는 비율을 문제로 삼았다. 조슈번은 10분의 1, 도사번은 20분의 1로 각각 찬성했다(사쓰마는 결석). 많은 번이 해군비 상납에는 동의하나 재정상황 탓에 상납액 삭감을 꾀한 것이다. 집의원은 7월 12일, 제4조의 전체 취지에 대해서는 '제설 이론 없음'으로 답했다.

요다 각카이는 히타치·시모우사지방의 제번과 협의하여 상납액을 원안의 반분으로 하는 의견서를 제출했으며 '번력의 복구를 기다려야 한다'는 이유를 그 근거로 내세웠다(『각카이 일기』3).

요다의 의견서에 나타난 바와 같이 번체제 해체를 피하려는

130

것이 전제이지, 부번현 세 통치 체제의 관점에서 번 통치 그 자체에 이론은 제기한 것은 아니다. 5분의 1이라는 원안은 이렇게 의론을 거쳐 10분의 1로 수정되었으나, '번제'는 기본적으로는 정부 원안에 따라 제정되었다.

이와쿠라 도모미의 '건국책'

'번제'가 제정되었던 때, 이와쿠라 도모미는 중앙집권화를 대비하여 '건국책'을 작성했다(『이와쿠라공 실기』 중). '건국책'에 대해 종래의 연구에서는 번체제를 온존하는 구상인가, 아니면 폐번구상인가로 견해가 나뉘어 있었다. 폐번치현을 고려하는 경우 이 평가의 간극은 크다. 필자는 폐번론이 아니라 '번제'와 같이 부번현 세 통치 체제의 완성을 목표하는 구상으로 보고 있다. 이하 내용을 구체적으로 살피고자 한다.

'번제'가 번의 직제와 재정을 주안으로 하는 데에 비해, '건국책'은 중앙정부나 지방제도가 갖추어야 할 모습, 가록제 개혁이나 사족졸의 귀농상화, 지방행정권의 중앙관청으로의 통일 등 항목을 내세워, 전체로서 중앙집권화 추진을 꾀하려는 것이다. 중앙정부에서는 만세일계의 천황에 의한 통치를 '건국의 형체'로 하여, 세제개혁 실시나 세입세출 명확화와 공표 및 장래 시설의 목적 확립 등을 항목으로 거론한다. 여기에는 확실히 뒤에 질록처분의 원형(사족해체의 방향성), 사농공상에 대한 균일적 과세

(농민부담 경감), 사족졸 주거의 자유 등 광범위한 사회개혁 구상이 보인다. 그러나 그것들은 번체제에 직결되는 것이 아니어서 그것을 가지고 '번제'와 비교하기는 불가능하다. 문제는 어디까지나 번이 존재하는 모습, 다시 말해 지방제도였다.

통제 악화

이와쿠라는 지방제도에 대해 '군현의 형체를 크게 완성'시킬 것을 주장한다. '군현'이라는 문구에만 눈을 두자면 폐번론으로 평가할 수 있으나, '건국책'에서는 판적봉환 후의 지방제도를 '군현의 형체'로 보는 것이다. 다시 말해, 판적봉환과 의원령에 의해 제도상 확정된 부번현 세 통치 체제를 '군현의 형체'로 두고, 결코 '군현=폐번'이라는 의미로 사용하지 않는다. 따라서 '군현의 형체를 크게 완성'시키는 것은 부번현 세 통치 체제가 '봉건의 풍습'에 의해 실질적으로는 미확립된 데에서 그 완성을 도모하는 것이다.

이 관점에서 중앙정부의 통일적 지령에 의한 번정개혁 실현을 들어, 부번현의 민정·사법·교육과 번의 재정·병제를 중앙관청(민부성·형부성·대학·대장성·병부성)에 통일해 맞추도록 번 통제 강화의 필요성을 전면에 내세웠다.

'번제'의 역점이 어디까지고 재정면에 있었던 점에서 비교해 보면, '건국책'에서는 재정 이외에도 칼을 대어 부번현 세 통치 체제의 철저화를 꾀했다. '번제' 이외의 분야도 언급한다는 점을 가

제3장 중앙집권화로 가는 길

지고 '번제'를 넘어서는 급진적 개혁론이라고 평가하는 것은 '번제'에 가혹한 평가일 것이다. 한정적 개혁안과 전반적 개혁안의 차이일 따름이다.

'번제'의 규정과 직접 관련되며 이를 새로이 하려는 항목이, 3년에 1회 상경하는 지번사를 도쿄에 거주하도록 하고 3년에 1회 번지 순검을 한다는 항목이다. 이와쿠라의 속셈은 번정개혁을 원활하게 진행시키기 위해 중앙정부와 지번사의 연락을 비밀리에 하는 것으로, 후일 폐번치현에서의 구지번사의 도쿄 이주와 같은 성격은 아니다. 또한 '건국책'은 번명을 개칭하여 '주군(州郡)'으로 할 것(10만 석 이상을 주, 1만 석 이상을 군으로 한다)을 주장하나, 이것도 폐번의 논거는 되지 않는다. 번이라는 명칭에 각 번의 관원이 '구애'받으면 '구습'에서 벗어날 수 없다며, 인심 일신을 위해서 명칭을 바꾼다고 하는 데에 지나지 않는다. 번의 실태에 발을 담그지 않는 단순한 명칭 변경이다.

'번제' 제정을 계기로 '건국책'에 보이듯이 유신정권은 부번현 세 통치 체제의 완성에 의한 중앙집권화를 의도로 번에 대한 통제강화를 향해 본격적으로 움직이려 했다. 한편 '건국책'이 검토되고 있던 9월 9일, 오쿠보는 '건국의 체재(体裁)'가 수립되면 '구 번(사쓰마번)'도 '움직이기 쉽게' 되어 공사(公私) 모두 '큰 다행'일 것이라고 이와쿠라에게 써서 보냈다(『오쿠보 도시미치 문서』 4). 오쿠보도 사쓰마번을 비롯한 제번의 통제책으로 '건국책'을 제시한다. 다만 번 통제를 한층 강화하는 것은 번의 해체를 촉진하여 결과적으로 폐번에 내몰리는 번이 나올지도 모를 현실적

인 가능성은 인정한다. 그러나 그 점을 가지고 폐번을 목적으로
한 구상이라고 보는 것은 불가능하다.

오쿠마 시게노부 '전국일치의 논의'

앞서 본 대로 중앙집권화정책을 한층 진행하던 것이 민부·대장
성이었고, 그 중심인물이 민부성차관 겸 대장성차관 오쿠마 시
게노부였다. 민부·대장성의 강권적인 지방행정(부번현의 통제강
화)은 히타현지사 마쓰카타 마사요시로 대표되는 지방관이나 구
마모토번 등 일부 번의 반발을 불러왔다. 이 반발은 유신정권 내
부의 대립을 가져와서, 3년 7월에 민부·대장성은 분리된다. 집권
화정책의 중심이었던 오쿠마는 대장성차관이 되고, 9월에는 참
의에 승진 임명된다(대장성차관 겸임). 오쿠마가 참의 취임에 즈
음하여 제출한 의견서가 '전국일치의 논의'이다(『오쿠마 문서』
1). 중앙집권의 급무를 말하는 것이나, 번체제와 관련하여 보고
자 한다.

오쿠마는 먼저 독립국가로서 구미열강에 대항하기 위해서
는 전국이 일치해야 한다고 말한다. 이어서 판적봉환에 의해 '군
현의 형체'로 돌아갔으니 각 번 모두 '일치의 정체'에 찬성하고,
이를 실현하도록 협동하여 진력해야 한다고 주장한다.

이처럼 오쿠마도 이와쿠라의 '건국책'과 같이 부번현 세 통
치 체제를 '군현'제로 보고, 이를 철저히 하여 중앙집권('일치의

정체')화 실현을 기대한 것이 확인된다.

　　그리고 각 번이 '일치의 정체'라는 결실을 올리기 위해서는 병제·민정·재정 3권을 중앙(병부성·민부성·대장성)에 통일시켜야 한다고 설파한 후, 특히 전국 3000만 석 중에서 부현의 관할지는 800만 석에 지나지 않고 이 800만 석에서 나온 조세로 전국의 비용을 마련해 공급하는 것은 구막부시대와 어떠한 다른 점도 없다며, 조급히 전국의 재정을 예측하여 정할 필요가 있다고 재정의 통일을 읍소했다. 각 번은 행정정리나 가록삭감을 통해 필요 없는 비용을 절약하고 절약분을 중앙정부에 공출해야 한다며, 번을 전제로 한 번정개혁 추진의 필요성을 강조하는 것이다. 오쿠마도 폐번론을 명확히 내세운 것은 아니다.

'대령(大令)' 준수

집권화를 진행해가던 대장성도 마찬가지로 3년 12월 '획일한 정체' 수립을 요구하는 건의를 한다(『대장성 연혁지』상). 오쿠마 의견서와 취지는 같으나 좀더 상세한 내용이 담겨 있다. 부번현 세 통치 체제로 '군현 체제'가 되었으나 아직까지 병제·교육·사법·재정은 통일되지 않았다고 작금의 상황을 파악한다. 이에 정부는 솔선하여 '일치된 정체를 정하는' 것이 급무이며, 각 번은 이를 '받들어' 모두 함께 '국가를 유지'해야 한다고 주장한다. 그리고 특히 800만 석에서 나온 조세에 의지해야 하는 현상황을 문제시하고, 신속히 전국 경제를 '회복하는 것'과 '부번현 세 통치 일치'가 이뤄질 정령 제정을 정부에 요구하며 건의를 끝맺는다.

이와 같이 대장성은 중앙정부와 제번이 협력하여 '부번현 세 통치 일치'의 정령을 실행하는 것으로 '획일한 정체' 수립이 가능하다고 설파한다.

이러한 부번현 세 통치 체제의 철저화를 요구하는 목소리는 이 시기에 민부성에서도 나온다. 민부성은 다음해인 4년 1월, 제번의 독자적인 '금곡' 징수를 엄금해달라고 정부에 요구했다(『대장성 연혁지』 상). 이 요구서에 의하면 제번의 정령이 '균일'하지 않은 것은 이미 발포된 부번현 세 통치 체제를 통일하는 '대령'을 제번이 지키지 않는 탓으로, 제번이 '대령'을 준수하도록 해달라고 요구한다.

3. 서남 웅번들의 반발

대미지

'번제'에 의해 제번은 철저한 번정개혁을 재촉받게 되었다. 사족 졸의 가록을 삭감하는 녹제개혁은 이미 언급했으나, '번제'로 새로이 번채와 번찰의 정리를 명하자 지번사 중에서는 스스로 가록 일부를 번의 경비에 충당하겠다고 청원하는 자도 나타났다. 야마시타 사부로의 『근대천황제 연구서설』에 의하면, 이는 폐번치 현 때까지 38개 현에 이른다. 그리고 일부이기는 하나 가록 그 자체를 해소·폐지하려는 목적으로 귀농법과 녹권법을 채용하는 번도 나왔다. 귀농법과 녹권법을 개관하여 번체제와의 관련을 살펴보자.

귀농법은 문자 그대로 사족졸을 농민으로 만드는 정책이다. 구체적으로는 황무지나 산림, 들판을 개척하도록 하는 것이다. 치다 미노루의 『유신정권의 질록처분』에 의하면 68개 번에서 계획되거나 실시되었다. 그중에는 히로사키번과 같이 번내 부유한 농민이나 상민에게 토지를 상납시키거나 그들로부터 싼값으로 구입하여 사족에 분배하고, 더 나아가 사족의 족적(族籍)을 보유하는 것과 함께 가록도 지급하여 사족을 지주화하는 귀농법을 실시한 번도 있었다.

그러나 이와 같은 보호정책은 예외적이었다. 이와 반대로 나에기번(미노)과 같이 사족졸 전원의 가록을 폐지하고 강제적으로 귀농을 실시하면 당연히 번 자체도 소멸하나, 이처럼 번 전체를 아우르는 강제귀농도 소수였다.

많은 번은 사족졸의 자주성에 맡김으로써 일부 귀농에 머물렀다. 그러나 귀농을 하면 가록은 반환해야 하므로, 사족졸 족적(族籍)을 보유하고 있다 해도 이는 명목에 그칠 뿐이었다.

귀농법은 사족의 해체를 조장하는 것이었다. 제번이 귀농을 계획하게 된 시기는 대부분이 '번제' 제정 이후였다. '번제'가 번 체제에 끼친 대미지는 결코 작지 않았다.

'인민평균'의 이념

녹권법은 가록을 삭감한 뒤 이에 따라 녹권을 내리고 녹권의 매매를 인정하여, 번이 가록삭감으로 얻은 재원을 가지고 점진적으로 녹권을 사며 상각하는 방법이다. 가록의 가산화(家産化, 사유재산화)를 통해 사족졸을 보호하려는 의도는 인정되었으나, 가록을 매각한 탓에 사족졸은 해체를 피할 수 없었다. 뒤에 질록처분[* 메이지 9년(1876년), 정부가 화·사족에게 내리던 가록과 유신공로자에 내리던 상전록(통틀어 질록이라 한다)을 폐지하고 이를 기한 제한의 공채로 바꾼 급진적인 처분─역자 주]의 원형으로 3년 12월 도사번을 시작으로 실시하여, 이후 4년에 들어서 조슈·후쿠이·요네자와·히코네번으로 이어져 폐번치현을 맞게 된다. 5개 번에 불과하긴 하나, '번제'가 번체제에 끼친 영향을 보여준다.

가록법을 최초로 실시한 도사번의 경우를 보자. 3년 11월, 도사번은 '인민평균' 이념을 전면에 내세워, '도사문무의 상식'을 폐지하고 녹권법을 채용하고자 하는 번정개혁 방침을 정부에 출원한다. 정부가 이를 인가하여 다음달인 12월, 포고문을 번내에 내림과 동시에 개혁에 착수한다. 녹권법 이외에도 사족·평민의 번청 관원 등용, 사민징병제 채용, 신분제로부터 평민 해방, 사족평민의 일반호적 작성 등, 사족의 특권을 폐지하고 사족과 평민의 평등화를 향한 정책을 내세웠다.

이 개혁을 이끈 사람이 대참사 이타가키 다이스케였다. 그런데 이타가키는 전술한 바와 같이 '번제'가 심의될 당시 사족졸 이외에는 등급을 두지 않는 안에 맹렬히 반대했을 터였다. 그런 이타가키가 사족해체정책을 실시한 것이다. 같은 번의 사사키 다카유키는 이타가키가 '여러 곤란 끝에 크게 계급을 부수고 대홍수로 처치하지 않을 수 없다고 생각했던 것'에서 이를 실행했다고 기술했다(『호고히로이』 4).

이타가키도 스스로 번정개혁에 직면하여 번의 유지를 숙고한 결과, 사족해체를 불사하는 개혁이 필요했던 것이다.

최초이자 최대의 무력봉기─조슈번 탈대 소동

번정개혁의 중심은 가록삭감을 위주로 한 녹제개혁이었고, 일부에서는 사족해체도 포함되었는데, 특히 하급사족을 희생하면서 진행되었다. 보신전쟁에서 분전한 하급사족은 이제 와서는 번수뇌부에게 쓸모없어진 방해물 취급을 받는 존재가 되어버렸다.

개혁을 강행한 번청 및 이를 지시한 중앙정부에 대해 하급사족이 격렬한 불만을 품는 것은 당연했을 것이다. 그들은 번제개혁이 추진된 3년 후반부터 4년 전반에 걸쳐 번을 넘어 연대하며 각지에서 반정부행동을 일으키려 했다. 그러한 불평사족의 운동 중에 최초이자 최대의 무력봉기가 2년 말에 조슈번에서 일어난 소위 조슈번 탈대 소동이었다.

조슈번에서는 2년 9월에 녹제개혁을 단행하여 1000석 이상은 10분의 1로 삭감, 1000석부터 100석은 일률적으로 100석으로 하고, 100석 이하는 종래대로 두었다. 이는 정부의 방침에 충실히 따른 개혁으로 평가된다.

그후 반란의 직접적인 계기가 된 병제개혁이 일어난다. 조슈번은 막말에 유명한 기병대를 시작으로 제대(諸隊)를 결성하여 보신전쟁에서 싸웠는데, 전후에는 그 제대를 정리하는 일이 조슈번의 큰 과제가 되었다.

2년 10월, 번은 제대 중에서 2000명을 친병으로 정부에 내어놓을 것을 신청한다. 이는 정부 직할군을 편성하는 것이기는 하나, 조슈번 입장에서는 제대 유지 부담의 경감을 꾀하는 것이었다. 1500명은 허가되었으나 남은 500명은 번내에 남게 된다. 그리고 제대의 상비군화를 꾀하며 11월 제대 개편령을 발포하나, 실질적인 속셈은 '정선(精選)'이라는 이름으로 제대의 잉여병력을 삭감하는 것이었다.

'정선'으로 인해 배제된 제대 대원은 12월 이후 본영인 야마구치를 탈주했다. 탈대 인원은 제대 인원 2529명의 절반가량에 이르는 1223명이었다고 한다(다나카 아키라『다카스기 신사쿠와 기병대』). 그들이 문제삼아 규탄한 것은 상벌의 부정·불공평, 제대 간부의 타락, 회계의 불명료, 대의 사무라이에 대한 차별적 조치 등 제대 내부의 문제와 함께 서양식 병제채용이나 가록삭감에도 향해 있었다.

탈대 소동이 일어났을 때, 조슈번 내에서는 농민 잇키(봉기)가 이어서 일어났다. 반란병사와 봉기농민이 결합할 가능성이 생기자, 조슈번 출신의 기도 다카요시나 히로사와 사네오미뿐 아니라 이와쿠라 도모미 등도 위기감을 느껴 이듬해인 3년 2월 무력탄압에 나선다.

정부는 반란이 타지역으로 파급되는 것을 우려하여, 도쿄·교토·오사카 3개 부를 시작으로 시코쿠·규슈·주고쿠·긴키 지방의 제번에 단속을 명한다. 반란은 4월에는 진압되었다. 조슈번은 무력행사로 병제개혁을 실현하는 것이 가능했던 것이다. 이윽고 번내의 불평분자를 일소하면서 기도나 이노우에 가오루의 리더십이 확립되어, 이후 조슈번의 번정개혁이 진행된다. 조슈번 내의 반란은 이렇게 종식되었다. 그러나 불평사족의 반정부운동은 이후로도 계속 이어졌다.

사쓰마번의 공공연한 반발

중앙집권화정책에 가장 반발한 곳은 사쓰마번이었다.

사쓰마번은 2월 2년 사이고 다카모리가 번정에 참여하면서 개혁을 시작했다. 판적봉환 실시 이전의 개혁으로, 중앙정부의 지시가 아닌 보신전쟁에서 분투한 병사(하급사족층)의 요구에 따른 것이었다.

주된 개혁점은 번주 시마즈가 일문과 공신의 사적 영지를 거둬들여 번의 직할로 하는 것, 문벌층의 가록은 8분의 1로 삭감하나 다른 사족은 2할 증가시키는 것, 모든 사족은 상비대에 편성되는 것 등이다. 하급사족의 이익을 우선하여, 다른 제번과 비교하면 현격히 번력을 온존시키는 개혁이었다. 특히 보신전쟁에 종군했던 병사가 그대로 군사력으로서 남는 것은 정부나 다른 제번이 회의적인 시선으로 보는 하나의 원인이 되었다.

번내에 세력을 온존하고 있던 것은 지번사 시마즈 다다요시의 부친 히사미쓰였으나, 종군병사들은 히사미쓰와 함께 하급사

GYOYUDANG Publishers

서로 사귀어 놀며 오가는 집, **교유당**交遊堂

책이란
더 좋은 책을 만들기 위한 수단이다.

_쥘 미슐레(조한욱 역), 『민중』, 172쪽

옥스퍼드 세계사

펠리페 페르난데스아르메스토 외 10인 지음 | 이재만 옮김
173×225 | 684쪽 | 38,000원

우주의 망대에 올라선 은하계 관찰자의 시선으로
바라본 세계사 지도·그림·사진 150컷

세계의 석학들이 모여
새로운 역사관을 반영한 최신 세계사

사회사상의 역사
마키아벨리에서 롤스까지

사카모토 다쓰야 지음 | 최연희 옮김
149×126 | 512쪽 | 33,000원

자유와 공공에 대해 깊이 생각해보기 위하여

정치, 경제, 철학의 범위를 넘어
근대사회의 저류를 형성하는
온갖 지적 자극으로 가득찬 최상의 안내서

세계질서와 문명등급
글로벌 히스토리의 시각에서 본 근대 세계

리디아 류 외 11인 지음 | 차태근 옮김
153×224 | 776쪽 | 39,000원

500년 서양 문명 패권에 대한 인문학적 도전
서양 문명은 어떻게 세계질서를 형성하고 변화시켜왔는가

문명의 위상이 급변하는 시대
새로운 세대를 위한 글로벌 히스토리 연구

교유서가 **첫단추 시리즈**

지식의 우주로 안내하는
우리 시대의 생각 단추

새로운 주제에 성큼 다가서기 위한 방법!
머릿속에 자연스럽게 흐름이 그려지게 하는 계보이자 지도
세계 최고의 교양 입문서

옥스퍼드대 VSI 시리즈의 한국어판

길 위의 역사학자, 이이화

이이화의 동학농민혁명사 (전3권)

145×210 | 총 868쪽 | 세트 47,000원

새로운 세상을 꿈꾼 민초들의 혁명사
누가 봉기의 횃불을 들게 하였는가!
50여 년간 연구한 '동학농민혁명'을 총정리하다

허균의 생각

145×210 | 324쪽 | 15,000원

천하에 가장 두려운 존재는 오직 백성뿐이다!
허균이 생각하는 정치, 학문, 문학
왜 그는 당대의 권위에 도전하였는가

이이화의 한 권으로 읽는 한국사
옛조선부터 6월 항쟁까지

145×210 | 496쪽 | 20,000원

역사는 사회의 방향이고 우리의 미래다
역사는 역진하지 않는다
민중은 반드시 역사를 진전시킨다!

족졸에 희생을 강요하는 번정개혁을 지령하는 정부에 불만을 품게 된다.

공공연한 반발은 전술한 3년 7월 집의원 '번제' 심의에서 의원 이지치 마사하루가 제출한 의견서로, 요코야마 쇼타로가 집의원 앞으로 보내는 것이었다. 이지치가 번의 군사력을 온존시키기를 주장한 것은 이미 소개했기에, 여기에서는 요코야마의 의견서로부터 사쓰마번의 불만을 보고자 한다.

요코야마는 10개조에 걸친 항목을 들어 정부관원의 사치와 허식, 사리사욕, 파렴치를 지적하며 그 윤리나 자세를 엄히 비판한다. 사이고 다카모리는 이에 동감하여, 메이지 5년에는 요코야마의 비문을 쓰고 그 행동을 격찬하기에 이른다.

요코야마 의견서는 이렇듯 도덕을 문제시한 것이었으나, 구체적 항목을 지적하기 전에 소위 총론으로 다음과 같이 말한다. '일신(一新)'에 있어서 부번현이 함께 '조정의 대강(大綱)'에 따라 '전례대로' 시행하여 각각 새로이 '덕정'을 베풀지 않으면 안 되는 때, 구막부의 '악폐'가 어느새 신정부로 옮겨가 어제의 '비(非)'로 부정했던 것이 오늘엔 바뀌어 '시(是)'가 되어 있다(『가고시마현 사료 충의공 사료』 6). 솔선하여 '덕정'을 실시해야 하는 정부에 윤리가 결여되어 있는 것은 구막부의 '악폐'가 남은 탓이라고 규탄한다.

이러한 비판과 동시에 번체제가 응당 갖춰야 할 모습을 기술하고 있다. 곧 현실의 지방제도인 부번현 세 통치 체제를 용인한 후에, 번은 정부의 '대강'에 따라 각각 정책을 실시한다는 것이다. 정부는 어디까지나 '대강'의 제시에 머물러야 할 것이며, 번 내부의 세목까지 간섭할 필요는 없다는 주장이다. 번의 자립성을 유지하는 부번현 세 통치 체제인 것이다. 부번현 세 통치 체제의 철저화를 의도한 번에 가해진 통제강화를 사쓰마번은 역시 견디기 어려웠다. '번제'에 격렬한 반발을 보인 것은 당연한 일이었다.

쿠데타라는 유언비어

구체적인 반정부행동은 3년 9월에 나타났다. 사쓰마번의 도쿄 상비병 퇴거이다. 도쿄(황거)를 수비하는 상비병으로 먼저 2년 7월에 사쓰마·조슈·도사 3개 번의 번병이 소집되었고, 이어서 3년 2월에 히젠번의 번병도 소집되었다. 6개월마다 교체했으므로 마침 교체시기였으나, 사쓰마번은 교체병력이 도착하기 전에 도쿄 상비병을 귀번시키고 이후 상비병 제공을 거부했다. 정부에 대한 불신감의 표명이었다.

이러한 행동은 억측이 억측을 불러, 사쓰마번이 쿠데타를 일으키는 것 아닌가 하는 유언비어가 퍼지게 되었다. 사사키 다카유키는 9월 말, 사쓰마번에서는 정부에 대한 불만이 퍼져 '대병을 이끌고 사이고 출경으로 정부상을 일세(一洗)'한다는 풍설뿐 아니라, 도사번에서는 이것에 앞서서 '사쓰마를 쳐야' 한다는 움직임이 있었다고 적었다(『호고히로이』 4).

더 나아가 기도 다카요시는 11월 오쿠보에게 보낸 편지에, 규슈에 잠복하고 있는 조슈번 탈대 소동의 잔당이 사쓰마번과 호응하고 '무뢰한 불평분자 무리'를 결집시켜 규슈지방은 마비상태라고 보고했다(『기도 다카요시 문서』 4). 강대한 군사력을 보유한 사쓰마번의 동향이 정부 수뇌부에도 위기감을 불러온 것이다.

〈뉴욕 타임스〉는 4년 1월 29일(양력 1871년 3월 19일), 다음과 같은 기사를 게재했다.

다이묘들은 천황으로부터 독립하여 행동하고, 사쓰마 후(候)는 언제든 공공연히 반란에 돌입할 용의가 있는 듯하다. 외국인들 사이에는 이 여름에 내전이 재개되는 것은 아닌가 하는 불안이 퍼지고 있다. 사쓰마는 에도에서 군대를 전면 철퇴시키고 있으며, 이미 사람들의 마음은 모두 천황으로부터 멀어져가고 있다. (『외국신문으로 보는 일본』 1)

사조도 제휴에 의한 정부 강화

부번현 세 통치 체제를 철저히 하여 중앙집권화를 꾀한다는 방침이 서더라도, 그것을 진행할 수 있을지 여부는 그 주체인 중앙정부의 역량에 달려 있었다.

3년 2월, 도사번지사 야마노우치 도요노리는 이후의 정치운영방침으로 상책·중책·하책의 3안을 사쓰마번에 제기했다(『호고히로이』 4). 상책은 중앙정부의 권력으로 전국을 감복시켜 비록 '대국강번'이라 하더라도 유무를 말하지 않도록 하는 것이며, 중책은 보상(輔相. 편지를 쓸 당시 이미 보상은 폐지되었으나, 전임자였던 산조 사네토미와 이와쿠라 도모미를 지칭하고 있는 듯하다)의 '식견'으로 '대결단'하는 것이며, 하책은 사쓰마·조슈·도사 3개 번이 중앙정부를 '보익'하는 것이다.

그리고 상책인 강행돌파나 중책인 산조·이와쿠라의 리더십에 기대하는 것은 현상황에서는 곤란하며, 하책을 선택하지 않으면 안 된다며 사쓰마번에 '동맹'을 호소한다. 도사번의 의도는 하책의 사조도 3개 번이 제휴하여 중앙정부를 강화해 상책을 실현하는 것이었다.

사조 양 번에 의한 정부강화책은 오쿠보 도시미치가 이미 2년부터 주장해왔으나, 3년에 들어 도사번에서도 제창되어 오쿠보의 주도로 3년 11월 말에는 정부의 기본방침이 된다.

사라진 장애

2년 12월에 오쿠보와 기도 다카요시가 사조 양 번의 번력동원구상에 따라 귀번한 것은 전술하였으나, 그때에는 시마즈 히사미쓰의 협력 거부나 조슈번 탈대 소동으로 목표는 실현되지 않았다.

오쿠보는 3년 9월 초순, 다시금 이와쿠라를 시작으로 정부 수뇌부를 설득한다. 1개 번 전체를 '조정에 다하여 바친다'는 것이 오쿠보가 설득할 때 사용한 말이다. 이러한 오쿠보의 번력동원 구상에 장애가 된 것이 기도의 존재와 사쓰마번 쿠데타설이었다.

기도는 보다 급진적인 중앙집권화를 주창했으며 번력에 의존하는 것을 우려한 인물이었다. 또한 사쓰마번의 정부협력이 번력동원의 전제가 되는 것은 당연한 일이었다.

전자부터 보도록 하자. 사실 기도는 이미 8월 중순에 중앙집권화는 '10년'을 기한으로 점진적으로 '유도'해야 한다며, 지론이었던 급진론을 포기했다. 출신번에서 일어난 탈대 소동이나 사쓰마번의 반대는 급진적 개혁이 어떠한 반발을 불러일으키는가 하는 교훈을 기도에게 안겨주었다. 기도는 번력동원에 대해서도 적극적으로 반대할 이유가 없었다.

또한 후자의 사쓰마번에 관한 소문도 부정된다. 사쓰마번의 동향을 탐색하기 위해 오쿠보는 유럽 시찰에서 막 귀국한 사이고 쓰구미치를 파견한다. 그 결과, 번내에 존재하던 일부에 의한 쿠데타의 움직임은 사이고의 설득으로 잠잠해졌고, 번으로서 정부에 협력하게 되었다.

두 가지 장애가 없어진 11월 이와쿠라는 스스로 사조 양 번으로 향할 것을 요청했다. 그리고 사조 양 번이 '조정에 대하여 동심합력하여 보조'한다면 '실로 내국일치'가 실현되어, 구미제국과 동등한 힘을 발휘할 수 있을 거라고 오쿠보에게 이야기한다(『오쿠보 도시미치 문서』4).

또한 기도도 국내가 '안도'하여 구미제국에 대치할 수 있는 기반이 만들어질 때까지는, 조슈번은 사쓰마번과 함께 '봉공'할 생각이라고 오쿠보에게 써서 보냈다(『기도 다카요시 문서』 4).

사조 양 번의 번력에 의한 중앙정부 강화책이 정식으로 채용되었다. 오쿠보의 주도로 유신정권은 3년 11월 말에는 제번 중에서도 특히 사조 양 번에 의거하는 방침을 명확히 했던 것이다.

제4장
일대비약으로서의 폐번치현

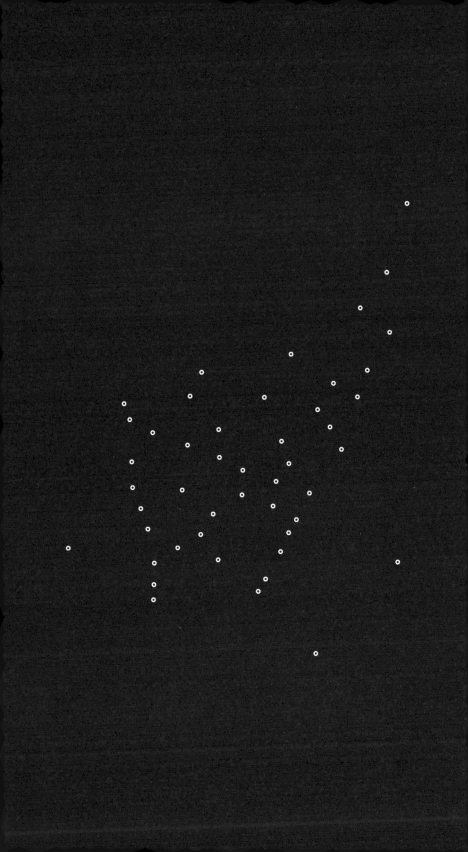

1. 폐번건백의 움직임

천하의 지방을 통일하라

사쓰마·조슈 양 번에 의한 정부강화책이 계획되던 시기, 사조 양 번 이외의 유력번에서 폐번건백이나 지번사 사직원이 제출되었다. 도쿠시마·돗토리·구마모토·나고야번 등으로 모두 대번이었다.

도쿠시마(25만 7000석)는 지번사 하치스카 모치아키가 메이지 4년 1월, '단연 번의 이름을 폐지'하여 각 번 관할지의 넓이에 따라 2개 현에서 5개 현으로 구분하는 폐번치현의 건백을 올렸다. 전국이 통일되지 않은 상황이 '유감'이라며 '천하의 지방'을 통일하자는 것이다.

구체적으로는 지번사를 '지주사'로 개칭하여 국정에 참여시키고 대참사를 지방관인 '지현사'에 임용하여 군사권을 중앙관청(병부성)으로 일원화하는 것이다(『히고번 국사사료』10). 폐번치현에 의한 전국통일 요구이나, 지번사 스스로가 국정에 참여하려는 의도도 보인다.

돗토리번(32만 석)은 지번사 이케다 요시노리가 같은 시기에(월은 불명확하나 1월에는 제출된 상태였다) '기초'를 확정하고자 3항목 요구를 건의했는데, 여기에서도 폐번론이 보인다.

첫번째 건의는 군현제 실행이다. 현실의 부번현 세 통치 체제는 불완전하여 판적봉환의 성과를 거두지 못하고, 번에는 아직까지 쇄국의 '누습'이 존재하여 지번사 중에는 자국을 '사령(私領)'이라 생각하는 사람도 적지 않다. 이러한 현상황을 타파하기 위해 군사권을 일원화하고 지번사의 가록을 대장성에 수납하여 군현의 체제를 갖추어야 한다고 하였다.

두번째 건의는 전반적 폐번이다. '대·소번 함께 폐하는' 것으로, 대국은 그대로 두고 소국은 2~3개국을 합병하여 각각 하나의 청을 설치하라는 것이다. 세번째 건의는 지번사의 도쿄 거주이다. 견해를 넓히고 시세를 알기 위해서 도쿄에 거주하면서 매년 3~5개월 간 귀번하여 정령을 실시하게 하라는 것이다(『신문잡지』8).

부번현 세 통치 체제를 새로이 한, 진정한 군현제를 향한 폐번론이다. 다만 도쿠시마번과 같은 지번사의 국정참여 요구는 보이지 않는다.

산조 사네토미 등은 1월 27일, 도쿠시마와 돗토리 번지사를 불러 건백에 대해서 평의했으나, 건백을 받아들일지에 대한 결론은 나오지 않았다.

번의 존재가 민정을 '어렵게' 하고 있다

그후 4년 3월에는 구마모토번(54만 석) 지번사 호소카와 모리히사가 지번사 사직을 청원한다. 그는 정부권력을 확립하기 위해서는 관제 간소화와 함께 인재 등용이 필요하다고 주장하면서, 특히 각 번의 지번사가 문벌층에서 임명되는 것이 인재 등용을 막고 있다고 지적하였다. 이것을 타파하기 위해 솔선해서 스스로 사직하며, '현명한 인재'를 발탁해주었으면 한다고 요구하였다(『히고번 국사사료』 10). 직접 폐번을 주장하는 것은 아니나, 정부권력이 미확립된 원인을 문벌지사에서 찾아 사직을 요청한 점에서 폐번의 기운을 엿볼 수 있다(호소카와는 5월에도 다시금 사표를 제출한다).

더 나아가서 4년 4월에는 나고야번(56만 석) 지번사 도쿠가와 요시카쓰가 정치 통일화를 꾀하기 위해 5책을 건의한다. 학교 제도 통일, 인재 등용, 군사권 통일, 1주 1지사제, 화족 가록 평균화이다. 그중에서도 지방제도에 대해 주제도를 제기하는데, 이는 번의 존재가 민정을 '어렵게' 한다고 인식하였기에 주제를 도입해 민정 통일을 꾀하려는 의도였다(『나카미카도가 문서』 하). 이것도 직접 폐번론으로 보기는 어려우나, 현실의 번체제가 정치 통일을 막고 있음을 문제시하고 그 개편을 요구한 점은 주목된다 하겠다.

4년 초순에는 현실의 번체제가 정치 통일, 더 나아가 전국의 일치를 저해하고 있다는 인식에서, 폐번 단행부터 부분적 개

편까지 격차는 있지만 부번현 세 통치 체제의 철저화가 아니라 그 변경을 요구하는 대번이 나오기 시작했다. 또한 중·소번에서도 4년에 들어서 1월에 다도쓰번(1만 석), 5월에 다쓰오카번(1만 6000석)과 쓰와노번(4만 3000석)이 각각 폐번을 건백하여 주변 현에 합병된 것은 전술한 대로이다. 이들은 모두 부번현 세 통치 체제가 관철되지 않았음을 지적하였다.

번 해체 지향의 집합체

사쿠라번 집의원 의원인 요다 각카이가 4년 3월 10일의 일기에 '번을 폐하는 데 진력하여 군·현으로 하고, 제번의 사족 등을 진력하여 농·상으로 만들어야 한다는 논(論)이 히젠의 오쿠마 등의 설이나, 이 설이 점점 널리 퍼져'라고 적었듯이(『각카이 일록』 3), 폐번론(요다는 오쿠마 의견서를 폐번론으로서 인식했다)은 널리 알려지게 된 듯하다. 그리고 이 시기 도사번을 중심으로 사조 양번 이외의 제번이 연계하는 움직임이 나타났다.

보신전쟁으로 '조적'번이 된 요네자와번은 복권을 원하여 정부보다 앞서 번정개혁을 진행하여, 4년 5월에는 전술한 것처럼 사민평균의 이념에서 녹권법 채용 품의서를 제출했다. 이는 전년 12월의 도사번 개혁을 따라서 한 것으로, 도사번의 조언을 직접 받은 번정개혁이었다.

이러한 경위로 요네자와번과 도사번은 관계가 깊어진다. 또한 도사번 대참사 이타가키 다이스케에게 개혁 지도를 받은 요네자와번의 미야지마 세이치로가 제번 연대에 큰 역할을 한다. 여기에서 제번이란 도사·구마모토·도쿠시마·히코네·후쿠이·요네자와 등 6개 번을 말하며, 중핵이 된 것은 도사번이었다(마쓰오 마사히토『유신정권』).

그런데 이 6개 번은 번체제의 해체로 이어지는 주장이나 정책을 실시한 공통점이 보인다. 폐번을 건백한 도쿠시마번, 지번사 사직원을 제출한 구마모토번, 사족해체가 어쩔 수 없게 된 녹권법을 채용한 도사·후쿠이·요네자와·히코네번이다. 전술한 것과 같이 녹권법을 채용한 번은 5개 번밖에 없었으나, 조슈번을 제외한 다른 4개 번은 전부 포함되었다. 번체제 해체를 지향하는 번의 집합체였다.

'공론' 분출

4년 4월 14일, 미야지마의 주선 아래 이타가키를 필두로 6개 번 지도자가 모여 첫 집회를 열었다. 의제는 번정개혁이었다.

이후 회합에서 구마모토번은 진정한 군현제를 확립하기 위해서는 인재 공선(公選)이 필요하다며, 동번(同藩)을 시작으로 한 지방관 개선을 주장했다고 한다. 지론인 지번사 사직론의 전개이다. 또한 이타가키는 개혁을 실시하기 위해서는 자번의 '멸망'도 무릅써야 한다고까지 말했다고, 미야지마는 일기에 썼다. 후쿠이번은 사쓰마번의 요시이 도모자네를 찾아 제번 유지의 회동 상황을 전하였고, 제번에 의한 '의원(議院)' 개설을 요구하는 것과 동시에 사쓰마번의 할거주의가 시세에 맞지 않는 장애물이라고 비판했다.

제번의 회동은 정기적으로 열려, 5월에는 이후의 방침으로 서 '의원'(제번회의) 개설과 사쓰마번에 대한 권유가 확인된다.

또한 '의원'에 대해서는 6개 번의 중심이었던 도사번의 이타가키가 다음과 같이 주장했다. '천하공론'으로 돌아가기 위해 각 번의 대참사가 '의사(議事)'를 일으켜야 하며, '의사'가 일어나면 사쓰마 같은 번도 '사론(私論)'을 주장하는 것이 불가능해질 것이다(『호고히로이』 5).

이와 같이 '의원' 개설은 제번에게 국정참가를 요구함과 동시에 사쓰마번의 세력을 억제하려는 의도도 포함되었다. 6개 번은 제번회의 개설을 요구하여 5월 이후 산조 사네토미나 사쓰마번의 오쿠보 도시미치와 사이고 다카모리에게도 응하도록 요구했다. 번의 의사를 보여주는 '공론'의 분출이었다.

대번 우대책

도쿠시마번 등 대번의 지번사가 요구한 부번현 세 통치 체제의 재검토에 민감하게 반응한 사람이 이와쿠라 도모미였다. 나고야번의 의견서가 제출된 4년 4월, 이와쿠라는 산조 사네토미에게

정부의 근본을 세우는 데에 필요한 예상안을 제시했다. 이 '예상'
이 '대번동심의견서'로, 이와쿠라가 오쿠마 시게노부에게 극비리
에 기초(起草)를 시킨 것이다. 오쿠마의 기초이긴 하나 이와쿠라
의 의견을 오쿠마에게 보인 후에 기초된 것이니, 기본적으로는
이와쿠라의 견해로 보인다. 이 '대번동심의견서'도 지금까지의
연구에서는 폐번론인가 아닌가 견해가 나뉘었다. 이하 그 내용
을 보도록 하자.

'대번동심의견서'는 전 18개 항목('건국책'은 전 15개 항목)에
이르며, 총론이라고도 할 수 있는 부분에는 중앙정부는 전국일치
의 정치를 실현할 책임이 있고 각 번은 그 방침에 의해 실적을 올릴
의무를 진다고 기재되어 있다. 이는 철저한 부번현 세 통치 체제
를 통해 중앙집권을 실현하겠다는 기존의 방침과 같다. 민정·재
정·병제·형법 통일, 녹제개혁 등의 항목은 '건국책'과 거의 같다.

그리고 이와쿠라가 번제에 관해서는 제번의 건언(建言)을
참고했다고 스스로 말한 바와 같이, 지방제도는 '건국책'에서 내
세웠던 주군제보다 일보 전진한 것은 확실하다. 그러나 문제는
폐번론인가 아닌가 하는 점이다.

'건국책'은 번을 그대로 주·군으로 바꾼다는 단순한 명칭 변
경이었던 데에 반해, 여기에 나와 있는 구상은 일부 폐번을 포함
하는 구상이다. 번명을 폐지하고 주·군·현을 두고, 15만 석 이상
의 번을 주, 5만 석 내지 7만 석 이상의 번을 군, 2만 석 내지 2만
5000석 이상의 번을 현으로 하고, 2만 석 이하의 번은 통폐합하
는 것이다. 3년의 '번제'에서 15만 석 이상을 대번, 5만 석 이상을

중번, 5만 석 미만을 소번으로 한 것과 비교하면, 대번과 중번은 그대로 주·군이 되고, 2만 석 이상의 소번은 그대로 현이 되며, 그 이하는 통폐합된다는 것이다. 중·대번은 실질적으로 온존시키고 극소번을 대상으로 한 폐번치현 구상이라 할 수 있다.

소번의 자주적 폐번이 진행되었던 것은 전술한 바와 같이 3년 9월의 '번제' 제정('건국책'도 동시기에 구상) 이후였다. 건국책 이후의 신정세(소번 해체)를 반영한 지방제도 구상이었으나, 이를 전면적 폐번론으로 보는 것은 불가능하다. 중번은 5만 석 내지 7만 석이라는 불확정 요소가 있으나, 대번은 무조건 주로 옮기게 된다. 대번의 부번현 세 통치 체제의 재검토 요구에 대해서 대번 우대책으로 답한 것이다. 또한 '8주'(간토지방)를 '기내(畿內)'(직할지)로 하는 항목도 있었으므로, 간토지방에서는 폐번치현이 이루어지게 된다(『이와쿠라 도모미 관련문서』 8).

이와 같이 '대번동심의견서'는 소번 해체가 진행되는 상황에 맞춘 부분적 폐번구상이긴 하나, 결코 전반적인 폐번론은 아니었다. 4년 4월에 이와쿠라에게는 부번현 세 통치 체제를 근본적으로 개편하는 의도는 보이지 않는다. 또한 오쿠보나 기도도 이 시기에 폐번 단행은 생각하고 있지 않았다. 따라서 도쿠시마·돗토리·구마모토·나고야번의 건백서는 수리되지 않았다.

또한 이와쿠라는 대번회의를 열어 '대번동심의견서'를 정부의 근본방침으로서 내세우고 평의를 열어 점진적으로 실현할 생각이라고 산조 사네토미에게 적어 보냈다(대번회의에 대해서는 후술).

2. 친병창설의 위력

이와쿠라 칙사 파견

3년 11월 말 사쓰마·조슈 양 번의 번력에 기대어 중앙정부를 강화하는 방책이 결정되었음은 이미 확인했으며, 이 방침에 의해 3년 12월 이와쿠라 도모미가 사조 양 번에 칙사로 파견된다. 또한 이와쿠라를 돕기 위해 오쿠보가 가고시마에, 기도가 야마구치에 파견된다. 이와쿠라에게 내려진 칙서에는 사쓰마번의 시마즈 히사미쓰와 조슈번의 모리 다카치카를 '대정'에 참여시켜 양 번이 일치협력하여 제번의 '표준'이 되도록 하라고 적혀 있었다.

이는 사조 양 번의 정부협력태세 구축을 목표로 한 것이었으며, 또한 양 번을 '표준'으로 한다는 표현에서도 보이듯, 양 번의 선도로 부번현 세 통치 체제의 철저화(중앙집권화)를 실현시키려는 것이었다. 파견의 목적은 참으로 여기에 있었다고 할 수 있겠다. 그런데 두 사람이 상경한 후의 체제에 대해서는 구체적으로 어떤 구상이 있었을까?

3년 11월 27일 우대신 산조 사네토미는 이와쿠라에게 보낸 편지에서, 양 번의 협력태세가 실현되지 않는다면 '위령(威令)'이 서지 않으며, 이는 황권과 직결되는 일이므로 칙사의 임무가 중대하다고 설파했다. 또한 상경한 뒤에는 두 사람 전부 국정에 참여시켜 '납언'과 같은 업무를 맡겨야 한다며, '대임'을 맡기지 않으면 안 된다고 주장했다. '납언'은 대납언을 가리키는데, 최고관직인 우대신에 다음가는 관직으로, 당시에는 이와쿠라 도모미·도쿠다이지 사네쓰네·나카미카도 쓰네유키·오기마치산조(사가) 사네나루 등 4명이 있었다. 이와쿠라와 동격으로 대우하는 것에서 드러나듯, 중앙정부 최고수뇌부에 맞아들이겠다는 것이다. 이는 상경 후 두 사람에게 '실망'을 안길 것을 '우려'한 배려였다. 또한 사조 양 번에도 일치하여 정부와 '동체'가 되겠다는 번론을 각각 확정한 뒤에 상경하도록 요구했다(『오쿠보 도시미치 문서』 4). 시마즈 히사미쓰나 모리 다카치카라는 개인이 아니라, 어디까지나 사쓰마번과 조슈번으로서 정부에 협력하는 체제를 중시한 것이다.

'면려(勉励)'

이와쿠라 칙사 일행(이와쿠라 도모미·오쿠보 도시미치·야마가타 아리토모·가와무라 스미요시)은 12월 18일 가고시마에 도착하여, 이와쿠라는 병으로 요양중인 히사미쓰의 대리 지번사 시마즈 다다요시에게 히사미쓰의 협력을 요청하는 칙서를 전한다. 그후 22일 사이고는 오쿠보에게 협력을 약속했다. 이에 비해서 히사미쓰는 감기를 이유로 회담을 연기시켰으나, 24일이 되어서야 겨우 스스로 칙사의 숙소를 찾아 사이고를 자기 대신에 상경시키고, 건강을 회복한 다음 봄에는 상경할 것이라 회답했다. 사쓰마번은 동의했다.

오쿠보는 23일에 재경중인 요시이 도모자네에게 보낸 편지에, 히사미쓰의 동의는 이와쿠라의 '필사의 결심'과 사이고의 '진력' 덕분만이 아니라 히사미쓰가 싫다고 한마디했었다면 '대대장 이하 일동'이 쉽게 멈추지는 않았을 것이라며, 사쓰마 번병의 압력도 있었다고 적었다(『오쿠보 도시미치 문서』 4). 사이고 이하 사쓰마 군단은 적극적으로 중앙정부에 협력하는 자세를 보였던 것이다.

오쿠보는 28일에 요시이 앞으로 보내는 편지에서, 칙사의 목적은 달성되어 '황운'의 융성하는 기운이 높아지고 있어 반드시 '기초'를 확립하는 것이 가능하리라고 적었다(『오쿠보 도시미치 문서』 4).

그러나 칙사의 목적은 어디까지나 사조 양 번이 정부에 협력하는 데 있었지, 뒤에 실현되는 사쓰마·조슈·도사 3개 번의 제휴에 의한 친병창설에 있지 않다. 당초 계획에 없었던 3개 번 제휴와 친병 구상은, 실은 칙사가 가고시마에 방문했을 때 사이고 쪽에서 제안한 데 따른 것이다. 사이고가 이를 내세운 이유에 대해서는 후술할 것이다.

사쓰마번의 협력체제를 얻어낸 칙사 일행은 28일에 사이고도 동행하여 가고시마를 출발해 야마구치로 향한다. 다음해인 4년 1월 7일, 야마구치에 도착한 이와쿠라는 바로 모리 다카치카에게 협력을 요청하는 칙서를 전한다. 다카치카는 10일에 수락의 답신을 줌과 동시에 병을 이유로 상경 유예를 요청한다. 어느 쪽이든 조슈번의 동의도 얻어내게 되었다.

오쿠보는 10일의 일기에 조슈번이 1개 번을 쾌척하여 '조정의 기본'을 돕는 '결단'을 했다고 적었다. 그사이 사이고와 오쿠보는 기도에게 사조도 3개 번 제휴론을 가져갔고, 기도도 동의한다. 사명을 끝낸 이와쿠라는 14일 귀경길에 오른다. 오쿠보·사이고·기도는 이와쿠라와 헤어져 고치로 향한다.

야마구치를 출발하면서 이와쿠라는 산조에게 다음의 내용이 담긴 편지를 보냈다. 사조 양 번은 지번사부터 번청의 말단 관원에 이르기까지 1개 번을 쾌척하여 '면려'할 것을 확정했다. 이에 의해 '일신의 의(儀)'도 이제야 실현되어 '조정'을 위해서 '황송하옵게도 축하할 만한 일'이며, 칙사의 사명이었던 신정부 강화를 향한 거번체제의 구축은 달성되었다. 또한 지금까지 정부는 '빈손'을 쥐고 있던 것과 마찬가지였으나 이를 타파하기 위해 사조 양 번뿐 아니라 도사번도 포함한 3개 번이 제휴를 향해 움직이기 시작했다는 것도 산조의 기대를 넘어선 연락이었다(『이와쿠라 도모미 관련문서』 5).

사이고의 정부개혁안

사쓰마번 내에서 정부협력태세를 정리하는 데 진력하고, 더 나아가 3개 번 제휴론에 의한 친병창설도 제기한 것이 사이고였다. 사이고는 어떤 생각에서 이러한 적극적인 행동을 취한 것인가?

이 행동을 이해하기 위한 참고자료로 당시 사이고의 의견서가 있다. 실은 칙사 일행이 가고시마를 방문했을 때 사이고는 이와쿠라와 오쿠보에게 자기의 정치의견서를 제시했다.

사이고의 생각에 대해서 오쿠보는 12월 22일 일기에 사이고와 '앞으로의 예정'에 대해서 회담한 결과 전부 '동의'에 도달했다고 적었다. 또한 이와쿠라도 25일에 사이고를 불러 '앞으로의 길'에 대해서 간담한 취지를 일기에 남겼다. 간담 결과에 대해서는 아무것도 쓰지 않았으나 이와쿠라가 생각을 달리했다고 보기는 힘들다. 오쿠보·이와쿠라 모두 사이고의 생각에 동의를 표하고 있다.

더 나아가서 기도도 야마구치에서 사이고·오쿠보와 회담한 때에, 판적봉환 후의 정세와 이후의 방침에 대해서 '대의'를 논하고 삼자가 그 '요령(要領)'을 결정했다고, 4년 1월 8일의 일기에 적었다. 기도도 사이고에 동의한 것이다.

사이고의 의견서는 24개조에 이르는 장문이었다. 구체적으로는 정부개혁안으로, 중앙집권화를 향한 제언이었다. 정부개혁은 제도나 기구를 고치는 것보다 인사문제를 중시하여, 정부관원의 정치윤리 및 자세를 엄히 물어 그 일신을 주장한다. 이는 집의

사이고 다카모리(이시구로 게이쇼 씨 제공)

원의 문전에서 할복자살한 사쓰마번 사족 요코야마 쇼타로의 주
장과도 이어진다.

사이고는 정치윤리뿐 아니라 재정이나 외교 등 다방면에 의
론을 넓혔으나 여기에서는 번체제와 직접 관련이 있는 지방제도
의 항목을 보고자 한다.

친병창설 구상

지방제도에 관해서는 집권화를 한층 진전시킬 것을 주장한다. 이
점은 같은 사쓰마번의 이지치나 요코야마가 5월부터 7월에 걸쳐
'번제'에서 보인 번 통제에 심하게 반발한 것과는 현저히 대조적
이다. 3년 후반 사쓰마번의 상황변화가 확인된다 하겠다. 사쓰마

번의 변화는 큰 과제가 된다. 사이고의 구체적 제언을 들어보자.

먼저 현실의 부번현 세 통치 체제를 '군현제'로 받아들이나, 여기에는 많은 '폐해'가 보이므로 금후 지방제도에 대해서 논의를 깊게 가지지 않으면 안 된다고 했다. 논의의 필요성을 환기한 것으로, 장래에 필요한 제도를 사이고 자신이 적극적으로 전개한 것은 아니다. 따라서 지방제도에 관한 제안은 문제를 포함하고 있기는 하나 기존의 부번현 세 통치 체제를 전제로 두고 생각하는 것으로 보는 게 타당하다.

이어서 사이고는 구체적으로 다음의 세 가지 점을 제안한다. 첫째는 제도·법제·예절·형법·군제 등을 부번현이 동일하게 하여 독자적 개혁을 금지할 것이고, 둘째는 중앙정부의 정령이 부번현에 관철되도록 할 것이며, 셋째는 중앙정부는 부번현을 동일하게 취급하여 '애증'이 있어서는 안 된다는 것이다.

여기에서 보이는 것은 부번현 세 통치 체제의 철저화에 의한 중앙집권화에 다름 아니다. 이 구상은 이미 이와쿠라나 오쿠보, 나아가서 기도도 생각한 것이므로, 그들이 동의하는 것은 당연했다.

또한 현재 중앙정부는 '허명'만 있을 뿐이어서 자칫하면 제번이 '병사의 위력'을 가지고 정부를 움직이는 것처럼 보이는 '큰 해(害)'가 있다고 했다.

사이고는 중앙정부의 권력이 약체화되어 있으며, 그것이 부번현 세 통치 체제를 철저히 하는 데 장애가 된다고 인식했다. 그러한 현상을 타파하기 위해서, 대번의 번력을 동원한 강화책으로 헌병(献兵)에 의한 정부직할군(친병) 창설을 제기한다. 정부의 방침에 따르지 않는 번은 친병으로 '정벌'하도록 한다(『오쿠마 문서』 1).

이와 같이 사이고는 부번현 세 통치 체제의 철저화에 의한 중앙집권화를 의도했으며, 그 실현을 위한 정부강화책으로서 친병창설을 내세웠으나, 여기에는 동시기 사쓰마번 내의 사정도 있었다. 사이고가 진행한 번정개혁으로 모든 사족이 상비병에 편성된 것은 이전에 언급하였으나, 이 때문에 사쓰마번은 3년에는 제번 중에서 가장 많은 1만 3000여 병력을 지니고 있었다. 팽창 확대하는 상비군을 유지하는 것은 사쓰마번에게도 부담이 되었던 것이다. 헌병을 통해 이 부담을 중앙정부에 지게 하여 사쓰마번의 부담을 더는 것이 가능하며, 또한 친병화를 통해서는 사족의 신분도 보장되리라고 사이고는 생각했다.

이러한 점에서부터 사이고는 칙사 일행으로 가고시마에 도착한 병부성의 야마가타 아리토모에게 3개 번에 의한 친병창설 구상을 제시하게 된 것이었다.

8000이나 되는 친병

오쿠보 도시미치·사이고 다카모리·기도 다카요시, 그리고 조슈번 권대참사 스기 마고시치로가 이와쿠라 도모미와 헤어져 고치에 도착한 것은 4년 1월 17일이었다. 목적은 물론 3개 번 제휴에 의한 친병창설이었다. 19일, 그들은 도사번 대참사 이타가키 다이스케와 권대참사 후쿠오카 다카치카 등과 만나 사이고가 3개 번 제휴의 급무를 설파하고, 이타가키는 다음날 번에서 답장할 것을 약속한다. 20일, 후쿠오카는 도사번지사 야마노우치 도요노리가 3개 번 제휴를 승낙하고 이타가키를 상경시키기로 결정했음을 기도와 오쿠보에게 전한다. 3개 번 제휴에 의한 중앙정부 강화책에 대한 합의가 이루어졌다.

웅번에 의거하는 정부강화론은 3년 11월 말 오쿠보에 의해 사조 양 번의 제휴가 결정되었고, 12월에는 사이고에 의해 도사 번도 포함한 3개 번으로 확대되어 다음해 4년 1월 하순에는 3개 번 제휴책으로 정식 성립되었다. 그사이 약 2개월 간 연계는 오쿠보·기도·사이고·이타가키 등의 개인적 행동이 아닌, 3개 번 각각의 거번일치의 번론으로서 진행되었다. 그리고 3개 번에 의한 정부강화→부번현 세 통치 체제의 철저화→중앙집권화 실현의 순으로 상정되었다.

3개 번 제휴론으로 실제로 제기된 것은 친병(정부직할군) 창설이었으나, 친병 설치는 이와쿠라 칙사 일행이 귀경하고 나서부터 진행된다. 2월 8일, 산조 사네토미 저택에 이와쿠라·오쿠보·사이고·기도·스기·이타가키 등이 모여 친병창설이 급무임을 확인하고, 10일에 정식으로 이를 결정한다. 13일 사쓰마·조슈·도사 3개 번에 친병을 정선하여 보내라는 명령이 내려온다. 친병이라는 이름의 정부직할군의 탄생이다.

산조 사네토미는 18일 오쿠보에게 보낸 편지에서, 사이고를 필두로 각별히 진력하여 3개 번의 '동심협력'이라는, 국가 입장에서 '다행스러운 일'을 맞게 되었으니, 이후로는 '중흥의 사업'이 실효가 나타나도록 바란다고 썼다(『오쿠보 도시미치 문서』4).

사쓰마번에서는 사이고 스스로 가고시마에 돌아가 출병 준비를 하여, 4월 중순에는 3개 번 중 최대 병력인 사쓰마 번병이 도쿄에 도착했다. 또한 도사번도 5월부터 6월에 걸쳐 번병을 도쿄에 집결시켰다. 이에 비해 조슈번은 번병 도착이 늦어졌는데, 규슈지방의 반정부운동 대처를 둘러싸고 사쓰마번에 대한 의혹이 생겨서였다(후술). 오쿠보가 야마구치까지 찾아간 덕에 그 의혹은 풀려 이윽고 6월 말에 도쿄에 도착한다. 3개 번에서 모인 친병은 약 8000명이었다. 친병창설에 의한 정부강화책은 실현되었다.

보병·포병·기병으로 편성된 친병 병력 8000명은 아주 많은 숫자라고 보기는 어려울 수도 있다. 그러나 포병을 포함했다는 점에서 당시로서는 탁월한 군사력이었다. 그리고 무엇보다도 최강의 군사력을 지닌 사쓰마·조슈·도사 3개 번의 결속이 최대의 무기가 되었다.

〈뉴욕 타임스〉는 1871년 5월 14일(음력 4년 3월 25일), 3개 번 제휴에 의한 친병 설치에 대해서 '3개의 커다란 일족이 사쓰마 후(候)의 지도하에 결속하여, 대군과 그 일족에 대해서 전력으로 천황을 옹호하려 한다'고 보도했다(『외국신문으로 보는 일본』1).

번력 동원에 의한 군사력 강화는 친병 설치뿐만이 아니었다. 친병 설치 후인 4월 23일, 동서의 요지(후술하는 반정부운동이 격화된 땅)에 진대를 설치한다. 동(도산도 진대)의 본영이 이시노마 키에, 분영이 후쿠시마와 모리오카에, 서(사이카이도 진대)의 본 영이 고쿠라에, 분영은 하카타와 히타에 설치되었다. 도산도 진 대에는 친병 일부가 파견되었으나(특정한 번으로의 출병령은 아 니었다), 사이카이도 진대에는 구마모토·히젠·도요쓰번에 출병 령이 내려졌다.

야마가타의 직할군 창설 시도

사이고가 친병 신설을 신청하기 약 1개월 전인 11월 13일, 정부 는 부번현에 '징병규칙'을 포고했다. 사족졸만이 아니라 농공상 민도 부번현 각각 1만 석에 5명씩 제공하도록 하는 것이다. 징 병은 다음해 4년 1월부터 긴키·산인·시코쿠지방부터 착수하여 1년간에 걸쳐 순차적으로 전국에서 실시했다. 사족군대가 아닌 국민개병주의에 기초하는 정부직할군 창설을 시도한 것으로, 후 일의 징병제로 이어지는 성격을 지닌다. 이는 병부성의 야마가 타 아리토모가 중심이 되어 제정했다.

사이고의 친병론(사족군대)과 야마가타의 '징병규칙'(국민군 대)은 원칙적으로는 모순된다. 이 모순점에 착목하여 친병창설 은 정부 방침에 '역행'하는 것이라 주장하는 연구도 있다. 그러나 그 편성방법을 보면, '징병규칙'도 번을 부현과 같이 징병단위로 하며, 부번현 세 동지 체제하에서 직할군 창설을 시도하는 것으로 인정할 수 있다.

상이점은 3개 번에만 근거하는 것인가 다른 제번에까지 확대하는 것인가이다. 참의 사사키 다카유키는 친병은 사조도 3개 번만이 아니라 다른 '45개 번'에서도 보내야 할 것으로, 이것을 '불공평'하다고 비판하는 모습을 보였다(『호고히로이』 5).

'번주를 향해 총을 잡을 각오'

한편 야마가타는 친병(정부직할군)을 어떻게 만들려고 생각한 것인가. 후년 야마가타는, 친병 설치에 대해 가고시마에서 사이고와 회담한 내용을 다음과 같이 말했다(야마가타 아리토모 「징병제도 및 자치제도 확립의 연혁」). 이 회담은 야마가타의 구상을 아는 데에 있어 많은 점을 시사한다.

먼저 직할군에 대해서는 '각 번에서 장사(將士)'를 선발하여 오사카병학료에서 가르친 후 돌려보내어 각자 번에서 병사 훈련을 실시하고, 이를 '규합'하여 친병을 조직하는 것이 '복안'이었다고 술회했다. 육해군의 간부양성기관으로 설치된 학교가 오사카병학료였으며, 병부성은 '징병규칙' 제정 약 1개월 전에 부번현이 각각 병학료로 학생을 보내도록 명했다. 부번현의 화사족과 평민을 가리지 않고 입료를 인정했으나, 실제 입료자는 각 번에서 파견된 사족들이었다.

야마가타는 오사카병학료에서 양성된 간부(사관)를 바탕으로, 부번현에서 징병한 병사를 조직하여 친병을 창설할 생각이었다. 이에 야마가타는 사이고의 친병론은 스스로의 구상을 실현하는 '계제(階梯)'였다고 생각하여 '바로 이것에 동의'했다고 말하고 있다.

야마가타가 '번주를 향해 총을 잡을 각오'가 있느냐면서, 친병은 정부군이지 결코 번병이 아니라는 조건을 사이고에게 들이밀었다는 이야기가 남아 있으나, 야마가타는 사이고의 주장 자체에 이론을 주창한 것은 아니고 '바로' 동의하였던 것이다.

다음으로 야마가타는 징병유지비를 비롯한 군사비는 '번력평균으로 배당'하여 상납으로 조달하자는 '복안'을 사이고에게 제시했다. 군사비를 제번이 부담함으로써, 부번현 세 통치 체제의 철저화를 기한 '번제'의 해군비 상납을 더 나아가서 확대하려는 의도였다. '번제'의 심의에 제번의 불만을 가져온 것이 다름 아닌 군비 상납문제였던 것은 이미 거론한 바가 있다. 새로운 재정 부담을 강제하면 당연히 제번의 반발이 예상된다. 따라서 야마가타는 '위망(威望)'이 두터운 사이고와 같은 '유력자'가 이를 실시해주기를 기대한 것이다. 사이고는 이것에 동의한다.

야마가타는 사족만이 아닌 국민군대를 지향하였으나, 그 편성방법은 부번현 세 통치 체제에 입각했다. 따라서 야마가타는 사이고 친병론을 스스로의 구상을 실현하는 1단계로 판단하고 동의했다. '징병규칙'에 따른 징병은 제1회 때(긴키·산인·시코쿠 지방) 900명이 모였으나(상당수는 사족졸이었다고 전해진다), 친병창설에 따라 제2회 이후는 중지된다.

양이(攘夷)파 사족의 철저한 탄압

3개 번 제휴에 의한 친병창설의 직접적인 목적은 어디까지나 정부강화책에 있었다. 동시에 그것은 〈뉴욕 타임스〉가 보도한 바와 같이, 이 시기 격화된 반정부운동으로부터 '천황을 옹호'하는 것이기도 했다.

존왕양이론의 입장에서 보신전쟁에 종군한 하급사족 다수는 정부가 양이론을 부정하고 개국화친을 표방한 데 실망감을 안고, 더 나아가 정부의 집권화정책이나 번정개혁으로 버려지거나 축출될 거라는 위기감을 가졌다. 이렇게 해서 존왕양이파 사족은 테러나 반란 등의 실력행사에 호소하여 각지에서 반정부운동을 일으키게 된다.

존왕양이파의 활동은 3년 초의 조슈번 탈대 소동 이후 활발해져, 각지에서(특히 도쿄·교토·규슈지방에서) 불온한 움직임이 보였다. 정부 내부에도 그들에 동의하는 관원이 일부 있어, 화족인 도야마 미쓰스케나 오타기 미치테루를 맹주로 받드는 그룹도 보였다. 제번 중에서는 구루메·야나가와·아키타번이 거점이 되었고, 구마모토번도 가와카미 겐사이 등이 반정부 움직임을 보였다. 특히 구루메번은 지번사 이하 번 전체가 정부전복 음모에 가담하여, 조슈번 탈대 소동의 중심인물인 다이라쿠 겐타로를 숨겨주었다.

3년 11월에는 규슈의 히타현과 신슈의 마쓰시로번에서 대규모 농민봉기가 일어났는데, 여기에는 농민과 불평사족이 연계

됐다는 풍설이 나돌았다.

정부가 가장 우려한 사태에 대해서 오쿠보와 기도는 단호한 탄압을 주장하여, 12월 말에는 순찰사로 육군소장을 히타현에, 민부성관원을 신슈에 파견하고, 제번도 동원해 진압하게 된다. 특히 히타현 탄압에 동원된 인원은 보신전쟁 이래 최대였다. 또한 마쓰시로번에 파견된 민부성관원 요시이 도모자네는 번지사에게 사직을 강요했다. 무력을 배경으로 한 폐번 요구였다.

4년 1월 9일, 조슈번 출신의 참의 겸 도쿄부 어용계 히로사와 사네오미가 암살되는 사건이 일어난다. 용의자는 다수 검거되었으나 진범은 현재까지도 불명확하다. 히로사와는 제번의 양이파가 결집하는 도쿄부의 단속 책임자로 양이파와 대결하겠다는 의도를 명확히 한 인물이므로, 양이파가 습격한 것이 아닐까 생각되고 있다.

히로사와 암살사건은 정부가 양이파 사족의 철저한 탄압을 결의하게 만들었다. 특히 히로사와와 같은 조슈번 출신인 기도가 강경론을 주장했다. 기도는 1월 23일, 산조에게 보낸 편지에서 히로사와 암살사건은 양이파를 충분히 단속하지 못해서 일어났으므로, 양이파를 진압하기 위해 조슈번이 '사력'을 다할 것을 청하고, 정부 내부의 동조자 역시 추방하도록 요구했다(『기도 다카요시 문서』 4).

2월 14일, 정부는 히타현에 다시금 순찰사를 파견하였고, 사쓰
마·조슈·구마모토번에 히타 출병을, 도사번에는 시코쿠지방 출
병을 명했다. 기도는 규슈의 '소굴'을 끝까지 들추는 것이 출병 목
적이라고 적었다. 또한 출병을 명받은 4개 번은 4월 16일, 지방
의 '도적'을 일소하기 위해서는 거점인 도쿄부 내의 각 번저나 정
부 내 동조자를 탄압해야 한다고 건백을 제출한다(『히고번 국사
사료』 10). 전국적 규모의 철저한 탄압을 요구한 것이다. 이 건백
은 기도와 번내에 양이파를 떠안고 있는 구마모토번의 획책에 의
한 것이었다.

　　탄압은 3월부터 개시되었다. 도야마, 오타기와 그 그룹의 체
포, 정부관원 면직, 구루메번지사의 근신과 권대참사 파면, 주모
자인 동번 사족의 체포(다이라쿠는 동번 사족에게 살해된다) 등이
강행되었다.

　　또한 이 구루메번 처분문제로 사쓰마번이 관대한 처치를 주
장하자 엄벌론이었던 조슈번이 반발하여 태도를 경화시키는 일
이 있었다. 이것이 전술한 대로 조슈번 친병 상경이 늦어진 원인
이 되었으나, 오쿠보의 주선으로 양 번의 결렬은 피할 수 있었다.
또한 히타현에 파견되었던 순찰사는 구루메번의 해체(폐번)까지
주장하였으나, 이에 따른 폐번은 실시되지 않았다.

　　양이파를 필두로 한 반정부파에 대한 탄압은 4년 3월 초순
부터 본격적으로 시작된다. 반정부운동의 고양이라는 정세에 대

응하는 것이나, 사쓰마·조슈·도사 3개 번의 연계에 의한 정부의 강화가 이러한 강경책을 가능하게 했다.

7월에는 위폐발행죄로 후쿠오카 지번사 구로다 나가토모를 파면하는 처분을 내린다. 판적봉환에 따라 지번사 임면권은 정부에 속했으나 처음으로 권한을 사용한 것이다. 정부강화책의 출현이었다.

3. 혼미한 정부개혁

이와쿠라의 정부강화책

지금까지 반복해서 서술했듯이 유신정권은 번체제를 부정한 것이 아니라, 번을 유지하는 부번현 세 통치 체제에 의한 중앙집권화를 꾀했다. 그리고 중앙집권화가 실현 가능한지 아닌지는, 번을 뜻대로 움직일 수 있을 만큼의 권력을 중앙정부가 지녔는지의 여부에 달려 있었다. 현실의 정부는 그만큼의 권력이 준비되지 않았던 점에서 정부강화책이 큰 과제가 되었다.

그 가운데 유신정부가 선택한 길은 유력번의 번력에 기대는 것으로, 번력으로 번을 통제해가는 방책이었다. 제번에 기대어 탄생해 유지되어온 유신정부로서는 무엇보다 현실적인 방법이었다고 할 수 있겠다. 그 관점에서 오쿠보는 2년 말, 사조 양 번의 제휴에 의한 정부강화책을 제시했다. 그리고 사이고의 의사로 3년 말에는 도사번도 포함하는 3개 번 연대책에 의해 다음해

4년 초순에 친병이 창설되었다. 그후로는 어떠한 강력한 정부를 구축하는가 하는 점이 과제가 되었다.

3년 11월 13일, 이와쿠라는 오쿠보에게 금후의 체제에 대해서, 사쓰마·조슈 양 번을 기축으로 하고 그 외 나고야·후쿠이·히젠·도사번에 국사를 자문하여 정령을 발포하면 '우려할 점'은 없을 거라고 제안했다. 사조를 위시한 6개 번에 의한 정부강화책이었다.

이 6개 번은 왕정복고 쿠데타에 가담한 5개 번(사쓰마·도사·나고야·후쿠이·히로시마번)과 판적봉환을 획책한 4개 번(사쓰마·조슈·도사·히젠번) 중에서 선발되었다(히로시마번은 제외). 이와쿠라는 유신정권을 탄생시키고 유지하는 데 가장 공헌한 대번에 자문(국정참가)하는 정부강화책을 제기했던 것이다.

이에 정부가 기댈 수 있는 대번의 범위가 이와쿠라에 의해 더욱 확대된다. 오쿠보도 전술한 바와 같이 이미 2년 말에는 사조 양 번뿐 아니라 히젠·후쿠이·우와지마번 등의 국정참가를 주장해왔으며, 확대 그 자체는 찬성이었다.

이와쿠라는 3년 말 이래 대번으로의 자문, 다시 말해 대번회의 준비에 착수한다. 4년 3월 오쿠보에게 대번을 소집하여 자문할 것에 대한 결정을 재촉하여 에토 신페이가 그 회의에 제출할 '하문책'(자문안)을 작성했다.

'하문책'은 녹제개혁(녹권법 채용)이나 사족졸평민 징병 등에서 보이는 봉건적 신분제도의 해체를 목적으로 한 항목 등과 함께 번체제에 관한 것도 포함되었다. 번정에서 이루어지는 재

이와쿠라 도모미(국립국회도서관 소장)

판과 민정의 분리, 지번사의 도쿄체재('건국책' 이래의 제안) 등의 항목이 있으나, 결코 폐번을 의도했다고 볼 수는 없다. 그리고 4월에 들어서면서 전술한 '대번동심의견서'를 대번회의를 위해 준비한다.

5개 번에 자문

그렇다면 대번회의에는 구체적으로 어떠한 번이 상정되어 실제로 참가했을까.

이와쿠라는 이미 3년 11월, 사쓰마·조슈·도사·히젠·나고야·후쿠이번을 거론했다. 그리고 4년 5월에는 도사·구마모토·도쿠시마·히코네·후쿠이·요네자와번 등 6개 번이 자주적으로 '의원'(제번회의) 개설을 결정하여 정부에 손을 쓰게 한 것도 이미 본 바이다.

이러한 상황하에서 4년 7월 4일, 조슈번지사 모리 모토노리·사쓰마번지사 시마즈 다다요시·도사번지사 야마노우치 도요노리·나고야번지사 도쿠가와 요시카쓰·전 후쿠이번주 마쓰다이라 요시나가 등 5명이 '국사자문'을 위해 매월 3회(2, 12, 22일) 출사하는 것이 결정되었다(『메이지 천황기』 2). 5개 번에 대한 자문은 이와쿠라가 제안하여 기도·오쿠보·사이고의 동의를 얻어 실현된 것이다. 그리고 이 5개 번은 이와쿠라가 구상한 6개 번 중에서 히젠번을 제외한 모든 번이 포함되었다. 자주적 운동을 전개한 6개 번에서는 이와쿠라의 구상에도 있었던 도사번과 후쿠이번이 포함되고 다른 번은 제외되었다. 5개 번(사쓰마·조슈·도사·나고야·후쿠이)의 번력에 기대어 번 통제를 강화하여 중앙집권화를 꾀하는 체제가 7월 초순에 겨우 확정된 것이다.

또한 산조나 이와쿠라는 이 5개 번 이외의 타번도 국정에 참가시킬 의도를 갖고 있었다. 산조는 7월 초 이와쿠라에게 보낸 편지에서 돗토리·도쿠시마·가나자와·히젠번에도 자문의 '자리'를 내려야 할 것이라고 주장했다(『이와쿠라 도모미 관련문서』 5). 이와쿠라는 같은 달 6일, 도쿠시마번이나 돗토리번 등의 폐번건백에 대해 답변할 필요성을 설명하는 편지를 기도에게 보냈는데, 이 편지에서 대번회의 설치를 요청했다. 이미 '하문안'이나 '대번동심의견서'를 준비한 이와쿠라는 대번회의를 한 달에 6번 정도 열어 번정에 관해 자문할 것을 주장한 것이다. 구체적으로는 번명을 적지 않았으나, 5개 번에 자문하는 것을 결정한 후의 편지인 점에서 당연히 그 외의 대번도 포함되었을 것이다. 그러나 5개 번 이외에는 자문의 명이 내려오는 일은 없이 폐번치현에 이르게 된다.

행정권 우위 — 오쿠보의 정부강화 구상

정부강화를 위해 이와쿠라가 대번의 번력 동원 문제로 분주하던 시기, 오쿠보도 정부강화책의 일환으로 정체(정부조직)개혁에 정열을 불태우고 있었다. 그러나 이 문제가 사조도 3개 번 제휴에 균열을 가하게 되리라는 것은 오쿠보는 꿈에도 생각지 못했다.

기도가 부재중이던 4년 5월 초에(기도는 친병문제로 4년 2월 하순에 조슈로 떠나 5월 말에 귀경했다) 오쿠보가 제기한 개혁안의 주요 내용은 첫째로 대납언 폐지 및 좌우대신(각 1명)과 준대신(3명 이내) 설치, 둘째로 참의 폐지(각 성 장관이 그 직무를 담당), 셋째로 각 성 정비였다. 첫째 사안은 좌우대신에게 권한을 집중시키는 것으로, 구체적으로는 이와쿠라의 우대신 승격을 의미한다. 당시 우대신은 산조가 맡았고, 이와쿠라는 도쿠다이지 사네쓰네나 사가(오기마치산조) 사네나루와 함께 대납언이었다. 그 대납언이 폐지되어 좌대신으로 산조가 옮겨가고, 우대신에 이와쿠라가 취임하게 되는 것이었다. 둘째 사안은 각 성 장관이 각 성의 사무뿐 아니라 대정에도 참여(원래 참의의 임무)하는 것으로, 실질적으로는 참의와 각 성 장관의 겸임을 의미한다. 셋째는 대장성의 권한 삭감을 의미한다.

이와 같은 개혁안이 목표한 것은 좌우대신(산조·이와쿠라) 아래, 재정·군사·민정·사법 등 모든 행정을 대정에 참여하는 각 성 장관이 통일적으로 실시하는 체제였다. 정부의 일체성 강화로서, 오쿠보가 생각하는 강력한 정부구상이었다.

이 개혁안에 대해서는 권한이 삭감되는 대장성의 이노우에 가오루가 이론을 제기했고, 더 나아가 5월 말에 야마구치에서 귀경한 기도도 반대한다. 기도는 오쿠보 안이 대납언과 참의를 폐지하여 행정관인 각 성 장관이 이를 대신하는 것을 문제삼았다. 이래서는 각 성의 권한이 강해지므로 각 성이 할거하면 대신이라도 이를 총괄하는 것이 어려워져, 정부로서의 일체성을 유지할 수 없을 것이라고 비판했다. 그렇다면 기도는 어떠한 제도론을 가지고 있던 것인가.

입법권의 확충—기도의 개혁안

기도의 주장은 대납언과 참의를 폐지하는 것이 아니라, 오히려 양자를 일체화해 입법관으로서의 지위를 명확히 하여 행정권을 지니는 각 성과 함께 정치를 이끌어나가게 하는 것이었다. 오쿠보가 행정권을 우위에 두게 한 것에 비해, 입법권과 행정권의 양립을 의도한 기도는 약체인 입법권의 확충을 꾀하는 것이 당면한 과제라고 생각했다. 또한 입법관인 대납언과 참의를 '상원'으로 하여, 후일의 '하원'(공선의원)에 대항하는 역할을 부여한다.

또한 도사번 대참사 이타가키 다이스케는 중앙정부의 역직에 있지 않았기에 개혁문제에 직접 관여하는 것이 불가능했으나, 오쿠보나 기도와도 다른 생각을 갖고 있었다. 이타가키가 도쿠시마번이나 구마모토번 등 5개 번과 연계해서 '공론'이라는 명목으로 '의원'(제번회의) 개설을 요구해왔던 것은 이미 지적했다. 이타가키의 주장은 제번회의에서 정책을 결정하는 것에 있었고, 제번연합정권으로 이어지는 성격을 띠었다. 천황친정론의 입장에서는 결코 인정할 수 있는 것이 아니었다.

같은 도사번 출신의 참의 사사키 다카유키는 '의원 권한을 강화하여 정부는 없도록' 하는 것과 같다고 이타가키 안을 비판하였고, 기도도 '부동의'와 같은 뜻을 기술했다(『호고히로이』 5). 또한 대변회의를 제창한 이와쿠라도 대번회의는 자문기관이고 결정권은 어디까지나 정부가 지녀야 한다며, 이타가키와 같은 정책결정기관으로서의 제번회의와는 선을 그었다. 오쿠보와 기도가 대립하면서 정부개혁문제는 어떠한 진전도 보이지 않았다.

사이고에 의한 기도 단독 참의 옹립책

오쿠보는 제도나 기구의 개혁에 의한 정부강화를 의도했고, 사이고 다카모리는 인사에 의한 정부 수뇌부의 일원화를 요구했다. 사이고는 사쓰마번 대참사로서, 이타가키와 같이 정부의 문제에 직접 관여하는 것이 가능한 입장은 아니었다. 그러나 정부강화책인 3개 번 제휴론의 중심이자 최대의 번력을 지닌 사쓰마번의 대표인 사이고의 발언은 무거웠다.

6월 1일 사이고는 오쿠보를 찾아가서, 정치의 통일은 '근본'이 하나가 되지 않으면 불가능하므로 '근본'을 하나로 하기 위해 기도 다카요시 한 명을 내세우고 다른 자는 그에 협력하도록 해야 한다고 말했다. 기도의 단독 참의 취임을 통해 정부의 '근본'을 하나로 한다는 방침이었다.

사이고는 향리 가고시마에 있는 가쓰라 시로(히사타케)에게 보낸 편지에서, 3개 번이 단지 합쳐 있는 것만이 아니라 근원을 강하게 하지 않으면 정부강화가 되지 않는다며, 이를 위해 3개 번 중에서 '주재(主宰)'를 한 사람 세워 다른 사람은 그 '손발'이 될 필요가 있다고 그 의도를 설명했다(『사이고 다카모리 전집』3).

오쿠보는 사이고 안에 동의했다. 이후 사이고는 3개 번 제휴론에 입각해 도사번 대참사 이타가키 다이스케와 조슈번 대참사 스기 마고시치로에게도 호응을 요청하고, 3개 번의 의사로서 기도 참의 옹립을 향해 움직이기 시작한다. 이타가키는 이에 동의했다. 스기는 지번사와 동행하여 상경중이었기에 조슈번의 이노우에 가오루와 야마가타 아리토모에게 대신 전하여 양자의 동의를 얻는다. 3개 번에 의한 기도 단독 참의 옹립책 합의가 성립되었다. 6월 중순의 일이었다.

사이고·기도 연립체제

이후 야마가타·이노우에·산조·이와쿠라 등이 기도에게 참의 취임을 요구했으나 기도는 강하게 거부를 이어간다. 기도는 구루메번 처분문제로 사이고 등 사쓰마번에 깊은 의혹을 품은 사정도 있으나, 기본적으로는 전술한 정체개혁구상의 차이에서 고사를 이어간다. 내정되었던 오쿠보 개혁안 실현이라는 무거운 짐을 짊어지는 것은 가능한 일이 아니었다.

기도의 거부에 직면한 오쿠보는 6월 23일, 사이고에게 기도와 함께 참의가 될 것을 요청하고, 사이고도 각 성의 인사 대쇄신을 조건으로 동의한다. 그리고 다음날인 24일, 오쿠보는 개혁안 수정과 인사 쇄신을 이와쿠라에게 자청한다. 대납언과 참의의 잔존(대납언만 외무·대장·중무성 장관 겸임)과 각 성 관원의 대삭감이었다. 전자가 기도와의 타협, 후자가 사이고에 대한 배려였다.

기도는 그래도 난색을 표했으나, 오쿠마 시게노부의 중재로 잠정적이라는 조건을 걸고 간신히 참의 취임을 승낙한다. 오쿠마는 정부개혁(제도·기구)문제는 잠시 미뤄두고, 기도·사이고

184

두 명이 참의에 취임하고 개혁문제는 후일 각 성 장관을 포함한 '공의'를 다하여 결론을 내는 타협안을 제시했다. 그때까지의 참의와 각 성 수뇌부가 파면되고 사이고와 기도 두 명이 참의에 임명된 것은 6월 25일의 일이었다(산조의 우대신, 이와쿠라의 대납언 자리는 그대로 남았다).

정부개혁문제에 1개월이나 시간을 쏟은 결과가 제도·기구 문제를 뒤로 미룬 것과 사이고·기도의 참의 취임이었다. 3개 번 제휴에 의하여도 의론이 비등하여 '무너질 판'이 되어, 변혁을 꾀할 상태가 아니었다. 이 점에서 사이고는 스스로 참의 취임을 승인하여 겨우 정부 와해를 피하게 됐다고 가고시마에 보고했다. 사이고·기도라는 사조 소수 실력자의 손에 권력을 집중시키는 것만 간신히 가능했던 것이다.

기도는 관제·인사문제가 분규하던 6월 11일, 3개 번 제휴론에 의해 친병이 창설된 이 시기에 판적봉환의 '실적'을 올리기 위해, 제번에 대해서 '동일한 명'을 내려 중앙집권을 실현시켜야 한다고 이와쿠라에게 요청했다(『기도 다카요시 일기』 2). 확실히 친병창설 이외는 어떤 것도 구체적인 정책은 실행되지 않았던 것이다. 과연 3개 번 제휴론으로 본래의 목적인 번 통제 강화에 의한 중앙집권은 달성 가능한 것인가? 암운이 드리우기 시작했다.

4. 폐번 단행으로

'형편없는 재단'

사이고·기도 연립체제 밑에서 시급히 대처해야 했던 문제는 각성의 인사와 제도개혁이었다. 이 두 과제에서 다시금 오쿠보와 기도가 대립하여 정부 내부는 혼미한 상태에 빠진다. 기도는 인사보다 제도개혁을 우선으로 해야 한다고 주장하였으나, 6월 27일부터 각 성의 인사 발령이 시작된다(오쿠보는 27일에 대장성 장관이 된다). 기도의 주장이 물리쳐진 모양새가 되었으나, 이 인사 발령에는 오쿠보가 불만을 갖게 된다.

인선은 3직회의에서 진행되었다. 우대신 산조, 대납언 이와쿠라·사가(오기마치산조) 사네나루, 참의 사이고·기도 등이 담당하고, 참의가 아니게 된 오쿠보는 직접 관여는 하지 못했던 것이다. 28일의 3직회의는 이타가키를 병부성차관으로, 오키 다카토를 민부성차관에서 문부성차관으로 옮겼고 중무성 신설을 그만두도록 내정했다.

오쿠보는 이 내정에 대해서 29일 맹렬한 반대를 담은 편지를 이와쿠라에게 보내, 병부성차관은 이타가키가 아니라 야마가타를 승격시킬 것을 요구했다(오쿠보는 24일에 야마가타를 차관에 추천했었다). 신임하는 오키를 민부성에서 전임시키는 것에 대해서는 '형편없는 재단(截斷)'이라고 단언하고, 중무성(천황교육과 궁중을 정부 아래 두기 위한 관청)은 관제개혁의 중핵이니이번 '개혁'이 돈좌된다 하더라도 중무성만 설치되면 아무 우려없을 것이라고 말할 정도로 오쿠보에게는 중무성이 중요한 관청이었다. 그리고 작년부터의 의론과 약속이 지켜지지 않는 것이많은 데에 '탄식'을 금할 수 없으며, '오늘은 오늘, 내일은 내일의형편대로 맡기는' 모양으로 대체 어떻게 할 것인지 이와쿠라에게분개를 쏟아부었다(『오쿠보 도시미치 문서』 4).

중무성은 실현되지 않았으나, 그후 오키는 민부성차관, 야마가타는 병부성차관이 되었다. 오쿠보의 강경한 반대가 결실을맺었다.

기능부전

한편 기도는 제도개혁의 중요성을 사이고·오쿠마·산조·이와쿠라 등에 설파하여, 6월 29일 제도문제의 심의개시가 결정되었다. 제도취조위원으로는 오쿠보·사사키·오쿠마·이노우에·야마가타·고토·에토 등이 임명된다. 취조위원이 된 사사키는 제도문제는 지금까지의 조사를 다소 첨삭하면 충분하며, 이와 같이 정부의 모든 것을 다하여 조사하지 않더라도 대략적인 일은 충분히 알고 있으며, 오쿠보도 반대였다고 기술했다(『호고히로이』 5).

전술한 대로 제도문제는 기도 부재중에 이미 내정되었고, 다시금 대규모 위원회를 설치하여 조사할 정도의 필요성은 없다고, 참의였던 사사키나 오쿠보는 판단했다.

이와쿠라 또한 기도는 4~5일로 조사를 끝낸다고 말하지만 그렇게 빨리 끝내는 게 가능한 일이 아니므로 각 성의 인사를 우선시해야 한다고 생각했다. 사사키는 이 조사가 길게 끌어지면 각 성뿐 아니라 지방관에게도 '의혹'이 생길 우려가 있다고 지적했다(『호고히로이』 5).

그러나 기도는 입법권 확충을 의도한 정체개혁을 실현하기 위해서는 위원회가 반드시 필요하다고 생각했기에 이렇듯 무리하게 설치한 것이다.

제도취조회의는 7월 5일부터 열려, 사이고·기도 양 참의가 의장이 되어 의사규칙을 정했다. 6일에는 의원(위원)의 권한 및 다음날부터의 심의개시를 결정하고 있다. 의장이었던 기도의 일기를 살펴보면, 7일에 회의가 열린 모습은 없고, 8일 회의는 의론이 백출하여 어떠한 결론도 얻지 못하였으며, 9일은 결석한 위원이 많아 중지되었다.

오쿠보는 첫날인 5일부터 결석하였다. 제도취조회의는 오쿠보에게 어떠한 의미도 없었을 터이다. 또 한 사람의 의장인 사이고는 6일 열린 회의는 서두르지 않고 느긋하게 진행되었으며, 조금의 동요라도 생기면 와해되지 않을까 생각한다는 보고를 오쿠보에게 하였으며, 이후 회의에는 결석이 잦았던 듯하다. 10일에는 가장 열심이었던 기도가 위원인 에토 신페이에게 수일간의 결석을 신청했다. 제도개혁문제도 암초에 부딪힌 것이다.

인사문제와 제도개혁문제에 있어서 6월 말부터 7월 초순에 걸쳐 정부내부의 혼미 상태는 점점 더 심각해져갔다. 번력에 의한 중앙집권화를 꾀한 3개 번 제휴론은 기능부전에 빠졌고 정부의 일체성조차 유지하기 곤란해졌다.

그러나 이를 가지고 정부의 위기, 특히 반정부운동에 의한 정부붕괴의 위기를 새삼스레 강조하는 것은 신중히 생각해야 한다. 어찌되었든 3개 번 제휴론 최대의 성과였던 친병을 배경으로 정부는 제번을 압도하고 있었고, 7월 2일에는 전술한 바와 같이 후쿠오카번지사를 경질했다. 그러나 이 이상의 정치공백이 이어지게 된다면 정부 내부에 새로운 움직임이 일어나게 될 가능성도 부상하고 있었다.

'폐번입현을 해야만 한다'

폐번론이 정부 내부에서 공연히 제기된 것은 7월 초순이었고, 이를 제기한 인물은 조슈번의 도리오 고야타와 노무라 야스시였다. 도리오는 막말 기병대에 들어가 보신전쟁에 참가하여 메이지 3년에는 병부성 관원이 되었다. 노무라는 막말 요시다 쇼인의 쇼카손주쿠에 입문하여 존왕양이 운동에 참가했고, 메이지 신정부에 들어가지 않았으나, 조슈번의 병제개혁을 진행한 경력이 있었다. 두 명 모두 군제에 관여한 인물이었다. 당시 병부성 내에는 정치공백의 장기화가 3개 번 제휴의 파탄을 가져오는 것은 아닌가 하는 의심이 퍼지고 있었다.

이러한 상황 속에서, 도리오와 노무라는 같은 조슈번 출신인 병부성의 야마가타 아리토모를 방문하여 술을 나누며 시사를 논하면서, 현상황을 변혁하여 '군현의 다스림'(폐번)을 실시해야 한다는 의견을 토로했다고 한다. 이 야마가타 저택에서의 회담일은 불명확하나, 본서에서는 7월 4일로 추측하고자 한다.

야마가타는 그 자리에서 동의하고, 먼저 기도에게 폐번론을 가져간 다음, 그후 사이고에게 가져가는 수순으로 진행하기로 했다. 참의인 기도와 사이고의 동의를 받아내는 것이 불가결하던 것이다. 나아가서, 기도에게는 직접 이야기를 가져가는 것이 아니라 이노우에 가오루가 대신 이야기해주는 것으로 결정했다. 그리고 도리오와 노무라가 이노우에에게, 야마가타가 사이고에게 이야기를 하는 것으로 결정하고 자리를 파했다.

다음날인 5일 저녁 무렵, 도리오와 노무라는 이노우에를 찾는다. 이 회담에 대해서는 이노우에의 회고록(『세외후사역유신재정담』)에 다음과 같이 남겨져 있다.

두 사람은 이노우에에게 오늘밤 '진지한 이야기'로 '국가'를 위해서 왔다며, 만약 동의하지 않는다면 '찌르거나 목을 받겠다'

고 협박했다. 이에 이노우에는 '국가를 위해서 나를 찌르거나 목을 받겠다면 폐번치현 외에는 없을 것이다'라고 정곡을 찔렀다.

대장성의 이노우에는 '유명무실'한 판적봉환으로는 '수입을 얻는 것도 어떤 것도 가능하지 않았'다는 점에서 '꼭 폐번입현을 해야만 하겠다는 생각이 머릿속을 맴돌았다'며, 재정확립의 관점에서 폐번을 원했다며 주저없이 동의했다. 이노우에는 '이론보다는 사실'에서 폐번은 이뤄졌다고 말했다. 또한 기도와의 교섭을 수락하고, 오쿠보와 사이고의 의향을 확인할 필요성을 두 사람에게 말했다. 이노우에는 사이고·오쿠보와 '아직 한 번도 폐번입현까지 진행된 이야기'를 한 적이 없었기 때문이었다.

이렇게 해서 조슈번에서 도리오·노무라가 야마가타·이노우에와 폐번 합의를 이룬다. 남은 것은 기도였다. 이노우에는 다음날인 6일 기도를 찾는다. 기도가 반대할 이유는 없었다. 7월 6일, 조슈번은 폐번 단행으로 정리되었다. 기도는 다음날인 7일, 폐번에 의해 '전도(前途)의 진보'가 한층 진행될 것으로 기대된다며, '결연'한 마음으로 임한다고 스스로 일기에 적었다(『기도 다카요시 일기』2).

병제통일을 바란 병부성의 야마가타와 재정통일을 꾀한 대장성의 이노우에에게도 폐번에 의한 중앙집권은 원하는 바였다. 문제는 어째서 7월 초순에 폐번론이 돌연히 부상했는가 하는 점이다.

발단은 도리오와 노무라였다. 이노우에는 폐번치현의 '동기'가 된 도리오와 노무라가 증언을 남기지 않은 채 세상을 떠나버린 것은 '매우 유감'이라고 말했다. 두 사람의 의도를 직접 확인할 수 있는 사료는 현재 발견되지 않았으나, 그들의 행동은 정치의 정체(停滯)에 인한 것이라고 생각된다.

3개 번 제휴론으로 정부가 강화되었음에도 불구하고, 사조 양 번 지도자 간의 밀고 당기기에 의해 중앙집권을 향한 구체적인 정책은 어느 하나도 실현되지 않은 것이 현실이었다. 병제개혁을 통한 중앙집권의 필요성을 통감하면서도, 현실의 정책결정에 직접 관여할 수 없는 것이 그들이었다. 인사문제의 난항도 그들에게는 단순한 자리싸움으로 보였을 것이다.

이러한 상황을 타개하기 위해 무엇이 가능했던가. 그들의 뇌리에 떠오른 것이 폐번을 통해 한 번에 중앙집권으로 바꾸는 것이었다. 그리고 그것을 실현하고자, 같은 조슈번 출신으로 병부성의 실력자였던 야마가타를 찾았던 것이다.

폐번치현 직후 궁내성에 들어간 노무라는 이후 외무성으로 옮겨 이와쿠라 사절단에 동행하게 되고, 메이지 중기에는 체신대신이 된다. 또한 도리오는 육군성의 요직을 역임한 후 귀족원 의원이 된다.

'그것 좋겠지'

조슈번이 합의했어도 사쓰마번의 합의가 없으면 폐번은 실현될 수 없었다. 야마가타가 사이고를 찾아간 것은 7월 6일의 일이었다. 야마가타 회고록(『공작 야마가타 아리토모전』 중)은 다음과 같이 전한다.

사이고의 저택을 방문했을 때 마침 내객중이었으므로 잠시 기다렸다가 사이고와 회담을 시작했다. 야마가타가 앉은자리에서 가까이 다가가 지금까지 병제개혁의 경험에서 이대로 제번을 남겨둔 채 정치를 해가는 것은 어려우므로 '폐번치현에 착수하면 어떨지' 하고 말문을 열었다.

그러자 사이고는 그 자리에서 '실로 그러하네, 그것 좋겠지' 하고 답했다고 한다. 너무나도 빠른 답변이었으므로 야마가타는 좀더 생각하고 나서 말하는 것이 좋지 않겠느냐고도 말하지 못하고, 더 나아가 다음과 같은 말을 이어갔다. 중대한 문제이므로 '어떻게든 이것은 유혈을 부르거나, 그 정도의 각오를 하지 않으면 안 되나, 어떠실지' 하였고, 이에 사이고는 '내 쪽은 괜찮다네' 하고 한마디로 답했다고 한다. 사이고는 야마가타의 폐번 단행론에 틈도 두지 않고 동의한 것이다. 사이고는 어째서 동의했을까?

사이고도 중앙집권화 그 자체에는 찬성이었고, 그 실현수단으로 번력에 기대는 3개 번 제휴론을 제기한 것은 이미 본 바와 같다. 그리고 그 실현을 책임지는 참의라는 중직에 취임했다. 중앙집권은 반드시 성취해야 하는 과제였다. 그러나 사이고가 참의에 취임한 이후에도 정부 내부의 혼미는 회복되지 않았고, 3개 번 제휴론에 의한 실현도 전망이 보이지 않았다. 번력에 기대기가 곤란하다면 번력을 부정하는 수단, 다시 말해 폐번이라는 비약적인 수단이 사이고의 뇌리에 떠올랐을 것이다. 이때 야마가타로부터 제안이 있었던 것이다. 더 나아가서 당시 제번의 폐번을 향한 움직임도 사이고에게 강하게 작용했다.

폐번치현 후인 7월 20일, 사이고는 폐번에 이르게 된 경위를 가고시마의 가쓰라 시로에게 보고했다. 편지에는, 나고야·도쿠시마·돗토리번 등의 건백에서 보이듯 폐번론이 큰 흐름이 되었으며, 판적봉환에 앞장선 사쓰마·조슈·도사·히젠번이 구태의연한 채로 있으면 천하의 조소를 받을 뿐만 아니라 조정을 속이는 것이 되리라고 적혀 있다. 그리고 폐번으로 향하는 움직임은 '사람의 힘'이 미치는 것이 아니고, '수백 년'에 걸친 시마즈가의 은혜로부터 '사적인 감정'은 숨기기 어려운 것이나, 폐번 단행에 이르게 되었다고도 적혀 있다(『사이고 다카모리 전집』 3).

사이고는 야마가타의 제의를 받은 6일 저녁 무렵, 바로 오쿠보를 찾아가 폐번론을 전했다. 오쿠보는 12일, 폐번 단행에 동의한 이유를 일기에 다음과 같이 적었다. '신중히 숙고하여 오늘날같이 하여 와해되는 것보다는, 오히려 대영단으로 나서서 와해'되는 편이 낫다고 판단하여 '동의'했다(『오쿠보 도시미치 일기』 2). 이와쿠라에게 보낸 편지에는 '금일의 모습을 가지고 여러 말이 많으'면, 측정할 수 없는 '사태에 빠질 것'은 '지극히 당연'할 것이기에 '마음을 정했다'고 적었다(『오쿠보 도시미치 문서』 4).

양쪽의 기술에 의하면, 오쿠보는 7월 상순의 사태를 큰 위기라고 판단했으며, 참으로 기사회생책으로 폐번을 생각한 것을 알 수 있다. 폐번론이 제기되기 직전인 7월 3일, 오쿠보는 이와쿠라에게 보낸 편지에서 '무엇보다 오늘의 모습으로는 분발'할 기력을 참으로 잃어버리고 말았다고 썼다. 6월부터 7월 초순의 정부개혁문제의 혼미는 오쿠보에게서 정치활동을 할 기력을 빼앗았고, 정부 자체의 '와해'를 가져오는 것이라고 인식되었다. 이에 오쿠보도 번력에 의거하는 3개 번 제휴론, 나아가서는 부번현 세 통치 체제의 철저화에 의한 중앙집권화책의 한계를 깨달았던 것이 아닐까.

중앙집권화 자체를 포기하지 않는 이상, 남은 길은 유일했다. 일대 비약인 폐번치현뿐이었다.

힘에 의한 단행

기도·사이고·오쿠보 3명의 합의가 성립되자, 사조 양 번의 주도로 폐번 실시를 향한 움직임이 급속하게 진행된다. 그리고 번력에 기대는 부번현 세 통치 체제를 철저히 하는 방책이 부정된 이상, '공론'이라는 이름의 제번에 대한 배려는 전혀 필요 없게 된다. 직할군인 친병을 전면에 내세워 힘으로 단행할 뿐이다.

7월 9일은 폭풍우가 몰아쳐 도쿄에 많은 피해가 발생했으나, 그날 저녁 무렵 기도 저택에서 사조 양 번의 비밀 회의가 열렸다. 폐번치현을 둘러싼 협의였다. 출석자는 사쓰마번에서 사이고 다카모리·오쿠보 도시미치·사이고 쓰구미치·오야마 이와오 4명, 조슈번에서 기도 다카요시·야마가타 아리토모·이노우에 가오루 3명 등 총 7명이었다. 기도의 일기에 의하면, 폐번 발령은 지번사의 상경을 기다릴 필요도 없이 신속히 진행하여 그후 지번사에 기한까지 상경을 명하는 것으로 결정했다고 한다. 기도의 주장으로 제번의 반응을 살피는 방법이었다. 그리고 이에 불복해 상경을 거부하는 번에는 '단연(斷然)한 조치'를 취할 것을 확인했다.

무력행사에 대해서는 이노우에도 회고록에서 술회했다. 다소의 동요가 있는 경우에는 병사를 쓸 필요가 생기겠으나, 그 '각오'는 되어 있는지 이노우에가 확인했을 때, 사이고와 야마가타가 '병사는 우리들이 이끌고 가겠다'고 답했다고 한다. 또한 이노우에에 의하면, 폐번이 실패로 끝났을 때에는 계획 참가자 전원이 사표를 제출하는 것도 결정했던 듯하다(『보초회천사』6, 하).

이와쿠라의 당황

7월 10일, 기도·사이고·오쿠보 회의에서 폐번 발령일이 14일로 결정되었다. 12일, 기도·사이고·오쿠보 회담이 열려, 세부사항에 대해서 상호간에 이론은 있었으나 큰 틀이 결정되었다. 그리고 우대신 산조에게 폐번 단행을 보고하고, 천황에 상주하여 재가를 얻는 것이 결정된다. 이와쿠라에게는 사전에 연락하지 않겠다는 의견이 있었으나, 기도가 이와쿠라에게 보고하지 않는 것은 참을 수 없다고 한 데에서 이와쿠라에게도 알리게 되었다. 산조에게는 기도와 사이고가, 이와쿠라에게는 기도와 오쿠보가 처음으로 폐번계획을 통지했다.

　오쿠보에 따르면 통고받은 이와쿠라는 '의외의 대변혁'이라며 당황했다고 한다. 이에 대해 오쿠보는 왕정복고 쿠데타와 같은 결의를 갖고, 의심이나 망설임 없이 폐번의 재가를 얻도록 독려했다.

　그리고 14일, 모두에 소개한 폐번치현 단행의 식전이 열렸고, 도쿄에 있지 않은 지번사에 대해서는 9월 중에 상경이 명해진다. 황거에 불려온 재경 지번사 56명 앞에서 산조 사네토미 우대신이 읽은 폐번치현 칙서의 전문은 다음과 같다.

　짐이 생각건대, 낡은 것을 새로이 할 때에 임하여 안으로는 억조(＊ 억조창생億兆蒼生 ― 역자 주)를 보안하고 밖으로는 만국과 대치할 것을 바란다면, 과연 명실상부히 정령을 하나로 모아야 한다. 짐이 앞에서 제번 판적봉환의 의를 봉납하여 새로이 지번사를 명하고 각기 그 직을 봉하였다. 그러함에도 수백년 인습이 낡은지라, 내지는 그 이름만 있고 그 실을 내세울게 없는 자 있어, 무엇을 가지고 억조를 보안하고 밖으로는 만국과 대치하겠는가. 짐은 이를 깊이 개탄하여 번을 폐하고 새로이 현을 만들고자 한다. 이것으로 불필요를 없애 간소함을 취하고, 유명무실의 폐해를 없애고, 정령이 여럿으로 갈려 복잡한 데 따른 걱정을 없애려 한다. 그대 군신들은 짐의 뜻을 새기라. (『태정관일지』)

폐번치현은 사쓰마·조슈 양 번만의 결정에 의해, 양 번에서
도 사이고·오쿠보·기도 3명의 주도로 단행된 것이다. 산조·이
와쿠라는 말할 것도 없고 다른 제후는 전혀 계획에 관여하지 않
았다. 부번현 세 통치 체제에 의한 중앙집권화의 길을 단념한 시
점에서, 번에 의거하는 공론체제는 벗어던지고 한층 더한 권력
집중을 꾀하게 되었다. 14일의 식전에서 나고야·구마모토·돗토
리·도쿠시마번지사를 개별적으로 불러 그 행위를 칭찬하는 칙서
를 내린 것은 이러한 변모를 숨기려는 연출이었다.

제5장
폐번치현의 충격

1. 반란은 어째서 일어나지 않았는가

정부 수뇌부의 혼란

폐번 단행은 너무나도 갑작스럽게 다가왔다. 폐번 전까지 대납언의 지위에 있었고 폐번과 함께 14일 사임한 사가(오기마치산조) 사네나루는 같은 날의 모습에 대해 정부 내의 동요는 격렬하였고 상하가 함께 '경악'했다고 일기에 남겼다. 전혀 예기하지 않았음이 엿보인다.

또한 전 참의였던 사사키 다카유키도 다음날인 15일에 열린 우대신 이하 각 성 장차관 회합의 모습을 다음과 같이 전했다. 폐번 후의 조치에 대해서 의론이 백출하고 '고성'을 지르며 서로 논핵하며 분규했으나, 그때까지 입을 다물고 듣기만 하던 사이고가 '이 이상 만약 각 번에 이론 등'이 있으면 병사를 보내어 '짓밟겠다'고 한마디하자 바로 의론이 잦아들었다(『호고히로이』5). 사이고의 힘도 그러하였으나 정부 수뇌부의 혼란상이 엿보인다.

이러한 동요와 혼란 속에서 폐번치현 단행은 역시 그때까지의 정부 방침을 너무나도 뛰어넘는 조치였다는 공통된 인식을 가져왔다. 사사키는 폐번치현에 대해서 다음과 같이 감상을 적었다. 조금 길지만 그가 말하는 것에 귀를 기울이고자 한다. 이 감상에서 폐번치현의 성격이 잘 보이기 때문이다.

'조금 서두름이 과하였다'

폐번에 의한 '군현의 체재'가 서지 않으면 어떤 일도 시행할 수 없기에, 어느 쪽이든 '단호한 조치'가 당연하다. 그렇다고는 하나 '조금 서두름이 과하였다 하겠다'. 어째서인가. 최근 제번에서도 지사직 사임 움직임이 보였고, 또한 이때까지의 번정을 '청소'한 뒤에 지사직을 사퇴하고 싶다는 논의도 많았다. 그리고 '청소'를 하는 데에도 번채를 상각하여, 사족졸의 생활을 보장하지 않으면 지번사의 '치욕'이라는 생각이 퍼지고 있었다. 이에 조금 더 정부로부터 유도한다면 지사나 사족졸의 가록을 번채 상각에 쏟아붓도록 할 수 있었을 것이다. 특히 위폐사건으로 후쿠오카번지사가 파면된 일로 제번은 차금을 '치욕'으로 생각하게 되었다. 이러한 상황이기에, 정부가 '채무를 독촉'하여 사족졸의 녹제개혁이나 번채 상각의 전망을 세우도록 하고 정부쪽에서 조금 번정을 이끌었다면 무리없이 폐번으로 향했으리라고 생각된다. (『호고히로이』 5)

이 감상은 정부가 지향한 중앙집권화 코스가 어떠한 것이었는지 다시금 부각시킨다. 즉, 전반적 폐번을 한 번에 단행하는 것이 아니라, 번으로의 통제강화를 추진하는 부번현 세 통치 체제의 철저화에 의한 중앙집권화가 정부의 기본노선이었다는 것이다. 녹제개혁이나 번채의 상각은 '번제'에 기초한 번정개혁의 과제였다.

참의라는 중직에서 정부를 지탱했던 사사키는 이러한 정책을 앞으로 1~2년 더 유지하여 부분적인 폐번이 한층 진행된 후에 전반적 폐번을 단행해야 했다는 생각에서 '조금 서두름이 과하였다'고 평했다. 또한 폐번이 단행된 후에는 그 노선은 '매우 낡은 인습론'이 되어버렸다고 술회했다. 한편 폐번치현은 조금 '잘된 일'이었다면서, 부번현 세 통치 체제의 철저화는 곤란한 길이었다는 것도 스스로 자각했던 듯하다.

이와 같은 인식은 정부 밖에 있던 인물에게서도 나타났다. 집의원에서 '번제'의 심의를 담당한 사쿠라번 대참사 요다 각카이이다. 사쿠라번에서 번정을 담당하던 요다에게 도쿄로부터 폐번의 제1보가 전해진 것은 7월 16일의 일이었다. 요다는 먼저 '이전부터 이렇게 될 것이라고 생각했다'며, 폐번치현 그 자체의 가능성은 인정했다. 이어서 '그래도 이렇게 속히 시행해야 할 것이라고는 생각지 않았다'며, 가능성은 있었으나 이와 같은 신속한 단행이 이뤄지리라고는 생각하지 않았다고 적었다(『각카이 일기』3). 요다에게도 예상 밖의 일이었던 것이다.

반란을 두려워하다

폐번치현은 일방적인 지번사 파면이었다. 번 독자적인 군사력을 지니는 지번사가 순순히 동의할지 의문이었다. 폐번 단행을 계획한 멤버들 사이에서는 반란자에게 무력행사도 불사할 것이 확인되고 있다. 이노우에 가오루가 회고록에서 '그때, 이것은 언제 전쟁이 될지 모르겠다고 하는 말은 태정관에서도 있었다. 또한 실제로 경우에 따라서는 전쟁을 할 생각이었다'고 적었듯이(『세외후사역유신재정담』) 제번의 반란은 당초 예상된 것이고, 반란에 대처하는 중심이 사이고였다.

사이고는 폐번 단행 후인 7월 20일, 가고시마의 가쓰라 시로(히사타케)에게 보낸 편지에 다음과 같이 썼다. 구습을 일신하는 것이기에 때에 따라서는 '이변'이 일어나는 번도 있을지 모른다. 이러한 점에서, '조정에서는 전쟁을 각오하고' 결정하는 것이기에 그것만은 '안심'하여달라. 지금까지 볼 때 제번의 무력봉기는 보이지 않으나, 금후의 조치를 틀리게 될 경우에는 어떠한 '급변 상태'가 일어날지 예측할 수 없다(『사이고 다카모리 전집』 3). 확실히 반란을 두려워하고 있었다.

그러나 폐번 단행 1달 반 후인 9월 1일 기도는 영국 유학중인 가와키타 도시스케에게 다음과 같은 편지를 보냈다.

판적봉환 때에는 증오와 분노를 한몸에 받았으나, 이후 대세는 크게 진보하여 금년에 들어서서 폐번을 건언하게 된 번도 나타났다. 이어 폐번을 발령하였으나 '각별히' 놀랄 만한 일은 없고, 판적봉환 때에 비하면 '인심의 동요'는 '의외'일 정도이다(『기도 다카요시 문서』4). 무력봉기는 보이지 않았던 것이다.

불꽃놀이를 쏘아올린 히사미쓰

가장 우려했던 사쓰마번도 예외는 아니었다. 사쓰마번 지번사의 부친 시마즈 히사미쓰는 사이고가 4월에 상경할 때에, 결코 번을 없애는 것 같은 정책에는 동의하지 말라고 거듭 당부했다. 폐번치현은 이 약속을 완전히 뒤엎는 것이었다. 히사미쓰는 머리끝까지 화를 내었다고 한다. 급보가 도착하자, '이게 전부 사이고나 오쿠보의 전횡과 독단으로 결정된 것'이라고 말하며, 저택 내에서 불꽃놀이를 쏘아올리며 울분을 풀었다는 이야기는 잘 알려져 있다.

히사미쓰의 격노에 대해 가고시마의 이지치 마사하루는 다른 번과 비교하면 가고시마 사족의 규모가 막대하며, 이들이 몹시 당혹스러워한 데에서 사이고와 오쿠보에게 귀향을 요청했다. 사이고와 오쿠보는 협의하여, 요시이 도모자네와 사이고 쓰구미치를 파견해 불만을 보이는 사족을 위무하도록 한다. 그러나 오쿠보는 깨인 눈으로 향리 가고시마를 보았다. 요시이 도모자네와 사이고 쓰구미치의 파견을 요구한 이와쿠라에게 보낸 편지에서, 가고시마는 의외로 '평온'하며 많은 사족은 '망연한 모습'이라고 적었다(『오쿠보 도시미치 문서』4). 오쿠보에게서 위기감은 보이지 않는다.

히사미쓰에게는 9월 10일, 특별히 일가를 세우도록 하며 5만 석을 가록으로 하는 우대책으로 넘어갔다. 많은 사쓰마번 사족은 '망연'하였으나 '평온'하였던 것이다.

폐번에 가장 반발할 것이라고 예상된 사쓰마번도 이러한 상태였듯 다른 번도 전부 '평온'하였다. 후쿠이번의 경우를 소개하고자 한다.

'시대의 요구다'

후쿠이번은 판적봉환 때 가장 먼저 '군현론'을 내세워, 번정개혁으로 4년에 녹권법을 실시하여 사족해체의 길을 밟기 시작했다. 그런 의미에서 사쓰마번과는 대조적으로, 국사 자문을 명받은 5개 번 중 하나였다.

그리고 이 후쿠이번에는 사족의 모습을 기록하여 남긴 인물이 있었다. 당시 고용된 교사로서 번교 메이신칸(明新館)에서 메이지 3년부터 물리학과 화학을 가르친 미국인 그리피스(* 이후 한국도 방문하여 『은자의 나라 한국』 등의 저서를 내었다—역자주)였다.

그리피스는 사족의 무가주택가에서는 격렬한 '흥분'이 소용돌이치고 '무사 중에서는 미쓰오카를 죽인다는 자도 있다고 한다'며 사족 일부는 역시 반발한 것을 적고 있다(미쓰오카는 유리

기미마사를 말하는 것으로, 유리는 후쿠이번에서 중앙정부에 들어간 인물이다).

그러나 그리피스는 동시에, '제대로 된 무사나 유력자는 이 구동성으로 천황의 명령을 칭송한다. 폐번치현은 후쿠이를 위해서가 아니라 나라를 위해서 필요한 것으로, 국정의 변화와 시대의 요구라고 말한다'고, 폐번을 전향적으로 보는 사족의 모습도 적었다. 또한 그리피스에게 '앞으로의 일본은 당신의 나라나 영국과 같은 나라들과 같은 대열에 끼는 것이 가능할 것'이라고 말하는 자도 있었다고 적었다(그리피스 저, 야마시타 에이치 역『메이지 일본 체험기』).

그리피스의 기록에 의하면 후쿠이번의 사족은 폐번치현을 긍정적으로 받아들였던 듯하다. 그리피스 개인의 폐번치현관은 뒤에 소개하고자 한다.

역설적인 결과

그럼 어째서 반란은 일어나지 않았는가. 애당초 번 통제책에 의해 자괴현상이 진행되어 폐번을 기대하는 번은 당연히 반란을 일으키지는 않는다. 따라서 폐번에 반발을 느껴도 어째서 반란을 일으키지 않았는가에 대한 이유로 네 가지 정도를 생각할 수 있겠다.

첫째, 판적봉환의 규제력이다. 지번사들에게 폐번치현을 고

하는 칙서는 전에 전문을 소개하였는데, 거기에는 다음과 같은 부분이 있었다.

> 짐이 앞에서 제번 판적봉환의 의를 봉납하여 새로이 지번사를 명하고 각기 그 직을 봉하였다. 그러함에도 수백 년 인습이 낡은지라, 내지는 그 이름만 있고 그 실을 내세울 게 없는 자 있어 (…) 짐은 이를 깊이 개탄하여 번을 폐하고 새로이 현을 만들고자 한다.

먼저 천황이 제번의 판적봉환을 받아들이고 번주를 지방관인 지번사에 임명한 것을 전제로서 강조한다. 지번사의 임면권이 천황에게 있다는 확인이다. 이어서 각 지번사의 정무를 감사한 결과 실적을 올리지 않은 자가 다수라는 상황을 언급하고, 천황은 이러한 사태에 개탄하여 슬퍼하며 지번사 전원을 면직(폐번)하고, 그 관할지를 현으로 한다는 것이다. 자주적으로 판적봉환을 청한 지번사들로서는 이러한 논리에 대항하여 반란을 일으킬 대의명분을 찾아내기는 불가능했을 것이다. 역시 판적봉환은 지번사에 대한 규제성이 컸다.

이것은 기도의 발언에서도 뒷받침된다. 기도는 8월 3일에 영국 공사관을 방문하여 폐번치현에 대해서 대리공사 애덤스에게 다음과 같이 말했다(서기관 사토의 각서).

> 폐번치현 조치를 실행하는 것에 반대하는 전(前) 다이묘가 있

을 거라고는 생각하지 않는다. 그들은 2년 전에 판적봉환을 청했던 때에 폐번치현을 원칙적으로, 동시에 자발적으로 승인했다. 2년 전 그 봉환의 약속을 지키기를 거부한다면 아무도 지지하지 않을 것이며 여론으로부터도 버림받을 것이다. (하기하라 노부토시 『먼 벼랑 ― 어니스트 사토 일기초 8 귀국』)

둘째, 친병(정부직할군)의 위압력이다. 반란은 당연히 군사력 행사를 동반한다. 친병이라는 강대한 군사력에 대항하여 무력봉기를 하더라도 승산은 전혀 없다. 가능성은 친병 내에 분열이 일어나 일부가 반란군과 동조하는 것뿐이다. 그러나 친병 창설자이자 실질적 통솔자가 사이고이다. 그 사이고가 참의로서 스스로 폐번을 결의하여 단행한 것이다. 친병 분열을 기대하는 반란은 참으로 모험적 군사행동이다. 사쓰마·조슈·도사 3개 번 제휴론이 폐번 단행의 군사적 보장이 되었다. 역설적인 결과였다.

화족으로의 화려한 전신

셋째, 지번사 및 사족에 대한 우대책이다. 지번사는 폐번에 의해 번내에서 징수하던 조세를 전부 중앙정부에 빼앗기게 되나, 이를 넘어서는 보상이 내려진다. 폐번과 같은 날, 번내에서 유통시키던 번찰을 그때의 시가로 징부화폐로 교환토록 포고가 내려졌다. 번찰 정리는 '번제'로 각 번에 의무화되었으나, 폐번치현에 의해 정부가 대신하게 되었다. 또한 번채도 정부가 이어받았다. 번 재정을 곤경에 빠지게 한 번채와 번찰은 정부가 짊어지고, 구 지번사는 차금으로부터 해방된 것이다. 더 나아가 가록도 보장되었다.

구 지번사는 도쿄로 강제이주를 명받았으나, 이는 '천황의 화족'으로의 재편성을 의미하는 것이었다. 판적봉환 후 화족은 공가화족과 무가화족(지번사)으로 나뉘었으나, 폐번치현에 의해 양자의 일체화가 꾀해져 '황실의 번병'이 된다. '황실의 번병'화란, 절대군주 천황의 근신이 되어 천황 정치체제하의 특권적 지위를 획득함으로써 사족·평민에 대한 우월성을 확인하는 것이었다(오쿠보 도시아키『화족제의 창출』).

구 지번사는 새로운 수도화족으로 화려한 전신(転身)을 꾀하며 차례로 상경한다.

한편 사족의 가록도 그대로 정부가 이어받아서 수입을 보장한다. 그뒤 화사족에 대한 가록 지급이 정부 재정을 압박하게 된다.

'천은'에 보답할 것을 기원하다

넷째, 지번사 자신의 반란방지책이다. 이는 지번사에게 반란의 의도가 없었다고 해도 번내의 불평사족이 어째서 봉기하지 않았는가에 대한 이유라 할 수 있다. 조슈·요네자와·후쿠이번 등에서 보인다.

조슈번지사 모리 모토노리는 폐번치현 직전인 7월 12일, 도쿠시마번 등의 폐번건백을 조급히 수리하도록 요망함과 동시에, 문벌세습제를 비판하고 화사족졸의 평민화 등을 주장하며 지번 사직의 사임을 청했다. 기도 다카요시 등의 획책이었다고 한다. 모리 모토노리는 폐번 단행 후인 8월에 구 조슈번 사족에 대해서 '유서(諭書)'를 내었으며 거기에는 다음과 같이 쓰여 있다.

번내의 군신관계라는 구습을 벗어나기 위해 사표를 제출했으나, 이번 폐번치현에 의해 그것이 실현되어 기쁠 따름이다. 원래 가신들이 옛정에 사로잡혀 '의혹'을 만드는 일이 있으면 그 책임은 내가 지게 되어 조정에 면목이 없어지게 된다. 이에 시세 변화와 제도 변혁을 잘 생각하여 사적 감정을 버리고, 나의 심정을 이해하여 조정을 위해서 진력하라(『모리가 문고』). 구 번내의 반란을 미연에 방지하고자 하는 모리 모토노리의 의사가 엿보인다.

7월 23일 구 요네자와번지사 우에스기 모치노리는 고유(告諭)에서 다음과 같이 말한다. 폐번치현에 따라 지사에서 면직된데에 대해서 수백 년 동안 군신관계를 맺어온 이전 가신이 쾌히 생각지 않는 것은 이해할 수 있다. 그러나 폐번치현은 당연한 조치로 이에 대해 1개 번만의 사적인 감정에 구애받지 말고 한층 녀 분발하여 조정을 위해 충절을 다할 것을 희망한다. 만일 '분운(紛紜)'이 생기는 것과 같은 일이 있으면 우리들 수년의 충절은 수포로 돌아갈 것이다. 각기 협력하여 조정에 충절을 다하라(『우에스기가 연보』20).

또한 8월 12일에 구 후쿠이번지사 마쓰다이라 모치아키는 다음과 같이 연설했다. 폐번치현은 수백 년의 적폐를 일소하여 '황국'의 흥륭을 꾀하는 것이니 경축해야 할 일이다. 따라서 각위는 이 뜻을 깊게 받들어 업무에 충실하여 '천은'에 보답할 것을 한결같이 기원한다(『후쿠이현사』 사료편 10).

어느 것이든 구 번에서 일어날 동요를 가라앉히려는 것이다. 이와 같은 모습은 요다 각카이가 대참사를 맡고 있던 구 사쿠라번에서도 보인다. 7월 17일 구 지번사 홋타 마사토모는 저택에 요다 이하 관원을 소집하여, 면관된 이상 단지 '칙명을 존숭하며 받드는' 이외의 길은 없으니 '이론을 내어서는 결코 안 된다'고 간곡히 타일렀다(『각카이 일록』 3).

번주와 번사 간의 군신관계는 판적봉환 후 제도적으로는 폐지되었다. 그러나 판적봉환에 의해서도 구 번주는 그대로 지번사가 되었기에, 에도시대를 통해서 형성되어온 군신관계가 금방 소멸될 리는 없었다. 반발을 느낀 사족도 구 번주(지번사)의 이러한 말을 거스르고 무력봉기를 하는 것은 곤란했을 터이다.

2. '구 번주 만류' 봉기

빈발하는 농민봉기

폐번치현은 지번사의 파면이라는 조치에서 보이듯이, 구 번주 및 구 번사에 직접 연관되는 제도적 개혁이었다. 그러나 그 사족의 지배하에 있던 농민에게는 당장 그들의 생활을 좌우하는 성격의 변혁은 아니었다.

폐번치현 직후인 7월 25일, 정부는 조세에 관한 포고를 각 현에 발포했다. 조세야말로 농민생활에 직결되는 문제였다. 포고의 내용은 다음과 같았다.

폐번치현에 따라 조세의 일반법칙을 제정해야 하나, '인습'에 얽매인 상황에서 급속하게 정하면 '민정'에 반하는 것이 많을 터이다. 따라서 금년은 '구 관습'에 따라 징수하도록 한다(『태정관 일지』).

'민정'을 고려하여 금년에는 세제개혁을 하지 않겠다는 뜻을

213

각 현에 통달하고 있다. 적어도 조세 징수방법에 변화는 일어나지 않았던 것으로, 그런 의미에서는 역시 농민과 거리가 먼 사건이었다고 생각하였음에 틀림없어 보인다.

폐번치현 직후의 시기(4년 6월~8월), 외교관 퇴직 후에 세계일주를 하던 오스트리아인 휴브너가 일본을 방문했다. 눈앞에서 시행된 폐번치현에 관한 휴브너의 감상은 다음에 소개하기로 하고, 일본을 떠난 그에게 다음과 같은 보고가 도착했다. 휴브너에 의하면 보고자는 요코하마에서 수년간 거주한 '뛰어난 관찰자'라 한다.

이 조치(폐번치현―가쓰타)가 실시되고 과연 각지는 저항의 폭동에 휩싸였다. 몇몇 지방의 민중은 자신의 권력과 위광을 잃는 것에 화가 난 양도계급(무사) 선동자들에게 속아 폭동에 앞장서게 되어, 이전 다이묘가 에도로 떠나는 날에 봉기하여 협박을 하면서까지 출발을 저지하려 했다. 그러나 이 운동은 어느 지역에서든 전혀 성공의 여지가 없었다. 그 정도로 조직화되지 않았기 때문에 신개혁추진파의 군대에 곧 진압되었다. (휴브너 저, 이치카와 신이치·마쓰모토 마사히로 역 『오스트리아 외교관의 메이지유신』)

요코하마에 살던 외국인이 '민중'의 '폭동'을 기록하여 남긴 바와 같이, 실은 서일본 각지에서 농민봉기가 빈발했다. 폐번치현에 반발해 봉기한 것은 무사가 아니라 농민이었다.

다니야마 마사미치의 『근세 민중운동의 전개』에 의하면 폐
번치현 후 8월부터 12월까지 서일본 각지(특히 주고쿠·시코쿠지
방)에서 총 23건의 농민봉기가 일어났는데, 그중 구 번주의 만류
를 요구하는 봉기가 11건, 재임을 요구하는 봉기가 5건으로 확인
되었다.

여성이나 소를 팔아넘기는 '귀신'

서일본 농민은 폐번치현에 뒤따르는 구 번주의 상경에 반대하여
봉기했다. 구 번주 만류뿐 아니라 다방면에 걸친 요구를 했기에,
새로운 정치에 대한 반대였다는 점에서 이것들을 통틀어 신정부
반대봉기라 부른다. 다니야마 씨의 연구를 통해 개관해보자.

봉기가 일어난 지역에는 다양한 데마(풍설)가 퍼졌고, 그것
이 봉기의 원인이 되었다. 풍설 중 가장 많았던 것이 '이인'(異人,
서양인을 의미한다)에 관한 것이다. 폐번치현 이전부터 진행되어
온 급격한 개화정책에 당황스러워하며 반발심을 가지기 시작한
농민들이 그 정책과 '이인'에 대한 공포감을 결부시켰던 것이다.

중앙정부의 관공서는 '이인'이 정치를 하는 장소이며, '이인'
은 여성의 피를 짜서 마시고 소고기를 먹고 '원숭이' 같은 옷을 입
고 있는 듯하다. 이미 '이인'이 피를 마시는 것을 본 사람도 있다.
중앙정부는 사람이나 소를 외국인에게 넘기려 한다. 지금 황궁
에서는 매일 생피를 마시고 있으며 이를 제공하기 위해 가까운

시일 내 우리들의 생년월일을 조사하려고 한다.

풍설의 한 예이다. 이러한 풍설이 폐번치현과 함께 퍼졌다.

어째서 폐번 후 농민들 사이에 풍설이 퍼지게 되었을까. 히로시마현의 어느 마을 공무원은 다음과 같이 적었다. 여성이나 소를 '이인'에게 팔아넘기는 것과 같은 '조정'(중앙정부)은 '귀신'이며, '조정'의 정치가 이루어져가는 것을 생각하면 목숨이 줄어드는 듯한 기분이 든다고 탄식하는 자가 있다고 한다. 신정부는 '귀신'이지만, 폐번 전까지는 정부의 지배하에 직접 들어가지는 않았으나 폐번에 의해 '귀신'의 체제하에 들어가게 된다. 이러한 불안이 급속히 부상한 것이다. 폐번치현은 농민에게 '귀신'의 공포를 가져오는 것이었다. 그리고 농민은 '귀신'에 대한 '차폐막'(후카야 가쓰미 「세상 바로잡기 봉기와 신정부 반대봉기」) 역할을 구 번주에게 요구하는 의식이 있었다.

그랬기에 구 번주를 어떻게 해서든 만류하여 계속 머물러줬으면 하고 바라게 된다. 다니야마 마사미치의 『근세 민중운동의 전개』는 봉기농민의 다음과 같은 말을 소개한다.

영주님이 우리들 아랫사람을 버려두고서 에도로 올라가면, 지금 우리를 버리게 되면 (…) 여자는 이인에게 빼앗기고 아이들의 생피를 코쟁이들에게 빨리게 된다. 영주님을 만류해라, 모두들 나와라, 나와라.

10만이나 되는 참가자— 부이치소동

4년 8월, 최초이자 최대 규모였던 '구 번주 만류' 봉기가 히로시마현에서 일어났다. 첫 단계에서 지휘적인 역할을 한 농민 부이치(부이치로라고도 한다)의 이름을 따 부이치소동이라 부른다. 이 부이치소동을 한 예로 농민 의식을 엿보도록 하자.

8월 4일, 구 지번사 아사노 나가미치가 도쿄를 향해 히로시마성을 출발하려고 할 때, 성문 앞에 모여 있던 농민들이(근교로부터 온 자들도 포함되어 있었다) 도로를 막고 히로시마에 머물러 주도록 애원하며 읍소했다.

나가미치 일행은 결국 성내로 돌아가 출발을 연기해야 했다. 봉기의 시작이었다. 이후 10월 4일에 진압될 때까지 2개월간 히로시마현 전역에 걸쳐 10만 명 가까운 참가자가 있었다고 추정되었다. 이 기간 동안 죽창을 든 농민들은 공공기관, 마을 공무원과 호농상의 저택 등 건물 약 200채를 습격하였다.

무기인 죽창 사용이나 격렬한 방화행위는 근세의 백성봉기에는 보이지 않는 메이지 초년의 신정부 반대봉기의 특징이다. 부이치소동은 그런 점에서 신정부 반대봉기였다.

히로시마현청은 농민의 죽창 공격에 대해 군대 진압이 이뤄진 9월 23일, 봉기농민에 대한 설유문을 냈다. 농민이 무엇을 생각하여 봉기하였는지 다음 설유문에서 알 수 있다.

설유문은 '유언비어' 여섯 가지를 언급하며 이것들을 부정하는 것으로 농민을 위무하려 한다(『일본근대사상대계 민중봉기』). 부이치소동도 '유언비어'(데마)가 원인이었다. 그리고 그 '유언비어'야말로 농민의 의식이 반영된 것이었다. '유언비어'에 보이는 농민 의식을 필자 나름대로 정리하면 다음과 같은 세 가지가 있다.

첫째, 마을 공무원에 대한 불신감이다. 그 불신감은 마을 공무원을 개화정책을 진행하려는 중앙정부의 관원으로 보는 의식과 이어져 있었다.

'눈물의 은'이라 불리는, 3000냥밖에 안 되는 농민에 대한 '은혜'가 있지만 마을 공무원이 이를 착복한다는 '유언비어'나, 마을 공무원에게 제공된 오동나무상자에 그리스도교의 '비보(秘宝)'가 들어 있으며 그들 중 '태정관의 수족'으로서 숨어 있는 자도 있다는 '유언비어'에서 보이는 인식이다.

습격받은 약 200채 중 3분의 2를 점하는 140채는 마을 공무원층의 집이었다. 설유는 마을 공무원의 부정(不正)을 부정하는 것과 함께, 폐번치현에 의해 중앙정부로부터 군정(郡町)까지의 공무원뿐만이 아니라 농상민도 포함하여 '일본국 전체'가 '태정관부'가 된 것을 강조했다.

둘째, 연공을 증액하여 징수하는 것이 아닌가 하는 걱정으로, 이는 농민 생활을 직격하는 것은 역시 조세라는 점을 보여준다.

1두 2승이 들어가는 되로 연공을 징수한다는 '유언비어'(종

제5장 폐번치현의 충격

래에는 1두가 들어가는 되였음)나, 8묘(畝)를 1반(反)으로 하여 연공을 징수한다는 '유언비어'(종래에는 10묘가 1반이었음) 등에 그것이 드러난다. 설유는 연공의 변경은 없다고 강조하면서, 폐번치현에 의해 깊고 '인자한 은혜'의 취의하에 '백성'이 '안온'히 생활하도록 정치가 시작될 것임을 설파한다.

셋째, '이인'에 대한 공포감으로, 그 공포감이 중앙정부를 향한 불신감으로 이어진다.

15~20세의 여성과 먹여 기르는 소를 '이인'에게 팔아치우기로 한 결정이 마을 공무원에게 내밀하게 전달되었다고 하는 '유언비어'와, '태정관'은 '이인'이 정치를 하는 장소라는 '유언비어'로부터 이를 확인하는 것이 가능하다.

설유는 '이인'과의 적극적인 교류, 다시 말해 개국화친정책을 다음과 같이 설명한다. 지금은 세계 만국과 관계 맺지 않으면 안 되는 '세상'이 된 데에 따른 정책이며, 이것도 일본의 인민을 '적자'와 같이 사랑하는 '인자한 은혜'에서 나온 것이다.

'이인'이 일본의 정치를 자기 마음대로 한다는 것은 '이해가 잘못된' 것이다. 정부는 '이인'에게 모멸받지 않는 정치를 실시하고 있으며, 이는 깊게 감사할 일인 것을 마음에 새기도록 하고 있다.

천황멸시의 대죄

'구 번주 만류' 봉기에 대해 정부는 고압적인 태도로 임한다. 부이치소동은 진압되었으나 다른 지역에서는 봉기가 일어나고 있던 10월 7일, 정부는 철저한 단속과 처벌을 명령하는 포고를 내렸다.

포고에는 다음과 같이 기재되었다. 폐번치현에 있어서 각지에서 '간악한 백성'이 도당을 맺어 '구 지사 석별'을 명목으로 멋대로 민가를 파괴하고 재물을 약탈하는 등의 '폭거'가 일어나고 있다. 이는 '조정의 뜻'을 멸시하고 '국헌'을 위범(違犯)하는 행위로 그 죄는 가볍지 않다. 관내를 엄중히 단속하고 '즉결처분'하는 징계를 더해야 할 것이다. 만에 하나 부현만으로는 손에 버거울 경우 진대에 요청하여 '위기에 대한 조치'를 취하도록 하라(『태정관 일지』).

정부는 봉기를 천황멸시의 대죄로 보고 부현의 권한으로 처결 가능한 점과 함께 진대의 출병도 인정했다.

이 포고를 받은 히로시마현은 같은 달 9일, 부이치소동의 '거괴'를 체포시 엄벌에 처하고 싶으나 사형이라도 정부(사법성)에 문의하는 일 없이 현에서 집행 가능한지 문의한 결과, 정부는 사형이라도 '즉결' 가능하다고 답했다.

이 통지를 받은 히로시마현은 11월 4일, 봉기의 중심인물 부이치를 사형에 처한다. 사형을 받은 것은 부이치(48세)를 포함하여 9명에 이르는데, 그중에는 15세 소년 쇼스케도 있었다. 유죄

판결을 받은 사람은 부이치 등 사형된 자들을 포함하여 573명이었다. 히로시마현이 처형 상신서와 죄안을 정부에 제출한 것은 사형 집행 후인 같은 달 20일로, 상신서는 '즉결처분'의 '지도'에 따라 처분했다고 적었다. 또한 부이치의 죄목 중에는 '위칙(違勅) 운운'하는 탄원서를 써 제출한 것이 거론된다.

부이치가 집필한 탄원서는 과연 사형에 해당하는 것이었던가. 탄원서 내용은 다음과 같다.

판적봉환에 의해 '군현'으로 복귀하여 근본을 성취한다는 천황의 어명에는 '환희'하였다. 그러나 폐번치현에 의해 구 지번사가 도쿄에 머물게 되었다는 이야기에 놀라, 계속하여 구 지번사에게 현의 정치를 담당하도록 부탁하고자 한다. '우매한' 농민들은 구은을 벗어던지기 어려워 아이들이 어머니를 찾는 것과 같은 마음이다. '위칙'의 행동일지도 모르겠으나, 단지 '국가의 일대사'라 마음으로 다시금 부탁하고자 한다(『메이지 초년 농민소요록』).

'위칙'이란 천황의 명령에 등을 돌리는 것이나, 히로시마현은 부이치의 탄원서를 '위칙'으로 간주했고, 부이치는 천황을 멸시했다는 '이유'로 사형에 처해졌다.

부이치소동 이외로는 마쓰야마현(현재의 에히메현), 다카마쓰현(현재의 가가와현), 히메지현(현재의 효고현), 이쿠노현(현재의 효고현), 기요스에현(현재의 야마구치현), 고치현 등에서 일어난 '번주 만류' 봉기가 있었고, 그 중심인물이 사형에 처해졌다. 정부의 탄압은 가열찼다.

'인자한 은혜' 정부관

이와 같이 힘으로 누르는 것과 동시에, 정부는 봉기 참가자에 대한 설유(고유·교유)를 통해서 천황의 권위와 천황정부의 정당성을 민중에 어필하며 그 침투를 꾀했다.

부이치소동에서 히로시마현의 설유서가 민중의 '이인' 정부관에 대해서, 천황정부는 민중의 평온한 생활을 보장하여 민중이 '이인'으로부터 모멸받지 않도록 하는 '인자한 은혜'가 넘치는 정부라고 강조했다는 점은 이미 말하였으나, 히메지현의 고유서는 다음과 같이 말한다.

천황은 수천 년 전 일본이 처음 생겼을 때부터 '대군(大君)'으로 불렸고, 이것은 세계에 둘도 없는 감사한 일로서 현인신으로도 불리는 것이다.

또한 오다현(현재 오카야마현)의 설유는, '일신 이래' 나온 포고의 취의는 하나하나가 감사한 것으로 종래의 '폐해'를 새롭게 하여 '서민'의 자유라는 권리를 얻게 하는 것으로, 걱정없이 '가업'에 힘쓰면 국내에 '부유한' 자가 많게 될 것이라고 적었다(『히로시마현사 근대·현대자료편 1』).

'이인' 정부관에 대항하여 민중에게 '인자한 은혜' 정부관을 적극적으로 읍소한다.

'인자한 군주' 천황상을 민중에 퍼뜨리려는 의도에서 메이지 연간에는 천황의 지방순행이 왕성히 이루어졌다. 그 첫 장소로 선정된 곳이 서일본(간사이·주고쿠·규슈지방)으로, 메이지 5년

(1872) 5월 23일에 출발한다. '이인' 정부관을 벗어던지려는 일대 이벤트로서 연출된 것이다.

3. 외국인이 본 폐번치현

〈뉴욕 타임스〉가 전한 폐번치현

폐번치현에 대해서 외국의 신문은 어떠한 보도를 했는가. 『외국신문으로 보는 일본 1』에는 〈뉴욕 타임스〉의 기사가 게재되어 있다. 폐번치현이 단행된 메이지 4년 7월 14일은 양력으로는 1871년 8월 29일이었다. 그로부터 약 40일 후인 10월 8일, 〈뉴욕 타임스〉는 제1보로 다음과 같이 보도했다.

일본정부는 번 및 다이묘의 신분을 철폐하는 법령을 발포했다. 이 법령에 의해 300년 이상에 걸쳐 통치자였던 이들이 평민의 몸으로 전락했고, 그들의 영지는 직접 정부에 병합되었다. 더는 천황을 통하지 않는 귀족계급 및 귀족주의는 존재하지 않게 되었다.

제5장 폐번지현이 충격

이것은 중국과 일본을 돌던 기선 애리조나호가 가져온 정보에 기초한 기사였다 한다. 〈뉴욕 타임스〉는 그후 10월 17일에 같은 회사 특파원의 기사를 게재했다. 특파원 기사에는 9월 13일(음력으로는 7월 29일) 폐번치현 직후의 일자가 적혀 있다. 장문의 기사이기에 요약하여 소개하며, 폐번 직후 특파원이 이를 어떻게 보고 있었는지 정리하고자 한다.

예상을 웃도는 '개혁'

특파원은 우선 친병으로서 사쓰마·조슈·도사 3개 번에서 병사들이 상경한 것으로부터 '우리들은 최근 한동안 중요한 정치적 변화가 일어난다는 소문'을 부정할 수 없었으나, '이번만은 소문의 여신이 우리뿐만이 아닌 국민 전체를 다소나마 경악시킨 것을 인정해야 한다'고 하였다. 갑작스러운 폐번치현은 특파원도 '경악'시킨 것을 확인할 수 있다.

이어서 폐번치현에 의해 '봉건제도가 한 번에, 더하여 최종적으로 폐지되었다. 그리고 정부는 천황의 제국통치에 집중될 것이다'라 하며, 봉건제도의 폐절이라는 획기적 의의를 언급한다. 또한 '반대의견은 어떤 방면에서도 들려오지 않는다', '신정부에 의한 통합 노력을 실질적으로 막는 것은 존재할 가능성이 전혀 없다'며, 평온히 실시되었던 모습을 전한다.

이러한 사실 경과를 보고한 후 '봉건영주'(구 지번사)와 '가신'(사족)의 처우 이야기를 이어간다. 구 지번사에 대해서는 도쿄 주재를 명받았으나, 이것은 '불만을 지니는 가신과 제휴하여 문제를 일으키는 것을 예방하기 위한 조치일 것이다'라고 추측했다. 사족의 처우는 '이에 비하면 훨씬 어려운 일'이라고 말한다. 지금까지 번의 수입으로 보장되었던 '나태하고 거들먹거리는' 생활을 그만두게 하고, '스스로 식량을 얻기 위해 농기구'를 쥐게 하지 않으면 안 된다. '통합된 정부'에는 소규모 군대만이 필요하게 되어서 '가신들의 큰 무리는 불필요'하기 때문이다. '가신'은 순순히 복종하거나, 아니면 '혁명적 게릴라단이 되어 국내를 약탈하며 돌아다니게 되는 것인가' 하고 '의문'을 제시한다.

　사족은 봉기하지 않았고 그 이유는 앞에 설명한 대로이나, 구 지번사의 대응에 대해서 특파원은 다음과 같은 관측을 했다.

　'제후들 자신은 아마도 조용히, 더군다나 기쁘게 복종할 것이다. 어째서냐면 그들은 제대로 잘 저항할 수 없기 때문이다.' '제후' 중에서도 '돈을 지니고 있는 소수자'는 4명(사쓰마·조슈·도사·히젠번지사)밖에 없기에 '저항' 가능한 것은 이 네 명뿐이다. 그러나 그들은 '현재 정치적 변화의 지도자'이며, 실제는 그들이 정부이고, 정부고관은 '그들 일당'으로부터 나왔다. 따라서 그들에 속하는 사람들이 신정부의 주요한 부서에 취임하여 폐번 후의 시책을 시행하게 될 것이다. 다른 '제후'는 4명이 '말하는 대로' 될 터이니 '저항'은 곤란할 것이다.

　구세력의 동향을 언급한 다음에 폐번치현은 봉건제 아래의 '차별'을 벗어던지고 금후로는 '모든 계급과 구별은 공적 이외의 어떤 기준도 갖지 않게' 되어, '사람은 모두 태어나면서부터 자유 평등하다'는 말이 '이 국민들의 금일의 모토'가 되었다고 적었다. 또한 '대중은 물론 이 변화를 기뻐하고 있다. 그들은 퇴위를 강제 당한 제후나 그 거들먹거리는 가신들에게 어떤 연민도 느끼지 않는다'고 맺었다(사실 '대중'은 이 기사가 쓰인 후에, 반대봉기를 일으키게 되긴 하나…).

〈뉴욕 타임스〉는 폐번치현이 예상을 크게 뛰어넘는 '경악'할 만한 개혁이라며 사족의 반란을 걱정하면서도 봉건제 폐지라는 의의를 높게 평가했다.

'숨을 죽이며 망설일 뿐'

중국 상하이에서 발행된 〈노스 차이나 헤럴드〉(영국)도 혼란 없이 봉건제도가 붕괴된 것에 경탄했다. 1871년 12월 13일(음력 11월 2일), '일본의 진보'를 제목으로 기사를 게재하며, 먼저 폐번 치현을 '다이묘의 봉건권력의 돌연한 붕괴는 더할 나위 없이 완전한 변혁이었다'고 평했다. 또한 '경탄할 만한 점은 반란에 관한 소문이 도는 것이 아니라, 반란 자체가 현실에서는 일어나지 않았던 것'이라 말했다. 이러한 사태에 대해서는 다음과 같이 기술할 수밖에 없었다.

변혁이 너무나도 급속하며 완전했기에, 국민은 숨을 죽이며 망설일 뿐이었고, 새로운 움직임의 속도에 멀미를 해가며 스스로를 잃어버리게 된 것은 아닌가 하고 생각하게 되었다. (『외국신문으로 보는 일본』1)

'애국심의 시대가 온 것이다'

본서에서 이미 등장한 두 명의 외국인, 그리피스(미국인)와 휴브너(오스트리아인)는 폐번치현을 어떻게 보았을까.

먼저 그리피스를 보자. 그리피스가 머물던 후쿠이에 폐번치현의 급보가 전해진 것은 나흘 후인 7월 18일이었다. '참으로 청천벽력이다. 정치의 대변동이 지진처럼 일본을 중심에서부터 흔들어 움직였다.'(그리피스 저, 야마시타 에이치 역『메이지일본 체험일기』) 그리피스의 18일의 일기이다. 그 또한 경악한 것이다.

구 후쿠이번 내의 혼란을 지켜보며 구 지번사의 환송식이 치뤄지기 전날인 9월 30일, 그리피스는 '내일 후쿠이가 봉건제에 이별을 고한다. (…) 충절을 다하는 시대가 끝나고, 애국심의 시대가 온 것이다'라고, 봉건제의 종말에 대한 감상을 적었다.

폐번치현에 동반하여 그리피스도 구 후쿠이번교 메이신칸에서 난코(현재의 도쿄대학)로 옮기게 된다. 그리고 다음해 5년 1월 후쿠이를 떠나며 다음과 같은 말을 남겼다.

지금이야말로 중앙집권에 의해서만 진정한 국가를 달성할 수 있다. (…) 1871년의 일본은 굉장하다. 천황의 정부는 더는 불안정하지 않다. (…) 지방의 낡은 지배형태가 국가의 안정된 지배에 흡수되었다. 나라의 조세와 행정이 평등화되었다. 봉건제도가 죽은 것이다. (…) 계급제도가 사라지고 있다. (…) 국내의 평화와 질서가 놀라울 정도다. 진보는 어디에 가더라도 표어이다. 이것이 신만이 할 수 있는 재주가 아니면 무엇이라 하겠는가? (『메이지일본 체험기』)

깨인 눈의 휴브너

휴브너는 영국 대리공사 애덤스 등과 7월 7일부터 약 10일간 하코네 여행에 나섰고, 폐번치현은 그 여행중에 단행되었다. 도쿄로 돌아와 그 사실을 안 휴브너는 하코네 여행중에도 정부의 개혁을 진행하는 움직임은 멈추지 않고 폐번을 단행했다며 '봉건영주의 권력을 대신(大臣)이 빼앗게 되는 이 명령은 극히 큰 영향력을 지니고 있는 것'이며 '더할 나위 없는 급진적인 사회·정치적 혁명이 이루어진 것'이라고 기술했다.

그후 메이지 천황이나 이와쿠라 도모미 등 정부 수뇌부와 회견하여 흥미로운 기록을 남겼으나 상세 내용은 『오스트리아 외교관의 메이지유신』에서 직접 찾아보는 것으로 하고, 여기에서는 8월에 일본을 떠나며 남긴 감상에 주목하고자 한다. 그의 폐번치현관이 여기에 확실히 드러나기에 그렇다.

먼저 폐번치현은 '봉건조직'을 일거에 해체하는 '대담하고 과감한' 정책이라는 점에서 그 의의를 확인한다. 그리고 그 급진성 탓에 '망연자실한' 가운데 일본 국민에게 받아들여졌고 요코하마 재류 유럽인들도 '갈채'를 보내었다 한다.

그러나 휴브너는 그리피스와 같이 손 놓고 박수만 치지는 않았다. 큰 영향을 끼치는 정책이 심각한 저항 없이 실시될 것인가 하는 불안을 남겼다. 그는 이 정책을 '전제적'이며, 당시의 정부를 '4개 번'(사쓰마·조슈·도사·히젠번)을 지배하는 소수의 권력자에 의한 '과두정치'로 보았다. 또한 이러한 상황은 과연 '길게 이어질 것인가' 우려를 표했다.

더 나아가 '신문이나 외국인 거류자의 태반'이 방향은 좋으나 그 발걸음이 너무 빠르다고 보는 것에 반해 휴브너는 방향도 좋지 않다고 말한다. 개혁사업은 '인심'을 잡는 것부터 시작해야 하는데, 과연 그와 같이 되었는가?

이는 폐번치현뿐 아니라 급진적 서양화정책 전반에 대한 비판과 함께, 폐번 후의 정부를 암시하는 내용도 담겨 있다. 폐번치현을 깨인 눈으로 본 유럽인도 있었던 것이다.

위험의 원천

구미열강의 대일본외교를 주도하며 유신정권과 가장 우호적인 관계에 있던 나라가 영국이었고, 당시 주일공사는 파크스였다.

어니스트 사토

파크스는 폐번치현 전후 2년(4년 4월부터 6년 4월) 휴가를 받아 일시 귀국하였고 그간 애덤스가 대리공사를 역임했다.

애덤스는 『한 외교관이 본 메이지유신』의 저자로 유명한 서기관 사토 및 앞서 등장한 휴브너와 함께 하코네 여행을 나섰고, 폐번치현은 여행중에 단행되었다. 귀경 후 애덤스와 사토의 감상을 하기하라 노부토시 『먼 벼랑―어니스트 사토 일기초 8 귀국』을 통해 보도록 하자.

사토는 귀경한 7월 16일의 일기에 바로 '에도를 비운 사이에 엄청난 변혁이 일어났다'고 폐번치현에 대해 기술했다. 애덤스는 7월 20일 그랜빌 외상에게 보내는 보고에, 신정부 성립 이래 개혁으로서 '가장 근본적인 것'이라며 급진적 개혁에 대한 놀라움을 내비쳤다. 두 사람 다 예기치 못한 대개혁으로 여기는 것을 알 수 있다.

7월 20일, 이와쿠라 도모미가 영국공사관을 찾아왔다. 그 자리에서 애덤스는 이와쿠라에게 솔직한 의문을 던졌다. '우리가 불안을 느끼는 점은, 정부가 봉기나 유혈 사태를 겪는 일 없이 계획을 실현시킬 수 있는가 하는 점이다.'

애덤스는 '유럽인의 관점'이라고 선을 그은 뒤에, '위험 원천' 두 가지를 구체적으로 지적했다.

첫째, 폐번치현으로 '수입과 지위 양쪽'을 잃은 하급사족이 과중한 과세 부담에 불만을 지닌 농민을 선동하여 봉기를 일으키는 것은 아닌가. 또하나는 신도(神道) 국교화 정책을 '위로부터 강제적으로 도입하려는' 시도에 대해 농민이나 하층계급의 반발이 일어나는 것은 아닌가.

이와쿠라가 농민 우대책을 준비하고 있는 점이나, 불교를 '폐기'하는 게 아니라 신도를 '순화'하는 것이라는 점을 설명하였으나 애덤스는 이후 일의 진행에 불안이 남아 있었다고 한다.

구 사쓰마번에 대한 회의

7월 27일, 애덤스는 사토 및 휴브너와 함께 이와쿠라로부터 저녁식사에 초대받았다. 이와쿠라 저택에서 폐번치현에 대해 '경탄의 마음'을 표한 애덤스는 이와쿠라와의 회담 내용을 그랜빌 외상에게 다음과 같이 보고했다. '금후 구 다이묘 중 누구든 (…) 구 영지의 지사에 임명되는 일은 없을 것임. 그 대부분은 공적생활로부터 은거하여 어떠한 관직도 내려받지 않은 채 여생을 에도에서 보내게 될 것임. 이 점에서 이는 참으로 대변혁이라 부르는 것 외에 다른 말로 표현할 수 없을 것임.'

'대변혁'인 까닭에 애덤스는 그 실시에 대해서 회의적인 생각이었다. 그 이유는 구 사쓰마번의 존재 때문이었다.

8월 3일, 기도가 공사관을 방문한다. 애덤스의 질문에 '앞길에 대한 흔들림 없는 자신'으로 답한 기도도 명쾌한 답을 피한 문제가 있었으니, 그것은 가고시마의 시마즈 히사미쓰의 처우였다.

애덤스는 가고시마가 시마즈 히사미쓰 지배하에 있는 것을 확인한 뒤에, '다른 번 출신자를 사쓰마 지사에 임명하는 것은 어려울 것이 아닌가' 하고 질문했다. 기도는 '어려운 것은 아니라고 생각한다'고 답한 후에, 시마즈 히사미쓰의 영향력에 대해서는 인정하려 하지 않았다고 한다. 애덤스가 해먼드 외무차관에게 보낸 9월 14일자 보고는 다음과 같다.

그들은 유혈을 보지 않고 이 조치를 실현하고 싶다는 희망을 갖고 있는 듯하나, 웅번, 특히 사쓰마번의 경우 이것이 실현될 때까지 당분간 시간이 걸릴 것이 틀림없음.

영국 대리공사 애덤스는 폐번치현을 '경탄할' 만한 '대변혁'으로 인식하였으나, 그 실시에 있어서는 구 사쓰마번의 존재가 신경쓰였던 것이다.

제6장
메이지 중앙집권국가의 탄생

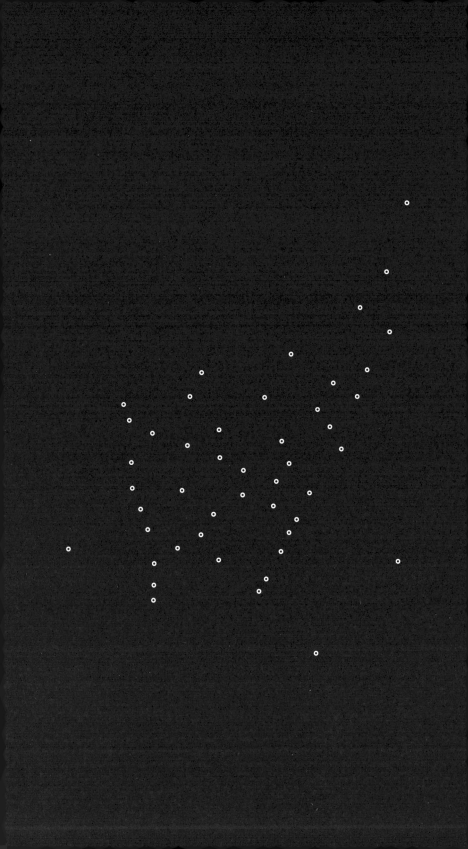

1. 중앙관제 개혁

이타가키와 오쿠마의 참의취임

일대비약으로 폐번치현이 단행된 메이지 4년 7월 14일, 도사번의 이타가키 다이스케와 히젠번의 오쿠마 시게노부가 새로이 참의에 취임하면서, 사이고·기도에 더하여 참의는 4명이 된다. 판적봉환을 선도한 사쓰마·조슈·도사·히젠 4개 번으로부터 한 명씩 나온 진용이다. 폐번을 단행하는 데 있어서 4개 번이 결속하여 권력을 집중시켜, 정부를 강화하여 불측의 사태(제번의 반란 등)에 대처하는 것이 목적이었다.

그런데 폐번치현이 아직 정치 일정에 떠오르지 않은 6월의 단계에서는 3개 번 제휴론에 의한 정부강화의 일환으로 관제개혁을 실현하기 위해, 참의를 당초에는 기도 한 사람으로 할 것이 사쓰마·조슈·도사 3개 번 사이에 합의되어 있었다. 그러나 기도가 고사하는 바람에 사이고·기도 두 사람이 참의가 된 것은 이미 이야기한 바 있다.

폐번치현을 의도하고 있지 않던 단계에서는 사이고·기도 체제로 관제개혁문제를 처리할 예정이었기에 이타가키와 오쿠마를 참의로 임명할 필요성이 없었다. 사이고·기도 체제의 성립으로 6월 25일 오쿠보 도시미치·오쿠마 시게노부·사사키 다카유키·사이토 도시유키는 참의에서 면관된다.

참의 증원은 폐번치현 단행을 밀의(密議)하는 중에 돌연히 제기된 것이다. 7월 9일 사쓰마·조슈 양 번에서 폐번 단행 합의가 성립되고 다음날인 10일 오쿠보·사이고·기도 사이에 회의가 열렸다. 의제는 기도에 의하자면 '대개혁'에 대한 '인선'이었다(『기도 다카요시 일기』 2). 폐번치현에 수반되는 참의의 인선이었다.

이 회담에서는 이타가키·오쿠마와 함께 오쿠보도 참의가 되는 안이 나왔다. 사사키에 의하면 기도가 오쿠마를, 사이고가 이타가키를 추천하였던 듯하다(오쿠보에 대해서는 아무것도 기술하지 않았다). 오쿠보는 기도가 추거한 것으로 생각된다. 오쿠보가 스스로 재임(再任)을 고사하기 위해서 다음날인 11일에 기도와의 회담을 요구했기에 그렇다.

이러한 움직임 속에 폐번치현 모의에 참가하지 못했던 산조 사네토미와 이와쿠라 도모미 입장에서는 이타가키와 오쿠마를, 특히 면관된 직후였던 오쿠마를 다시금 참의로 임명하는 것은 이해할 수 없는 일이었을 터이다.

이와쿠라는 폐번 계획을 12일에 보고받고, 다음날인 13일 오쿠보에게 다음과 같은 질문을 한다. '이번 개혁에 의해 참의는 이미 제성(諸省)에 전임(오쿠보는 대장성장관, 오쿠마는 대장성차관, 사사키는 사법성차관)되었을 것이다. 어째서 다시 오쿠마가 참의가 된 것인가?' 오쿠보도 오쿠마의 재임에 반대했지만 폐번이라는 '큰일'을 우선시하여 기도의 뜻에 따라 양보한 것이라며 이와쿠라를 설득했고, 이와쿠라도 그렇다면 어쩔 수 없다고 동의하여, 이타가키·오쿠마의 참의취임이 결정되었다 한다(오쿠보는 끝까지 취임을 고사했다).

이타가키는 보신전쟁 이래 도사번의 군사를 대표하는 인물이자, 도사번 대참사로 3개 번 제휴론에 의한 친병창설에서 중심적 역할을 담당했다. 그 과정에서 사이고의 신임을 얻었고, 사이고에게 반드시 필요한 인물이 되었다. 조슈번에서는 이미 폐번 모의에 야마가타 아리토모가 참여하고 있었다. 여기에서 친병을 구성하는 사조도 3개 번의 군사지휘자인 사이고·야마가타·이타가키의 연계체제가 성립된다.

한편 오쿠마는 보다 급진적인 중앙집권론자로서 기도의 신임을 얻어 대장성의 중심적 위치를 점하고 재정을 담당했다. 폐번모의에 참가한 조슈번 이노우에 가오루는 오쿠마의 부하로, 폐번 이후의 재정정책을 원활히 진행하기 위해서는 오쿠마의 협력이 필수불가결하였다. 또한 오쿠마는 히젠번인 점에서 동번의 정부지지를 확고히 하는 데에도 필요한 인물이었다. 이것이 기도가 오쿠마를 추거(推擧)한 이유였다.

이타가키·오쿠마의 참의 등용은 폐번을 단행하기 위한 사조도히 4개 번의 결속강화책이었으나 군사·재정 양면으로부터 정부강화책이기도 했다.

사조도히 권력집중 — 태정관 3원제의 성립

7월 5일부터 시작된 제도취조회의도 의견 대립으로 실질적 심의가 멈춘 채였으나 폐번 단행 후 재개되어, 7월 19일에 중앙관제개혁의 기본점이 결정되었고, 23일에 직제가 결정되어, 29일에 발표되었다. 중앙관제로서 태정관에 정원(正院)·좌원(左院)·우원(右院)을 두는, 소위 태정관 3원제의 발족이었다. 폐번치현은 혼미에 빠진 관제개혁문제도 결착을 낸 것이다.

제도취조회의 심의의 개요는 사사키의 기록에 의하면 다음과 같았다. 회의에는 두 가지의 관제안이 제기되었다. 하나는 '정원'(대신·납언·참의), '제성장관국(諸省長官局)'·'의사국(議事局)'을 두는 안이었고, 또하나는 참의와 제성장관국을 겸임시키는 안이었다. 전자가 기도의 안, 후자가 오쿠보의 안에 가까웠다. 두 안 중에서 최종적으로는 전자로 결정되었다고 한다(『호고히로이』5). 기도의 의견이 채용된 것이다.

정원은 태정대신·납언·참의 등으로 구성되어, 천황이 친림하여 만기를 재결하는 장소로 위치된 것과 같이, 입법·행정·사법 3권의 최고결정권을 지니는 관청이었다. 참고로 좌원은 제도취조회의 원안의 '의사국'에 해당되며, 의장 이하 의원을 두고 제입법을 의결하며 의원 다수결에 의해 의사를 결정하나, 그 채택과 가부 권한은 정원이 가지고 있도록 하였다. 우원은 법안의 '제성장관국'에 해당되며 각 성 장관과 차관으로 구성되어 각 성의 법안이나 행정상의 이해를 심의하고, 정원에 제출하여 그 결재를 요청하도록 되어 있다.

중앙관제는 8월에 약간의 개정이 이루어졌다. 먼저 2년 7월 직원령에서 태정관의 상위에 위치했던 신기관(神祇官)을 신기성(神祇省)으로 하여 태정관 산하에 가져온 것이다. 이에 의해 태정관이 최고관청이 되었다. 이어서 납언을 폐지하고 좌·우대신으로 하였다. 이것으로 정원은 태정대신·좌대신·우대신·참의로 구성된다. 또한 태정관 아래 신기·외무·대장(大藏)·병부·문부·공부·사법·궁내 등 8성과 개척사가 설치된다.

태정관(그중에서도 정원)을 최고관청으로 하는 메이지 중앙집권국가는 여기에서 탄생하게 되었다. 그리고 태정관에 천황보필(천황의 정치를 보좌)의 최고책임자로 태정대신을 처음으로 두었는데, 이 체제는 이후 메이지 18년(1885년)에 이토 히로부미가

241

내각제도를 수립할 때까지 이어진다.

태정대신 산조 사네토미, 우대신 이와쿠라 도모미(좌대신은 결원), 참의 사이고·기도·이타가키·오쿠마가 메이지 중앙집권 국가에서 가장 중요한 정원의 구성원이었다. 각 성의 장관은 대장성이 오쿠보, 외무성이 소에지마 다네오미(구 히젠번), 문부성이 오키 다카토(구 히젠번), 궁내성이 도쿠다이지 사네쓰네(공가)이고, 다른 성의 장관은 결원이었다. 장관 공석인 성의 차관을 보면, 신기성이 후쿠바 요시시즈(구 쓰와노번), 병부성이 야마가타 아리토모(구 조슈번), 사법성이 사사키 다카유키(구 도사번), 공부성이 이토 히로부미(구 조슈번)였다. 또한 좌원은 의장 고토 쇼지로(구 도사번), 부의장 에토 신페이(구 히젠번)였다.

산조·이와쿠라 두 명이 천황을 보좌하는 최중요직을 점하고, 실질적으로 정책을 결정·실시하는 참의와 각 성의 장차관은 사조도히 4개 번 출신의 사족이 거의 독점했다. 지금까지 형식적으로나마 요직에 있던 화족(공가와 구 번주)은 산조·이와쿠라 이외엔 일소되었다. 폐번치현은 4개 번 출신 사족에 권력을 집중시켰다.

거대 관청 대장성의 출현

이렇게 태정관 3원제가 성립됨과 동시에, 폐번치현에 수반하여 대장성과 궁정에서도 큰 개혁이 이뤄진다. 모두 오쿠보 도시미치가 관여했는데, 전자부터 보도록 하자.

오쿠보는 폐번 움직임이 시작되기 이전인 6월 27일 대장성 장관에 취임했다. 그리고 폐번치현 후인 7월 27일, 민부성차관 이노우에 가오루가 중심이 되어 민부성을 폐지하고 대장성으로 합병했다. 합병을 추진한 이노우에는 후년, 폐번치현 이후의 국내 행정을 원활하게 실시하기 위해서는 관계부서의 정리통합이 필요했기에 민부성과 대장성을 통합했다고 말했다. 오쿠보는 당초에는 이 합병에 반대했으나 이노우에와의 대화에서 오쿠보의 대장성인사와 기구개혁을 이노우에가 지지해주었기에 합병이 실현되었다.

합병 결과 대장성은 재정은 말할 것도 없고, 권업(식산흥업)이나 호적(지방행정) 분야도 담당하게 되어 국내행정·재정의 많은 부분을 관할하는 거대한 관청이 되었다. 오쿠마 시게노부는 후년, 재정과 지방행정을 장악함으로써 거의 '일국 정무의 4할을 총괄하는 모양새'가 되었다고 평했다(『오쿠마 백작 석일담』). 그리고 대장성장관은 지방관(부현의 관원) 임면권을 지니고 지방통치기구에 절대적인 영향력을 휘두르는 것이 가능해졌다.

오쿠보는 가장 큰 중앙관청인 대장성의 장관이 되어 내정의 실권을 쥐게 된다.

거대 관청 대장성의 출현에 대해서 사사키는 다음과 같이 걱정과 두려움의 뜻을 적었다. 민부성을 폐하고 대장성에 '내정' 사무를 담당하게 하는 것은 '이전보다 한층 권력을 더하여주는 도리'로, 후일 정원이 대장성을 통제할 수 없게 될 가능성이 있다(『호고히로이』 5).

각 성의 실권을 쥐는 장관과 정원의 구성원인 참의가 별개인 점에서, 태정관제는 정원과 각 성이 유리되거나 각 성 간의 대립을 정원이 통제할 수 없게 되는 문제를 안고 있었다. 대장성장관 오쿠보는 정책결정기관인 정원의 의사에는 참여할 수 없는 구조였다. 이 문제는 그후 현저화되어, 예산문제를 둘러싼 대장성과 문부성·공부성·사법성 및 정원과의 대립이 생기게 된다. 더 나아가서는 정한론을 둘러싼 정부의 분열이 내무성 창설의 원인이 되었다.

남성적 천황으로—천황의 육체개조

후자의 궁정개혁은 오쿠보와 사이고가 중심이 되어, 궁정으로부터 화족 및 여관(女官)의 세력을 일소하고 천황의 교육을 사족 스스로 실시하는 것이었다. 궁정개혁의 첨병으로 보내진 것이 사쓰마번 사족 요시이 도모자네였다.

요시이는 공가 중에서는 개혁 의욕이 있던 도쿠다이지 사네쓰네와 함께, 폐번 후인 7월 20일 이후 궁내성에서 공가를 추방하고 시종 등에 사족을 적극적으로 배치한다. 8월 1일에는 여관을 전부 일단 파면하고 정선한 뒤에 새로이 임용했다(이 개혁으로 임용된 여관도 이듬해 5년 5월에는 면직된다).

이러한 개혁을 강행한 요시이는 일기에 '수백 년 내려오던 여권(女權)을 하루아침에 타파하여 없앤 것이 유쾌하기 그지없

244

다'고 썼다. 태정관제의 개혁에 의해 천황은 정원에 친림하여 만기를 재결하는 군주가 되었다. 궁정개혁은 천황을 그에 걸맞은 천황으로 새로이 바꾸는 것이었다. 여성적인 천황으로부터 남성적인 천황으로의 전환이었다.

시종이 된 사족에 의해 천황의 무술훈련이나 학문교수가 매일같이 이어졌다. 사이고는 4년 12월, 천황의 변모한 모습을 긍정적으로 가고시마에 보고한다. 천황은 사족계급에서 임용된 시종을 '총애'하고, 아침부터 밤까지 '화한양(和漢洋)의 학문'을 쉴 틈 없이 '수업'받는 데 힘쓰고 있다. '지난날'의 천황이 아닌, 지극히 '장건'하게 되어 승마도 일상화하고 친병의 '조련'도 시작했다 (『사이고 다카모리 전집』 3). 아스카이 마사미치의 『메이지 대제』에 의하면 천황의 약했던 몸도 4년 이후에는 급속히 강건해졌다고 한다. 폐번치현은 천황의 일상생활을 전환시킨 것에 머무르지 않고 육체까지 개조한 것이다.

2. 구 번 세력과의 단절

타번 출신자의 임명

폐번에 의해 261개 번은 그대로 현이 되어, 기존의 부·현을 포함하여 3부 302현이 되었다. 현명으로는 종래의 번명이 사용되어, 지번사가 면직되어 도쿄 거주를 명받고 구 번지를 떠난 것 이외에는 현(구 번)으로 보자면 크게 변한 것은 없었다.

정부도 당분간은 구 번 시절의 행정과 재정 유지를 지시했다. 폐번치현 칙서가 발표된 것과 같은 날인 7월 14일 및 같은 달 19일, 정부는 각 현(구 번)에 대해서, '현치일정'의 규칙을 제정할 때까지 현의 사무는 지금까지와 같이 대참사 이하의 구 번 관원이 담당하고, 중대사건에 대해서는 품의를 올려 정부의 판단을 기다리도록 지시를 내렸다. 그리고 7월 25일에는 각 현에 대해서 금년 9월까지는 작년 징수했던 조세에 따라 제 비용을 꾸려가도록 명령했다.

7월 24일, 대장성장관이 각 현 재정상황 감사 예정에 맞춰 사족졸 녹고·번채·미금(米金)의 취조장을 작성하여 대장성에 제출하도록 각 현에 명령한다. 또한 같은 날, 각 현에 금년분의 조세는 전년까지의 징수방법을 답습하도록 지시하나, 동시에 지금까지의 방법과 잡세의 명칭·구별을 상세하게 조사하여 내년 3월까지 보고하도록 명했다.

각 현(구 번)의 재정·세제 현황에 대해 전국적으로 총계를 파악하는 것을 목적으로 했다고 이야기할 수 있겠다. 새롭게 통일된 부·현 행정을 향하여 첫 한 걸음을 내디딘 것이다.

도쿄 이주를 명받은 구 지번사를 대신하는 후임인사는 261명에 이르기에 즉시 발령은 불가능했다. 충분한 준비기간 없이 단시일에 폐번치현이 실시되었으니 당연한 일이었다. 따라서 현정은 당분간 대참사 이하에 맡기기로 하였고, 11월의 부현통합과 함께 순차적으로 새로운 지번사를 임명한다. 1개 현만이 폐번 직후에 임명되었는데, 7월 15일에 후쿠오카현지사에 아리스가와노미야 다루히토 친왕이 임명되었다. 단, 이는 폐번 전에 위폐사건으로 후쿠오카번지사 구로다 나가토모가 파면되어, 7월 2일에 후임으로 다루히토 친왕이 임명되자마자 폐번치현이 이루어졌기에 그랬던 것이다.

대참사 이하 관원은 11월 이전에도 일부 현에서 임면이 이루어졌다. 구 대번(15만 석 이상) 중 가고시마·고치·가나자와·나고야·히로시마·와카야마·도쿠시마·구마모토 등의 제번에서 임면이 이루어졌다. 그리고 신임관원과 출신번과의 관계에

247

서 원칙적으로는 타번 출신자를 임명하는 방침을 취했다. 예를 들면, 가나자와현 대참사에 도쿠시마번의 하야시 아쓰노리와 사쓰마번의 우치다 마사카제를 임명하고, 히로시마현 대참사에 도사번의 고노 도가마를 임명하는 등이다.

구 번과의 관계를 끊고 중앙집권의 실적을 거두기 위해서 타번 출신자를 임명해 구습에 얽매이지 않는 현정을 요구한 것이 엿보인다. 그러나 이 방침은 어디까지나 원칙일 뿐, 가고시마현(권대참사에 사쓰마번의 오야마 쓰나요시), 고치현(권대참사에 도사번의 하야시 가네나오), 와카야마현(권대참사에 와카야마번의 하마구치 마사노리)과 같이 구 번 출신자를 그대로 임명한 경우도 있다. 특히 구 번 세력이 강한 현에서 그런 경향이 보인다. 구 번 세력과의 단절이 이후 부현정치의 과제가 된다.

과감한 계획

부현 통폐합을 포함한 지방행정의 관할은 7월 말에 민부성이 폐지되면서 그 사무가 대장성으로 이관되었다. 대장성장관 오쿠보와 차관 이노우에 가오루는 연명하여 9월 2일, 3부 302현을 3부 73현으로 통합하는 안을 정원에 제출한다. 종래의 제현을 일단 모두 폐지하고 새로이 현을 둔다는 과감한 계획이었다.

이 대장성안에는 다음과 같은 세 가지 원칙이 있었다(오시마 미쓰코『메이지국가와 지역사회』).

첫째, 대번 중심의 구획이었다. 종래의 현을 전부 폐지한다고는 하지만 구 대번을 그대로 현으로 하거나, 내지는 대번과 함께 근접한 제현을 병합하여 현으로 하는 것이다. 가고시마·구마모토·후쿠오카·와카야마·오카야마·히로시마·돗토리·가나자와·나고야·시즈오카현 등이 이에 해당된다. 단지, 대번 중에서도 가장 유력번이었던 조슈번(야마구치번)과 도사번(고치번)이 각각 분할되어 있는 점이 주목된다. 조슈번은 폐번과 함께 야마구치현이 되나, 대장성안에서는 도요우라현과 미타지리현으로 2분할되고, 더 나아가 야마구치라는 구 번명도 소멸시킨다. 구 번명의 소멸은 사가현도 그러하여 이마리현으로 개칭된다. 도사번은 고치현이 되었으나, 이것을 고치현과 나카무라현으로 2분할한다. 조슈·도사 양 번의 세력 삭감 의도가 보인다.

이러한 계획안을 작성한 책임자는 오쿠보였으나 기도도 이에 관여했다. 구획안 작성에는 직접 관여하지 않은 참의 기도는 8월 8일에 구 대번인 현을 2~3개 현으로 분할하는 것을 제안하였는데, 이 뜻에는 참의 사이고도 이미 '동의'하고 있어, '동료'에게도 이야기했다고 한다(『기도 다카요시 일기』2). 기도는 구체적으로 사쓰마번을 3개로, 조슈번을 2개로, 가나자와번을 3개로 분할하는 복안을 시나가와 야지로에게 보내는 편지에 적었다. 사이고의 동의를 얻은 기도의 제의로 오쿠보는 조슈·도사 양 번 세력의 삭감을 꾀한다. 사조도히 4개 번에서는 사쓰마(가고시마)번만이 구획·명칭 전부 변경되지 않는 것은 역시 시마즈 히사미쓰가 있기에 그러했던 것일까?

둘째, 고대 이래의 국제(国制)가 기준이 되는 것이다. 일국의 규모와 번역(藩域)이 겹치는 경우(치쿠젠국=후쿠오카현, 도토미국=하마마쓰현, 가이국=고후현 등), 1국 규모로 제현이 병합된 경우가 있다(야마토국=나라현에 고리야마현 등 8개 현을 병합, 부젠국=도요쓰현 등 3개 현을 병합하여 고쿠라현, 미노국=오가키현 등 9개 현을 병합하여 기후현 등).

셋째, 석고로 30~40만 석이 기준이 된 것이다. 부현의 행·재정을 부담하는 능력으로 일정한 규모의 경제력이 고려되었기 때문이다.

이 대장성안은 그후 10월 말까지 수정이 가해져 3부 73현에서 3부 72현이 되고, 10월 말 이후부터 11월 하순에 걸쳐 발표되었다. 구획과 현명 양쪽에 걸쳐 수정된다. 구획 변경은 미타지리현과 도요우라현을 합병하여 야마구치현, 고치현과 나카무라현을 합병하여 고치현, 히코네현을 오쓰현과 나가하마현으로 분할한 3건이었다. 오쿠보·기도·사이고가 동의한 구 조슈·도사 양 번의 분할안은 부정되었고, 야마구치·고치의 구 번명과 번역이 부활한 것이다. 여기에 비해서 히코네현(구 히코네번)은 분할되어 번명도 소멸됐다. 경위는 불명확하나, 정부는 구 조슈·도사 양 번의 세력을 역시 경시할 수 없었을 것이다.

후자의 현명 변경에 대해서는 구 번명이 붙여진 현명 중에서 15현이 번명을 소멸시킨 대신 군명이 사용되었다. 마쓰에현에서 시마네현으로, 마쓰모토현에서 치쿠마현으로, 다카사키현에서 군마현으로, 오다와라현에서 아시가라현으로, 가와고에현에서

현명 변경 일자	구 현명	신 현명	비고
메이지 4년 9월 23일	히로사키현	아오모리현	구 번명→현청소재지 지명
11월 6일	히메지현	시카마현	구 번명→지명
11월 14일	니혼마쓰현	후쿠시마현	구 번명→현청소재지 지명
11월 29일	다이라현	이와사키현	구 번명→현청소재지 군명
12월 13일	이치노세키현	미즈사와현	구 번명→현청소재지 지명
12월 20일	후쿠이현	아스와현	구 번명→현청소재지 군명
메이지 5년 1월 8일	모리오카현	이와테현	구 번명→현청소재지 군명 (기타이와테군)
1월 8일	센다이현	미야기현	구 번명→현청소재지 군명
1월 19일	오쓰현	시가현	구 대관소명→현청소재지 군명
2월 2일	가나자와현	이시카와현	구 번명→현청소재지 군명
2월 9일	마쓰야마현	이시즈치현	구 번명→산 이름(이시즈치산)
2월 27일	나가하마현	이누카미현	지명→군명
3월 17일	아노쓰현	미에현	아노쓰군에서 미에군 옷카이치시로 현청이전
4월 2일	나고야현	아이치현	구 번명→현청소재지 군명
5월 29일	이마리현	사가현	지명→구 번명(현청이전)
6월 5일	후카쓰현	오다현	군명→군명(현청이전)
6월 14일	구마모토현	시라카와현	구 번명→강 이름(현청이전. 메이지 9년에 다시금 구마모토현)
6월 23일	우와지마현	가미야마현	구 번명→산 이름(이즈시야마를 가미야마라 칭한 것에 의함)

폐번치현 후 1년간의 현명 변경(오시마 미쓰코 『메이지국가와 지역사회』에서)

이루마현으로, 이와쓰키현에서 사이타마현으로, 사쿠라현에서 인바현으로 바뀐 것 등이다. 또한 모든 번명이 소멸한 것은 아니며, 남은 번명 쪽이 더 많다.

현명은 어째서 변경되었나

새로이 만들어진 현의 명칭에 대해서, '조적번'이나 '애매번'이었던 번명을 소멸시키고 '충근번'인 번명은 온존시켰다며, 정부가 붙인 현명은 '상벌적 현명'이었다고 미야타케 가이코쓰가 주장한 것은 모두(冒頭)에서 소개했다. 과연 미야타케의 주장은 그대로 받아들일 수 있는 것인가.

대장성안에서는 '조적번'이나 '충근번'에 관계없이 구 번명을 현명에 붙였으나, 그후의 수정으로 확실히 번명 일부가 지워진 사례가 확인된다. 정부 내부에서 어떠한 이유로 번명이 삭제되었는가는 불명확하며, 미야타케의 추측을 부정하는 것은 불가능하다.

그러나 4년 11월에 3부 72현이 설치된 후의 현명 변경은 미야타케의 주장과 달랐다.

구 번명에서 군명(정촌명이나 산천명)으로의 현명 변경은 정부가 일방적으로 진행한 것이 아니라 현(지방관)의 요청이었다. 몇 가지 사례를 소개하고자 한다.

미야타케도 조적번으로 지적한 센다이현(5년 1월 8일에 군명인 미야기현으로 개칭)은, 센다이라는 '구칭'을 사용하는 것은 '구습'에서 벗어나지 못한 채 공평치 못한 사은(私恩)에 얽매이는 원인이 됐기에 군명을 따라 미야기현으로 개칭하고 싶다고 요청했다.

또한 미야타케가 '애매번'이라 한 가나자와현(5년 2월 2일에 군명인 이시카와현으로 개칭)은, 종래의 '사치'하는 '구습'을 일소하지 않으면 '우민'의 지향을 바꾸는 것이 매우 어려우니, 현청을 가나자와에서 미카와마치로 옮기고, 군명에서 따온 이시카와현으로 개칭하고 싶다고 요청했다.

나아가서, 미야타케에 의하면 같은 '애매번'이었던 우와지마현(5년 6월 23일에 산 이름인 가미야마현으로 개칭)도, 우와지마가 원래 '벽지'로서 옛 이름을 그대로 쓰면 '인심'이 그 '옛 호칭'에 따라 나쁜 습속에 빠져든 그대로일 것이기에 현정상 적당치 못하다고 하여 가미야마현으로 바꾸고 싶다고 출원했다. 이러한 예처럼 현에서 명칭 변경을 상신하자 이에 응답하는 방식으로 현명 변경이 이루어졌다.

구 번명의 소멸은 미야타케가 설명하는 것과 같이 '조적번'이나 '애매번'에 대한 정부의 징벌적 처치로 보는 것은 불가능하다.

현(지방관)이 새로운 현정을 해나가는 데 있어서 구 번명을 그대로 사용하는 것은 장애가 된다고 판단하여, 인심의 일신을 꾀하기 위해 구 번명에 대한 말소를 제안하여 정부가 이것에 답한 것이었다. 구 번 시대의 '구습'을 벗어던지고 개화정책을 추진하려는 의지가 담긴 발로였다. 따라서 정부 내부에서 시행된 번명 소거도 구습을 일소하려는 의도였다고 생각된다.

번명 온존은 13개 현

한편, 구 번명이 남은 현(특히 사조도히 4개 번)은 미야타케의 '충근번'이라는 지적이 맞았다고 생각된다. 가고시마와 고치(번역은 당초 분할되었으나)는 처음부터 사용되었고, 야마구치는 당초 소멸했으나 바로 부활했다.

문제는 히젠(사가)번이다. 사가번역은 이마리가 현청소재지가 되면서 이마리현이 되고 일단 사가는 소멸했다. 그 조치는 이마리현 권령(현의 장관)인 야마오카 뎃슈(구 막신, 에도 무혈개성 공헌자)가 타현과 같이 인심을 일신하고자 행한 것이다. 그러나 이후 사가번 출신자가 권령이 되고 난 후 이마리는 '외진 곳'에 있어 구 사가번 사족이 사가로 되돌릴 것을 바란다는 이유에서 현청 이전과 현명 변경을 출원하였다. 이 상신에 의해 5년 5월 29일, 이마리현은 사가현으로 개칭되었다. 구 번명이 부활한 유일한 예로서, 타번의 명칭 변경과는 역으로 인심 일신보다도 구 번의식이 우선된 경우이다.

구 번명이 그대로 현명으로 붙은 곳은 가고시마·야마구치·고치·사가를 포함하여, 야마가타·시즈오카·우쓰노미야·아키타·와카야마·히로시마·오카야마·돗토리·후쿠오카뿐이다. 72개 현 중에서 이 13개 현밖에 없었다.

정부의 기본방침은 구 번과 관계를 끊을 의도로 구 번명의 사용을 적극 피하고 군명(정촌명이나 산천명)을 채용하는 것이었다 할 수 있다.

신정책 실시의 첨병

대장성은 4년 9월 초에 현 구획안을 제출할 때 지방관 인사 기본 방침도 제기했다. 현의 관원을 '정선'할 필요가 있으나, 아무래도 여러 명에 이르기에 '일시'에 인선하기는 불가능하다는 점에서 먼저 대참사 내지 권대참사를 한 명씩 선임하여 부임시키고, 그 후 그들의 의견을 참고해 현청관원을 '정선'한다는 것이다.

지방관 인사는 이 방침에 의해 진행되었다. 11월에 3부 72현으로 통합을 완료한 뒤, 각 부현의 장관(부지사·현령, 부지사·현령이 결원일 시 참사)이 임명되었다. 그리고 새로운 장관하에서 지방관원의 '정선'이 이루어진다.

새로이 임명된 지방장관을 개관해보면 대부분의 부현에서는 타부현 출신자가 등용된다. 구 번 세력과의 단절이라는 폐번치현 직후의 방침이 관철되고 있다. 구세력을 배제하여 새로이 개화정책을 진행하는 담당자로서의 역할을 타부현 출신 장관에게 기대하는 것이다.

고쿠라현(현재의 후쿠오카현) 참사는 히젠번 출신 이토 다케시게가 임명됐다. 그는 신임지에 부임했을 때에 말이 잘 통하지 않아 몹시 곤란했으나 어떻게든 정부의 '취의'를 관철시키고자 한다고, 히젠번 출신의 참의 오쿠마 시게노부에게 보고했다(『오쿠마 시게노부 관련문서』1).

이 같은 모습이 다른 현에서도 보였을 것은 상상하기 어렵지 않다. 말이 통하지 않을 정도로 연고가 없는 토지에 신정책을 실시하는 첨병으로 보내진 지방장관의 모습이 떠오른다. 종래의 관습을 고려하지 않고 정책을 강행하기 위해서는, 지역의 민중 입장에서 친근감이 전혀 느껴지지 않는 '타인'이 유리하다고 생각했던 것이다.

이러한 인사는 '조적번'이었던 현에 강하게 보이는 현상으로, 그 상당수에 사조도히 4개 번 출신자가 부임했다. 그러나 인사 전체로 보자면 특히 4개 번 출신자가 다수를 점한 것은 아니며, 보신전쟁에 공로가 있는 번을 중심으로 다양한 번에서 선임되었다.

소수이기는 하나 같은 현 출신자가 임명된 현도 있다. 가고시마·고치·사가·구마모토·돗토리·오카야마·후쿠이·와카야마·나고야·시즈오카 등이다. 서남 웅번을 비롯해 대번이 많다. 구 번 세력과의 타협이 어쩔 수 없기에 그랬던 것이다.

이러한 가운데 야마구치현의 인사가 눈을 끈다. 나카노 고이치가 참사에 임명되었는데, 구 막신인 나카노는 하코다테 고료카쿠 전투에서 에노모토군의 일원으로 신정부군과 싸운 경력이 있다. 그후 4년 9월에 대장성에 입성하여 이노우에 가오루(조슈번 출신)의 지우를 얻는다. 이노우에는 대장차관으로서 당시 지방관 인사를 맡고 있었으니 나카노도 이노우에가 등용했다고 생각되나, 이노우에의 의도에 대해서는 불분명한 점이 많다.

신임 지방장관 하에서 부현청 관원의 인선이 시작되는데, 그 특징은 다음과 같다. 도호쿠·주부·간토지방에서는 구 번 세력과 단절되는 경향이 있었고, 이는 특히 '조적번'인 지역에서 현

저히 나타난다. 이와 대조적으로 주고쿠·시코쿠·규슈지방에서
는 구 번 세력과의 계속성이 강하며, 특히 대번에 기초하여 형성
된 현에서 구 번 출신자가 많이 등용되었다.

　　정부는 유신정권으로 폐번에 몰리게 된 '조적번'이나 중·소
번에 대해서, 구 번의 체질을 없앨 인사를 강행한 것이다.

3. 메이지 집권시스템의 성립

중앙정부의 수족

폐번치현에 수반하는 지방통치기구의 정비는 4년 10월 28일에 제정된 부현관제와 11월 27일에 공포된 현치조례에 의해 이루어졌다.

전자에 의해 부현에 지사 내지 권지사를 우두머리로 두고, 이하 참사·권참사, 전사(典事)·권전사(權典事) 등의 관직을 두었다(현지사는 11월 2일에 현령으로 개칭). 그리고 부지사·현령 이하의 임면권은 중앙관청인 태정관이 쥐게 된다. 전사 이하 하급 관원의 임면은 부지사·현령에게 맡기나, 사후 태정관에게 보고하는 것이 의무화되었다. 이렇게 해서 지방관은 정부의 총괄하에 구조적으로 놓이게 된다. 또한 부지사·현령은 중앙관료보다 한 단계 낮은 위치에 놓이게 되는데, 이는 부현을 중앙정부의 수족으로 생각했기에 이루어진 조치였다.

후자는 현령의 권한을 정한 것이다. 직무는 현내 인민 보호, 정부 법령 실시, 세금 징수와 수납, 상벌 결정, 비상사태에 대한 처분 등 광범위한 분야에 이른다. 그리고 현령은 현의 우두머리로서 현내의 행정책임을 한몸에 짊어지고 있다. 취급하는 사무는 중앙 각 성의 결재·승인이 필요한 중요사항과 현령이 전결 가능한 사항 두 가지로 나뉜다. 그러나 전결사항이라 하더라도 각 성에 사후보고 해야 할 의무가 있었고, 특히 대장성으로는 관할 이외의 것도 전부 보고하지 않으면 안 되었다. 현령의 중앙정부(태정관) 감독하에서의 지방행정 수행이 의무화된 것이다.

지방관이 관내의 행정을 시행하는 데 의존한 것이 호장(戶長)·부호장(副戶長)이었다. 호장·부호장은 폐번치현 전인 4년 4월에 제정된 호적법에 의해 생긴 공무원이었다. 호적법은 전국에서 통일적인 호적 작성을 목표로 한 것으로, 이를 위해 몇 정촌을 한 구로 하여 거기에 호장·부호장을 두었다. 호장·부호장의 사무는 당초 호적사무만이었으나, 시간이 지남에 따라 일반사무도 취급하게 된다. 이어 다음해 5년에는 부현 밑에 대구(大区), 그 밑에 소구(小区)가 설치된다. 그러나 이 대구·소구제는 지방관의 재량에 맡겨졌기에 부현에 따라 모습이 달랐다. 통일적 지방행정제도는 어디까지나 부현 단계에 머물렀던 것이다.

엄격한 감시활동

중앙관청 중에서도 지방행정의 주무관청인 대장성은 부현의 독단적 행위가 이뤄지지 않도록 엄격한 감시활동을 이어간다. 세세한 것까지 지시를 더하고 속박한다는 지방관의 불평에 대해서, 대장성은 다음과 같이 단언했다.

"폐번치현에 있어서 지방관 각자의 의견에 맡겨서는 중앙집권의 성과는 거둘 수 없다. 그뿐 아니라, 각 지역에서 뒤섞이고 어수선한 상황을 정리하지 않으면 세입·세출의 전망이 서지 않는다. 이러한 점을 생각하여 시행하고 있다."

치안상 문제가 있다고 생각되는 지역에는 직접 대장성 관원이 파견된다. 4년 8월에 가나자와·히로시마·사가현에, 5년 8월에는 이바라키현에 출장을 보낸다.

또한 대장성 직속의 감찰기관도 설치된다. 4년 7월 29일에 정원 내에 설치된 감부(監部)과이다. 감부의 임무는 정원의 '귀와 눈'이 되어 중앙·지방관원에 '태만한 모습'이나 음모 등이 있는지 탐색하여 만약 그러한 사실을 적발했다면 보고하게 했다.

더 나아가 태정대신이나 좌·우대신 및 참의가 사적으로 갖고 있는 밀정도 있어, 그들도 현정의 동향을 탐색했다.

4년 7월 14일 폐번치현으로 번을 소멸시키고 현을 두며, 7월 말부터 8월 초의 중앙관제개혁으로 태정관에 권한을 집중시키고, 10월 말부터 11월 말에 걸쳐 지방통치기구를 정비하여 부현을 태정관에 예속시켰다. 이에 중앙에서 지방(부현)에 이르기

연월	사(使)	부(府)	현(県)	번(藩)	총계	비고
메이지 1년 윤4월		10	23	277	310	
2년 말	1	3	46	271	321	7월, 개척사 설치
3년 말	1	3	43	256	303	
4년 6월	1	3	41	261	306	폐번치현 직전
7월	1	3	302		306	폐번치현 직후
11월	1	3	72		76	현치조례공포
5년 9월	1	3	69	1	74	류큐번 설치
6년 말	1	3	60	1	65	7년, 변화 없음
8년 말	1	3	59	1	64	
9년 말	1	3	35	1	40	10년·11년, 변화 없음
12년 4월	1	3	36		40	오키나와현 설치
21년 말	도(道)1	3	43		47	47도부현(道府県)으로

부번현 수의 변화(다나카 아키라 『메이지 유신』, 소학관)
주: 사(使)는 개척사, 도(道)는 홋카이도를 의미함.

까지 일원적인 체제가 출현한다. 태정관을 최고관청으로 하는 중앙집권국가―'메이지국가'의 탄생이다. 에도막부 멸망으로부터 약 4년, 폐번으로부터 약 5개월 후의 일이었다.

그러나 일본열도의 북쪽과 남쪽(홋카이도와 오키나와)에는 이 시기에 부도 현도 설치되지 않았다(홋카이도에는 일시 하코다테부가 설치되었다). 홋카이도와 오키나와의 치현은 혼슈·시코쿠·규슈지방과 동열에서 논의할 수 없는 성격을 지닌다. 그런 의미에서 폐번치현은 홋카이도와 오키나와를 포함하고 나서야 완결된다. 양 지역의 치현 경위를 보도록 하자.

에조치에 대한 차별관

홋카이도에 있어서 메이지 4년의 폐번치현은 어떠한 의미일까. 하코다테 고료카쿠 전투가 펼쳐진 원년 10월과 2년 2월, 이와쿠라 도모미는 2회에 걸쳐 에조치 개척을 건의한다. 두 차례 모두 개척 전담 관할기관 설치를 요구하는데, 첫번째에는 에조치에 국명을 붙일 것을, 두번째에는 개발에 따라 주민이 늘어나면 부 내지 현을 붙일 것을 주장했다.

에조치 개명과 장래 부(현) 설치 제안이다. 그와 동시에 에조치에 대한 차별관도 엿보인다. 다시 말해서, 보신전쟁의 패자·죄수·피차별민 등 '다른 민중과 평생 교류가 어려운' 사정이 있는 자를 개척민으로서 먼저 보내고, 그후에 '양민'을 설득하여 '내지'에서 이주시켜야 한다는 주장이다. 또는 선주민인 '토민'은 수렵이나 어로에 의지하며 '토굴이나 들에 거주하는' 백성이기에 그 '교화'에는 약간의 '술과 연초'를 가져다주면 충분하다고 하였다(『이와쿠라공 실기』 중). 이것이 유신정권 최고수뇌부 중 한 사람의 에조치관이다.

이러한 이와쿠라의 의견에 기초하여, 2년 7월 직원령에 따라 개척사가 설치된다. 그후 8월 15일, 에조치는 홋카이도로 개칭되고 11개국으로 구분되어 그 밑에 군이 설치된다. 홋카이도의 도(道)는 도산도(東山道)나 도카이도(東海道)와 같은 고대율령제의 행정구분이다. 또한 도 밑에 국·군을 두는 것도 같은 모습이다. 예를 들면, 삿포로는 홋카이도 이시카리국 삿포로군이 되었다. 이러한 명명에서 떠오르는 것이 두 가지 있다.

첫째, 에조치를 국가영역 내에 형식적으로도 포함시킨 것이다. 에조 내지 에조치라는 명칭은 에도시대 때 막번제 국가체제 밖에 있는 '다른 영역'을 의미했다. 이와쿠라가 에조치의 개명을 제안할 때 '에비스'(夷, 미개한 이민족)라는 문자를 문제시했는데, 그 '에비스'를 고대의 국가영역인 '도'로 하여 편입한 것이다. 에조치의 역사는 여기에서 형식적으로 막을 내리게 된다.

둘째, 에조치에 대한 차별의식이다. 근대의 출발이 고대로의 복귀라는 것이 왕정복고의 이념이다(태정관제 채용 등이 그러하다). 그러나 타지역에는 가져오지 않은 '도'라는 고대 행정구획을 일부러 채용했다. 여기에서 이전의 이와쿠라 건의에 드러난 차별관을 확인한 것은 필자뿐일까?

'내국 식민지'로서의 개발

개척사 설치 직후인 2년 7월 22일, 정부는 제번 사족·서민을 대상으로 개척을 지원하는 자들에게 토지를 분여한다는 포고를 내었다. 개척사를 설치하였어도 실제 개척은 제번에 맡겼으며 분령지배를 하였다. 개척사는 개척의 거점이 되는 중요지점을 직할지로 하여(중앙관청으로서는 병부성도 직할지를 지닌다), 그 이외를 분여지로 했다. 번뿐만 아니라 화족이나 사족 및 사원이 출원했는데, 번에서는 미토번이 가장 빨랐고, 대번 중에서는 히젠·도사·도쿠시마·아키타·돗토리·히코네·오카야마·센다이번 등이 있었다. 자주적인 출원뿐 아니라, 사쓰마·조슈·구마모토번 등의 대번에는 강제적으로 분여를 명했다.

이렇게 하여 사조도히 등 25개 번[원래 홋카이도에 토지를 지녔던 마쓰마에번(다테번)도 포함]과 화족·사족·사원에 의한 분령지배가 시작되었다. 2년 8월 이후의 일이었다.

그러나 강제적으로 분여된 대번에서 재정곤란을 이유로 반환 출원이 속출하여, 개척사(정부)도 이를 수리하지 않으면 안 되게 된다. 3년 후반에는 대번의 분여지(기타미·네무로 등 러시아에 근접한 지방)는 분령지배에서 벗어나게 하여, 개척사의 표현에 의하면 '어업만을 하는 토지'가 되었다.

폐번치현은 제번의 분령지배를 종료시켰다. 폐번 후인 8월 20일, 개척사에 홋카이도 전역(최남단의 오시마지방은 제외) 관할이 명해진다. 개척사에 의한 일원적 통치체제 성립이 홋카이도에서 폐번치현의 의미였다.

이후 홋카이도에는 개척차관에서 장관이 되는 구로다 기요타카를 중심으로 하여, 4년 8월에 책정된 10년 계획에 기초하여 다음해인 5년부터 개척사업이 강력히 추진된다. 이는 근대산업 이식의 장대한 실험장이자, 러시아에 대한 군사적 방위거점으로 홋카이도를 위치시키는 소위 '내국식민지'로서의 개발이었다.

10년 계획이 종료된 15년(1882년) 2월 8일, 개척사가 폐지되고 하코다테·삿포로·네무로 3현이 설치된다. 3현의 서열은, 하코다테현은 개항지였던 점에서 니가타현에 다음가는 8위가 되었으나, 삿포로·네무로 양 현은 오키나와에 이어 최하위에 놓인다. 3현을 바꾸어 홋카이도청을 설립하게 되는 것은 그후 메이지 19년(1886년) 1월의 일이다.

류큐처분

폐번치현이 이뤄진 메이지 4년, 오키나와지방은 류큐왕국으로서 독립국가의 지위를 유지하고 있었다. 독립국가라 하더라도 에도시대 초기 사쓰마번에 무력으로 침공된 이래 실질적으로는 사쓰마번에 종속되었고, 동시에 형식적으로는 중국(청국)에 조공하며 중국황제로부터 국왕에 봉해지는 조공·책봉관계를 지닌 왕국이었다.

폐번치현으로 사쓰마번이 가고시마현이 되자 류큐왕국은 가고시마현 관할이 되었으나 국호를 폐지한 것은 아니었다. 메이지 5년에 들어서자 국가영역에 포함시키려는 움직임이 나타나, 9월 14일 국왕 쇼타이를 '번왕'으로 화족의 열에 들게 한다. 쇼타이는 이로써 메이지정부에 속하게 되고 류큐의 외교사무도 외무성으로 옮겨진다. '번왕' 임명은 판적봉환을 전제로 한 것으로 폐번치현에도 이어지는 것이었다. 더 나아가서 일본정부가 쇼타이를 '번왕'에 임명(책봉)하고 쇼타이가 그것을 받아들인 것은, 그때까지의 중국과의 조공·책봉관계를 해체시키는 일이었다.

이보다 앞선 4년, 류큐의 미야코지마와 야에야마의 주민이타이완에 표착하여 살해되는 사건이 일어났다. 정부는 류큐=일본령이라는 점을 청국에 인정시키기 위해 이 사건을 이용한다. '류큐인=일본인'이라는 입장에서 보복조치로 타이완출병을 계획하고, 메이지 7년(1874년)에 이를 실행한다. 청국은 이 군사행동에 항의하고, 청일간의 교섭이 시작된다. 교섭 결과, 청국은 타이완출병이 일본인 살해에 대항한 자국민 보호를 위한 정당한 행위였음을 인정했다. 류큐의 일본귀속을 승인한 것과 같은 결과가 되어 정부는 류큐병합의 발판을 얻게 된다.

　타이완출병으로 청국의 언질을 얻은 정부는 류큐병합에 나선다. 메이지 8년(1875년) 7월, 류큐처분관으로 마쓰다 미치유키가 류큐에 파견되어 정부의 처분방침을 류큐에 제시했다. 청국과 조공·책봉관계 폐지, 메이지 연호 사용, 번정 개혁(번왕 이하의 수뇌부를 천황직속 고등관으로 하는 등), 번왕 상경, 진대분영 설치 등이었다.

　이에 대해 류큐는 청국과의 관계를 유지하는 입장에서 거의 대부분의 요구를 거절했다. 마쓰다는 이는 '조명'(朝命, 천황의 명령)이므로 존중하여 받들지 않으면 '엄격히 처분'하겠다고 협박한다. 그러나 류큐측 입장에서 천황은 '본토'에서와 같은 권위는 없었고, '조적'이라는 위협문구도 그 정도로 유효하지는 않았다. 쇼타이는 사자를 상경시키고 처분 철회를 탄원하는 한편, 청국에도 사자를 파견하여 일본의 강압적 조치를 읍소하며 원조를 요청한다. 청국도 이에 대해 주일공사가 일본정부에 항의를 제기했다.

최하위에 위치하게 된 류큐

이러한 움직임으로 마쓰다는 12년(1879년) 1월에 다시금 류큐에 건너온다. 이번 사명은 청국과의 관계단절과 재판사무 인도 두 가지를 류큐로부터 인정받는 것이었다. 마쓰다는 류큐로 가기 직전인 11년 11월, 내무성장관 이토 히로부미에게 '류큐번 처분 방법 우안'을 제출한다. 이 '우안(愚案)'이 실제로 류큐처분의 기본방침이 되었다.

마쓰다는 이 '우안'에서 류큐번은 '예로부터' 일본령으로 사쓰마번·가고시마현의 관할하에 있었으나 정무를 '번왕'에 위임한 까닭에 '토인'들은 '번왕'은 알면서 천황은 알지 못하는 사태에 이르렀다고 말했다. 또한 '토인'은 '무학'하고 작은 집의 '토방'에 사는 '야만스러운' 문화가 있으며 '낡은 것에 집착하고' 새로운 것을 받아들이려 하지 않는 '습성'이 있어 '민력'이 대체로 빈곤하다며, 류큐에 대한 노골적인 멸시감을 보였다.

이어서 처분의 방법을 다음과 같이 제기했다. 의외로 용이하게 이뤄진 '내지'의 폐번치현에 비교하면 많은 장애가 존재하므로 '비상한 변혁'을 하는 데에 '엄혹한' 처분이 필요한데, 구체적으로는 '약간의 증원 병력'을 파견하는 것이다(『일본근대사상대계 대외관』).

마쓰다는 이러한 생각을 지니고 류큐로 넘어온다. 류큐는 청국에 원조를 청하고자 하는 생각으로 마쓰다의 요구를 거절한다. 마쓰다는 '후일의 처분'을 기다리라는 말을 남기고 류큐를 떠난다. '후일의 처분'이란 말할 것도 없이 군사력을 배경으로 한 처분 강행이었다.

3월 12일, 마쓰다는 경찰관 약 160명과 함께 요코하마를 떠나, 도중에 가고시마에서 약 400명의 군대를 더하여 25일 나하에 도착한다. 그리고 27일에 슈리성에 입성하여 류큐번을 폐하고 오키나와현을 둔다는 통달서를 전달한다. 오키나와지역의 폐번치현—류큐처분이었다. 쇼타이는 도쿄 거주를 명받는다. 슈리성이 넘겨진 것이 3월 31일, 태정관포고가 내려진 것이 4월 4일, 오키나와 현령에 나베시마 나오요시가 임명된 것이 4월 5일의 일이었다. 부현조례에는 가고시마현의 밑인 최하위에 위치하게 된다(그후, 전술한 것과 같이 삿포로·네무로현이 오키나와현 다음의 최하위에 위치하게 된다).

종장
이와쿠라사절단의 출발

'와해' 직전의 유신정권

왕정복고 쿠데타, 판적봉환, 폐번치현 등 메이지 중앙집권국가가 탄생하는 지점마다 중요한 역할을 담당한 인물이 오쿠보 도시미치였다. 오쿠보가 폐번치현을 최종적으로 결단했을 때의 일기에 남긴 한 문장이 폐번치현의 의미를 가장 상징적으로 보여준다고 필자는 생각한다.

본론에서도 소개하였으나 한번 더 인용하여, 그 말을 통해 '서장'에 적은 '과제'(번체제의 인식과 폐번의 요인)에 대한 필자 나름의 답을 정리하고자 한다.

신중히 숙고하여 오늘날같이 하여 와해되는 것보다는, 오히려 대영단으로 나서서 와해되는 것이 낫다.

오쿠보는 폐번치현 직전의 유신정권을 '와해' 직전으로 보고 '대영단'인 폐번치현에 뛰어든 것이다. 오쿠보에게 폐번 단행을 재촉할 정도의 위기감을 가져온 것은 무엇이었던가. 문제의 핵심은 거기에 있다.

중앙집권화의 장애물

원래 제번을 기반으로 하여 탄생한 유신정권은 천황을 우두머리로 두고, 제번에서 상대적으로 독립된 유신관료가 지도하였으나, 기본적으로는 제번에 의지하는 정권이었다. 그리고 다가오는 구미열강의 압력 속에서 독립을 유지하기 위해서는 중앙집권국가 수립이 반드시 필요했다.

현대의 시점에서 보자면 중앙집권화에 있어서 가장 큰 장애물은 에도시대 이래 내려오던 번이었다. 따라서 신정권이 번의 폐지를 당초부터 의도했다 하더라도 전혀 이상하지 않고 오히려 당연히 그랬을 것이라고 생각하기 쉽다.

그러나 제번에 의거하지 않으면 안 되는 유신정권에 있어서 번체제를 일거에 해체하는 것은 극히 어려운 일이었다. 이에 번체제를 유지하며 중앙집권화를 진행한다는 모순되고도 곤란한 길이 모색된다.

유신정권은 직할지에 둔 부·현과 함께 번을 지방행정구획으로 하는 부번현 세 통치 체제를 두어, 이 체제의 실체화를 꾀하기 위해서 판적봉환을 단행했다. 법적·제도적으로 번주는 번의 주인이 아니게 되었고, 지방관(지번사)이 되었다. 이것으로 부번현 세 통치 체제는 진정한 의미로 지방제도로서 확정되어, 제번 규제를 강화하는 것이 가능하게 된다.

폐번치현이라는 결과로부터 보자면 이 부번현 세 통치 체제는 과도기적으로, 영속적 제도는 아니었다고 평가될 것이다. 그러나 당초 유신정권은 이 제도에 사활을 걸고 있었으며, 이를 위해서 무엇보다도 중앙정부의 강화가 필요했다. 강력한 정부의 힘으로 제번을 통제하에 두고 중앙집권화를 꾀하는 것이다. 정부강화 수단으로 사쓰마·조슈 양 번의 번력동원책이 제기되었고, 이를 실시하는 가운데 도사번도 추가된다. 사조도 3개 번에 의한 친병(직할군) 창설이었다.

사조도 3개 번 제휴에 의한 군사력 강화는 4년 초 존왕양이파의 반정부운동에 대한 철저한 탄압을 가능하게 했다. 반정부운동으로 유신정권이 붕괴 위기에 있었다고 주장하는 것은 곤란하며, 군사적으로는 제번을 압도하고 있었다. 오쿠보는 이 반정부운동에 의한 '와해'의 위기감은 갖지 않았다.

한편 같은 때에 사쓰마·조슈 양 번 이외의 대번으로부터 폐번 내지 부번현 세 통치 체제의 재검토 요구가 나오기 시작했다. 폐번론이 현실에 제기된 의미는 컸다. 그러나 유신정권은 이 움직임과는 거리를 두고, 부번현 세 통치 체제를 철저화하기 위해서도 대번을 정권 내부에 끌어들이는 것을 획책했다. 대번에 국사를 자문하는 것이었다. 이 단계에서도 오쿠보에게 '와해'의 위기는 보이지 않는다.

기쁜 오산

정부강화책으로서의 부번현 세 통치 체제가 현실정치 속에서 관제개혁문제나 인사문제 등으로 잘 기능하지 않음이 드러난 것이 4년 6월 말부터 7월 초였다. 3개 번 제휴론에 의한 정부강화→번 통제 강화(부분적 폐번)→중앙집권화라는 코스의 제1단계가 군사력에 의존하는 것 이외엔 실현 곤란함이 명백해졌기 때문이었다. 오쿠보가 '와해'의 징조를 느낀 것은 바로 이때였다. 그 시기, 조슈번 중견관료에 의한 밑에서부터의 압박으로 이미 대번 일부에서 제기되었던 폐번론이 현실감을 띠게 된다. 종래의 코스에서 일대비약하여 단숨에 중앙집권화라는 '대영단'으로서의 전반적 폐번이 단행된 것이다. 그리고 이를 위하여 '대영단'에 수반되는 제번의 반란에 따른 유신정권의 '와해'를 각오하면서도 중앙집권화를 꾀한다.

폐번치현 후인 9월 11일, 영국공사관 서기관 사토는 폐번계획을 직전에 연락받은 이와쿠라 도모미의 다음과 같은 말을 일기에 적었다.

이와쿠라를 방문하여 조식을 함께했다. 그는 정치상황에 대해서 조금 이야기해주었다. 폐번치현은 적어도 향후 5~6년은 무리라고 처음에는 생각한 듯했다. 그러나 시세의 움직임을 보자 그 격렬한 흐름을 이용하는 편이 낫다고 정부는 판단한 듯하다. 그렇다 하더라도 유혈을 동반할 것으로 예측했으나 그 의미에서는 기쁜 오산이었다고 이와쿠라는 이야기했다.

(하기하라 노부토시 『먼 벼랑—어니스트 사토 일기초 8 귀국』)

'메이지국가'의 탄생

폐번치현 1개월 후인 8월 하순, 참의 오쿠마 시게노부에게서 조약개정 예비교섭을 위한 사절단을 파견하자는 제안이 올라온다. 그리고 9월에 소위 이와쿠라사절단이 결성된다. 참고로, 종래에는 이와쿠라 이전에 오쿠마를 단장으로 하는 사절단이 내정되었다는 이야기도 있었으나 근년의 연구에서는 오쿠마사절단 구상은 부정되고 있다.

주요 멤버를 보면 대사(大使)에 우대신 이와쿠라, 부사(副使)에 참의 기도 다카요시, 대장성장관 오쿠보 도시미치, 공부성차관 이토 히로부미, 외무성관원 야마구치 나오요시이다. 폐번치현의 주역이었던 기도와 오쿠보가 포함되어 있다. 또한 동행한 유학생 중에 여자영학숙(현재의 쓰다주쿠대학)을 창립한 쓰다 우메코(당시 8살)가 있었던 점은 잘 알려진 사실이다.

사절단에게는 9월에 산조 태정대신으로부터 목적과 사명이 기재된 '사유서'가 내려진다. 파견 목적으로 조약을 맺고 있는 각국의 원수에 대한 국서 제출, 조약 예비교섭, 구미제국 문물·제도 조사 등이 거론되었다. 여기에서 폐번치현의 의의는 다음과 같이 적혀 있다.

> 분열된 국체를 하나로 하여, 쇠퇴한 국권을 회복하고 제도법률의 난잡했던 폐해를 고치며, 오로지 사적으로 구속하던 낡은 관습을 없애며, 간략한 정치를 마음에 두고, 힘써 민권을 회복하는 일에 종사하여, 점차 정령 일도(一途)를 법률과 같은 궤도에 이르도록 하고, 진정 열국과 어깨를 나란히 하는 기초를 세우도록 한다. (『이와쿠라공 실기』 중)

분열되어 있던 '국체'가 폐번치현을 통해 처음으로 하나가 되어, 제도·법률이 난잡하여 정리되지 않았던 폐해가 고쳐지고 정령이 통일된 것이 강조되고 있다. 여기에서 언급한 대로 폐번치현의 결과 겨우 중앙집권국가로서의 '메이지국가'가 탄생한 것이다. 이는 국내의 통일뿐 아니라 구미열강과 어깨를 나란히 하는 기초를 세우는 것이기도 했다. 폐번치현에 의해 조약개정, 즉 구미제국과 대등한 관계를 세우는 기초가 창출되었다.

국내개혁의 급무

'사유서'는 이와 같이 폐번치현의 의의를 설명한 뒤, 이어서 대등 관계를 수립하기 위한 기본방침을 논한다. 동양제국과 서양제국 은 그 '국체풍속'이 다르나, 그 상이는 국민 개화의 늦고 빠름에 의한 것이다. 애당초 일본이 대등한 권리를 잃은 것은 이 '국체정 속(国体政俗)'이 구미제국과 다른 것에 근본 원인이 있다. 따라서 대등한 관계가 되기 위해서는 우리나라의 '국체정속'을 구미제국 과 같이 변혁하여 개정해야 한다. 불평등관계를 극복하고 구미 제국과 어깨를 나란히 하는 길은 서양문명화 이외에는 없다. 서 양문명화의 진전이 일본의 국운을 결정적으로 좌우하는 것이다. 이를 위한 국내개혁이 금후 정부의 급무가 된다.

국내개혁의 구체적인 대책으로는 제도·법률·재정·산업·교 육·군사 등을 거론한다. 국가와 사회의 각 분야에 서양문명을 이 식하여 일본을 대개조하는 것이다. 여러 개혁을 실시하는 데 있 어서 다음 네 가지 점을 배려하려 하고 있다. ① 개혁의 중요성이 나 긴급성을 고려하여 개혁 실시의 선후 순서를 정할 것. ② 개혁 방법·조치에서 있어야 할 것을 충분히 고려할 것. ③ 개혁에 필 요한 기간을 짤 때에는 임기응변으로 대응할 여지를 둘 것. ④ 개 혁에 저항이 있을 경우엔 위압적으로 강행할 것. 여러 개혁을 통 일적·점진적으로 진행해가려는 자세가 보인다. 그러나 실제 실 시는 깊은 배려 없이, 네 가지 점 중에 ④가 특히 눈에 띄게 된다.

미국으로

폐번치현 다음의 국가적 목표는 서양문명화(근대화)였다. 이와쿠라사절단도 그 목표를 달성하기 위해 서양문명 조사를 중요한 사명으로 했다. 4년 11월 6일, 태정대신 산조 사네토미는 이와쿠라 등을 불러 송별회를 열어주었고, 이미 여러 책들에 인용되어 아주 유명해진 다음과 같은 송별사를 남겼다.

> 외국과의 교제는 나라의 안위에 관련되고, 사절의 능력 여부는 국가의 영욕에 관련된다. 지금은 대정유신 해외 각국과 병립을 꾀해야 하는 때에 이르러, 사절을 이역만리에 보낸다. 외교·내치 앞날의 대업 그 성공과 실패는 여기에 달려 있다. 어찌 큰 임무가 아니겠는가. (…) 우리 반드시 공을 세울 날이 멀지 않을 것으로 안다. 가거라, 바다를 화륜으로 옮겨가며, 육지를 기차로 돌며, 만리를 돌며 영명을 사방에 선양하여 무사히 돌아올 것을 기원한다. (『이와쿠라공 실기』 중)

사절단은 첫 방문국인 미국을 향해, 11월 12일에 요코하마를 떠났다.

저자 후기

메이지유신사 연구의 최전선에서는 지금 폐번치현이 커다란 화제이며, 근년 다양한 학설이 제출되고 있다. 260년 이상 이어진 에도막부가 무너진 후, 번체제는 어떻게 붕괴되어갔는가. 왕정복고에서 성립된 유신정부는 당초부터 번체제를 폐지하려 했는가. 판적봉환에서 폐번치현으로 이어지는 길은 자연스러웠는가. 이처럼 유신정권의 역사적 성격에 관하여 현재 폐번치현이 주목받고 있다.

이러한 정황 속에서, 하나의 폐번치현의 모습을 제시해보려 시도한 것이 본서라 하겠다.

본서는 일본근대사를 전공으로 하는 학생이나 연구자가 아닌 일반독자를 대상으로 집필했다. 따라서 인용자료는 읽기 쉽도록 토를 달고 표기를 다시 손본 부분이 있다. 최신 연구성과를 소개하는 것에 마음을 썼으나, 소위 학술논문밖에 써보지 않았던 나의 문장이 일반독자에게 잘 받아들여졌을지, 몹시 마음이 쓰이는 심정이다. 또한 전문가로부터는 자명(自明)한 내용을 그저 적어놓은 데 지나지 않는다고 질책을 받을 듯싶다.

단지, 폐번치현은 어째서 메이지 4년 7월에 일어났는가, 그리고 그 원인은 무엇이었는가에 대하여 전문가들이 의논해주었으면 하는 논점을 제시할 수 있지 않았나 싶다. 허나 원인에 너무 중점을 두어버린 탓에, 실제 폐번치현이 각 지역에서 구체적으로 어떠한 형태로 이루어졌는지 경위에 대해서는 소홀하지 않았는지 후회되는 것도 사실이다.

많은 선학의 연구성과에 기대어 아무튼 책을 마무리 지을 수가 있었다. 직접 참조한 연구는 참고문헌으로 기재해놓았으나, 선학들에게 다시 한번 예를 표한다. 특히 메이지유신사학회 회원들의 업적(참고문헌에 모두 기재되지는 않은)에는 많은 빚을 지고 있다. 메이지유신사뿐 아니라 역사학이란 무엇인지에 대해 가르침을 받은 하라구치 기요시 선생, 특히 우수한 폐번치현 연구를 발표한 마쓰오 마사히토 씨. 본서를 집필하는 데에 두 분 선학의 저서와 논문은 문자 그대로 '좌우의 서'가 되었다. 학은에 깊게 감사한다. 하라구치 선생은 대학이 달랐기에 직접 사제관계가 없음에도 불구하고, 내 쪽에서 일방적으로 찾아 방문한 이래 지금까지 30년 가까이 따뜻이 지켜봐주셨다. 선생의 학은에 대해 조금은 보답할 수 있었나 싶다.

고단샤 선서 출판부 와타나베 요시노부 부장에게 폐번치현에 관한 집필을 권유받은 것은 지금으로부터 약 2년 전인 1998년 4월이었다. 당초에는 주저했던 나를 집필에 나서게 해준 사람이

와타나베 씨다. 와타나베 씨의 격려와 적확한 어드바이스가 없었다면 본서는 도저히 쓸 수 없었을 것이다. 또한 편집 실무를 담당한 도코로자와 준 씨는 소제목부터 하여 세부사항들에서 미비한 점을 지적해주었다. 서적이란 저자와 편집자의 공동작업으로 생겨나는 것을 더욱 깊이 실감했다. 물론 내용상의 책임은 나에게 있다. 두 사람에게 깊은 감사의 마음을 표한다.

본서는 내게 있어서는 첫 단독 저서이다. 그 첫 서적이 폐번치현이라는 주제로 쓰이게 될 줄은 2년 전에는 생각지도 못했다. 이는 폐번치현이 당시의 생각을 뛰어넘어서 단시일에 단행된 것과 궤를 같이하는 것처럼 생각된다.

2000년 6월 5일
가쓰타 마사하루

279

문고판 저자 후기

본서가 고단샤 선서 메티에의 한 권으로 처음 간행된 것이 2000년 7월이니, 벌써 14년이나 지난 일이 되었다. 본서는 내게 있어 첫 단독 저서였던 점에서 애착이 있고, 문고본으로 다시금 세상에 내게 된 것은 참으로 기쁘기 그지없다. 출판을 계획해준 주식회사 가도카와의 후의에 깊은 감사의 마음을 표한다.

문고화하면서 「끝으로 ─ 오쿠보정권이라는 귀결」을 생략한 이외에도, 읽기 쉽도록 인명을 중심으로 적절히 독음을 추가하였으나, 오탈자나 사실 오인을 정정한 이외에는 본문 논지는 일체 수정하지 않았다(소제목은 변경하였다). 논지에 수정을 가하지 않은 것은, 학술서는 집필·발표한 시기의 '역사적 산물'로서 가치가 있기 때문임은 물론이나, 다음과 같은 보다 적극적인 이유가 있었다.

폐번치현은 에도시대의 막번체제라 불리는 분권체제에 종지부를 찍고 중앙집권체제인 일본 근대국가를 탄생시켜, 그후의 근대화정책을 급발진시킨 장기적 의의를 지닌다. 그리고 그 실시경위는 본론에서도 상술한 바와 같이, 폐번치현은 유신정권 성립 당시부터 의도된 것이 아니라 메이지 4년(1871년) 7월에 제기되어 단숨에 단행되었다.

유신정권이 진행하고자 한 중앙집권화 노선은 메이지 원년(1868년)의 정체서로 제도화되어, 다음해인 메이지 2년(1869년)의 판적봉환 후에 확립된 부번현 세 통치 체제(번의 온존)의 점진적인 철저화에 의한 것이었다. 그러나 이러한 노선의 실현은 정부 내부의 혼미(불일치)로 인해 곤란함이 명백해진 것이 메이지 4년 7월이었다. 폐번치현은 이 시기에 돌연히 이뤄졌다는 것이 본서의 기본 논지이다.

본서 간행 후, 메이지 원년부터 4년에 이르는 기간의 연구(예를 들면 보신전쟁연구나 공의·공론연구 등)에 있어서 몇몇 새로운 견해들이 발표되고 있다. 그러나 본서에서 제시한 폐번치현의 논지에 대한 유력한 비판은 과문하여 알지 못하기에, 현재에도 나는 이 견해를 변경하지 않았으므로 논지에 수정을 가하지 않았다.

이번에 다시금 읽어보며, 유신정권이라는 중앙정부로부터의 서술이 중심이 되어 있고, 해체된 번측의 시점이 약한 점이 신경쓰였다. 판적봉환부터 폐번치현에 이르는 기간 동안, 번정개혁에 의해 각 번의 실태는 어떻게 바뀌었는가? 이러한 점과 전술한 새로운 식견을 조합한 폐번치현론이 그려질 수 있게 된다면, 다시금 '개정판'을 세상에 내고자 한다.

사족이지만, 본서 간행 후에 발표한 폐번치현에 관한 졸론(拙論)을 이어서 거론하고자 한다. 참조해주시면 감사하겠다.

「보신전쟁과 '번'의 소멸」(『역사독본』 제84권 제11호, 2003년 11월)

「폐번치현과 오카야마현」(오카야마현립기록사료관 개관기념 강연기록, 『오카야마현립기록자료관 기요(紀要)』 제1호, 2006년 3월)

또한 2001년 이후의 참고문헌으로, 대저인 마쓰오 마사히토 『폐번치현의 연구』(요시카와코분칸, 2001년)가 간행되었기에 소개해두고자 한다.

마지막으로, 문고본으로 만드는 데 있어서 가도카와 학예출판 브랜드컴퍼니 편집부의 다케우치 유코 씨에게는 세부사항에 걸쳐 큰 신세를 졌다. 마음으로부터 감사를 표한다.

2014년 8월

가쓰타 마사하루

문고판 저자 후기

282

참고문헌

浅野清, 『明治維新と郡県思想』(巌南堂書店、1939年)

宮武骸骨, 『府藩県制史』(名取書店、1941年)

稲田正次, 『明治憲法成立史』上巻(有斐閣、1940年)

丹羽邦男, 『明治維新と土地変革』(御茶の水書房、1962年)

原口清, 『戊辰戦争』(塙書房、1963年)

升味準之輔, 『日本政党史論』(東京大学出版会、1965年)

福島正夫, 『日本資本主義と『家』制度』(東京大学出版会、1967年)

原口清, 『日本近代国家の形成』(岩波書庫、1968年)

深谷博治, 『華士族秩禄処分の研究』(吉川弘文館、1973年)

田中章, 『日本の歴史二四　明治維新』(小学館、1976年)

下山三郎, 『近代天皇制研究序説』(岩波書店、1976年)

千田稔, 『維新政権の秩禄処分』(開明書院、1979年)

原口清, 『廃藩置県政治過程の一考察』(『名城商学』第29巻別冊、名城

大学商学会　1980年)

田中章、『高杉晋作と奇兵隊』(岩波新書、1985年)

大久保利謙、『明治維新の政治過程』(『大久保利謙歴史著作集』一、吉川弘文館、1986年)

松尾正人、『廃藩置県』(中公新書、1986年)

佐藤誠郎、『近代天皇制形成期の研究』(三一書房、1987年)

石井寛治、『大系日本の歴史十二　開国と維新』(小学館、1976年)

高橋秀直、『廃藩置県における権力と社会』(山本四郎編『近代日本の政党と官僚』、東京創元社、1991年)

猪飼隆明、『西郷隆盛』(岩波新書、1992年)

中村哲、『日本の歴史十六　明治維新』(集英社、1992年)

大久保利謙、『華族制の創出』(『大久保利謙歴史著作集』三、吉川弘文館、1993年)

大島美津子、『明治国家と地域社会』(岩波新書、1994年)

谷山正道、『近世民衆運動の展開』(高科書店、1994年)

福地惇、『明治新政権の権力構造』(吉川弘文館、1996年)

長野暹、『西南諸藩と廃藩置県』(九州大学出版会、1997年)

佐々木克、『大久保利通と明治維新』(吉川弘文館、1998年)

宮地正人、『幕末維新期の社会的政治史研究』(岩波書店、1999年)

落合弘樹、『秩禄処分』(中公新書、1999年)

勝田政治、『廃藩置県研究の現状と課題』(『国士舘大学』第七号、国士舘大学史学会、1999年)

青山忠正、『明治維新と国家形成』(吉川弘文館、2000年)

萩原延壽, 『遠い崖―アーネスト・サトウ日記抄⑧　帰国』(朝日新聞社、2000年)

연표

연도	관련사항	
1867년 (게이오 3년)	10월 14일	쇼군 도쿠가와 요시노부, 대정봉환
	11월 2일	사쓰마번사 데라지마 무네노리, 사쓰마번주 시마즈 다다요시에게 판적봉환 건의
	12월 9일	왕정복고 대호령. 소어소 회의에서 요시노부의 사관· 납지 결정
	12월 10일	요시노부에게 사관·납지를 명함
1868년 (게이오 4년 ·메이지 원년)	1월 3일	도바·후시미전투(보신전쟁 시작)
	1월 10일	구막부령을 신정부의 직할지로 삼음
	1월 17일	3직 7과 제도
	2월 3일	천황친정령. 3직 8국 제도
	2월 11일	제번을 3구분(대번·중번·소번)
	2월	기도 다카요시, 판적봉환 건의
	3월 14일	5개조 서약문
	윤4월 21일	정체서를 정하고, 부번현 세 통치 체제로 함
	7월 17일	에도를 도쿄로 개칭

연도	관련사항	
	9월 8일	메이지로 개원하고, 일세일원제를 정함
	9월 22일	아이즈번 항복
	10월 28일	번치직제 정함
	11월	히메지번주 사카이 다다쿠니, 판적봉환 건의
	11월	효고현지사 이토 히로부미, 판적봉환 건의
	12월 7일	보신전쟁에 관한 도호쿠 제번의 처분 발표
1869년 (메이지 2년)	1월 20일	사조도히 4개 번주, 판적봉환 건의
	1월 24일	돗토리번주 이케다 요시노리, 판적봉환 건의(뒤이어 각 번주가 판적봉환 건의)
	2월 5일	부현 시정 순서 정함. 제번에 의사소 개설을 명함
	3월 7일	공의소 개원(제번이 봉건·군현론 전개)
	5월 18일	하코다테의 에노모토 다케아키군 항복(보신전쟁 종결)
	6월 2일	보신전쟁의 전공상전 발표
	6월 17일	판적봉환을 허가하고, 번주를 지번사에 임명. 공경·번주를 화족으로 함
	6월 25일	제번에 제무변혁을 명함
	7월 8일	직원령을 정하고, 개척사를 둠
	7월 27일	부현봉직규칙을 정함
	8월 15일	에조치를 홋카이도로 개칭
	10월	사야마번지사 호조 우지유키, 폐번 건의
	12월 2일	구 막신의 녹제개혁
	12월 24일	요시이번지사 요시이 노부노리, 폐번 건의
	12월 26일	요시이·사야마 양 번 폐번

연도	관련사항	
1870년 **(메이지 3년)**	1월	조슈번 탈대 소동(2월에 무력진압)
	4월	모리오카번지사 난부 도시유키, 폐번 건의
	5월 28일	집의원에서 번제 심의 시작
	7월 10일	모리오카번 폐번
	8월 24일	마리야마번지사 사카이 다다쓰네, 폐번 건의
	8월	이와쿠라 도모미 '건국책' 작성
	9월 초	오쿠마 시게노부 '전국일치의 논의' 제출
	9월 10일	번제 제정
	9월 17일	마리야마번 폐번
	10월 2일	번의 상비병 편제방식 제정
	10월 19일	나가오카번지사 마키노 다다카쓰, 폐번 건의
	10월 22일	나가오카번 폐번
	11월 13일	징병규칙 제정
	11월	후쿠모토번지사 이케다 노리마스, 폐번 건의
	11월 23일	후쿠모토번 폐번
	12월 18일	칙사 이와쿠라 도모미 일행, 가고시마에 도착
	12월 22일	다카스번지사 마쓰다이라 요시노리, 폐번 건의
	12월 23일	다카스번 폐번
	12월 말	사이고 다카모리, 정치의견서 제출
1871년 **(메이지 4년)**	1월 5일	신사·사찰 영지 몰수
	1월 9일	참의 히로사와 사네오미 암살
	1월	도쿠시마번지사 하치스카 모치아키, 폐번 건의 돗토리번지사 이케다 요시노리, 폐번 건의 다도쓰번지사 교고쿠 다카마사, 폐번 건의

연도		관련사항
1871년 (메이지 4년)	2월 5일	다도쓰번 폐번
	2월 13일	사조도 3개 번에서 번병을 징병하여 친병으로 삼음
	3월 27일	마루가메번지사 교고쿠 아키유키, 폐번 건의
	3월	구마모토번지사 호소카와 모리히사, 지번사 사직 건의
	4월 4일	호적법 제정
	4월 10일	마루가메번 폐번
	4월	'대번동심의견서' 작성
	5월 15일	도쿠야마번지사 모리 모토미쓰, 폐번 건의 다쓰오카번지사 오규 유즈루, 폐번 건의
	5월 22일	쓰와노번지사 가메이 고레미, 폐번 건의
	6월 2일	다쓰오카번 폐번
	6월 19일	도쿠야마번 폐번
	6월	오미조번지사 와케베 미쓰노리, 폐번 건의
	6월 23일	오미조번 폐번
	6월 25일	쓰와노번 폐번
	6월 25일	기도 다카요시·사이고 다카모리 참의 취임
1871년 (메이지 4년)	7월 2일	후쿠오카번지사 구로다 나가토모 파면
	7월 4일	조슈번지사 모리 모토노리, 사쓰마번지사 시마즈 다다요시, 도사번지사 야마노우치 도요노리, 나고야번지사 도쿠가와 요시카쓰, 전 후쿠이번주 마쓰다이라 요시나가에게 국사자문을 명함 야마가타 아리토모·도리오 고야타·노무라 야스시 회담, 폐번치현론 제기
	7월 5일	제도취조회의 개회

연도	관련사항	
1871년 **(메이지 4년)**	7월 6일	이노우에 가오루·도리오 고야타·노무라 야스시 회담, 이노우에 폐번치현에 동의 사이고 다카모리·야마가타 아리토모 회담, 사이고 폐번치현에 동의 오쿠보 도시미치·사이고 다카모리 회담, 오쿠보 폐번치현에 동의
	7월 9일	사조 양 번, 폐번치현 단행에 대해 비밀회담
	7월 10일	폐번치현 발령일 7월 14일로 결정
	7월 14일	폐번치현 단행. 3부 302현이 됨 오쿠마 시게노부·이타가키 다이스케 참의 임명
	7월 29일	태정관 3원제 성립
	8월 4일	히로시마현에서 부이치소동 발생
	10월 28일	부현관제 제정
	11월 12일	이와쿠라사절단, 요코하마 출발
	11월 27일	현치조례 제정(부현봉직규칙 폐지)
	11월	부현 통합. 3부 72현이 됨
1872년 **(메이지 5년)**	8월 3일	학제 제정
	9월 14일	류큐왕국 국왕 쇼타이를 류큐번왕으로 하고, 화족으로 둠
	11월 9일	태양력 채용(12월 3일을 메이지 6년 1월 1일로 함)
	11월 28일	징병 칙서
1873년 **(메이지 6년)**	1월 10일	징병령 제정
	7월 28일	지조개정조례 공포
	9월 13일	이와쿠라사절단 대사 이와쿠라 도모미 귀국

연도		관련사항
1873년 **(메이지 6년)**	10월 24일 ~25일	정한론정변 발생(사이고 다카모리·이타가키 다이스케 등 사직) 오쿠보 정권 성립
	11월 10일	내무성 설치
1879년 **(메이지 12년)**	4월 4일	류큐번 폐지, 오키나와현 설치(류큐처분)
1882년 **(메이지 15년)**	2월 8일	개척사 폐지, 홋카이도에 하코다테·삿포로·네무로 3현 설치

• 부번현(府藩県) 대조표 •

폐번치현으로 설치된 부현과 기존의 번(부현), 및
현재의 도도부현과의 관계를 보여주는 표이다.
번의 항목에는 폐번치현 이전에 설치되어 있던 부현도 포함된다.
또한, 괄호 안의 M은 메이지,
○표시는 윤달을 뜻한다.

번	폐번치현		현재

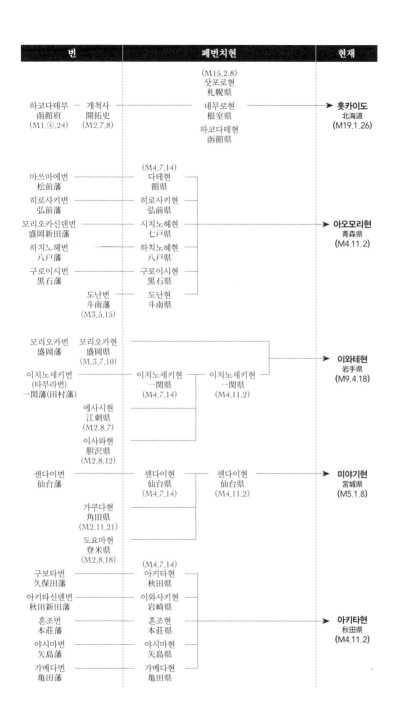

하코다테부
函館府
(M1.④.24) — 개척사
開拓史
(M2.7.8)

(M15.2.8)
삿포로현
札幌県

네무로현
根室県

하코다테현
函館県

→ 홋카이도
北海道
(M19.1.26)

(M4.7.14)
마쓰마에번
松前藩 — 다테현
館県

히로사키번
弘前藩 — 히로사키현
弘前県

모리오카신덴번
盛岡新田藩 — 시치노헤현
七戸県

하치노헤번
八戸藩 — 하치노헤현
八戸県

구로이시번
黒石藩 — 구로이시현
黒石県

도난번
斗南藩
(M3.5.15) — 도난현
斗南県

→ 아오모리현
青森県
(M4.11.2)

모리오카번
盛岡藩 — 모리오카현
盛岡県
(M.3.7.10)

이치노세키번
(타무라번)
一関藩(田村藩) — 이치노세키현
一関県
(M4.7.14) — 이치노세키현
一関県
(M4.11.2)

에사시현
江刺県
(M2.8.7)

이사와현
胆沢県
(M2.8.12)

→ 이와테현
岩手県
(M9.4.18)

센다이번
仙台藩 — 센다이현
仙台県
(M4.7.14) — 센다이현
仙台県
(M4.11.2)

가쿠다현
角田県
(M2.11.21)

도요마현
登米県
(M2.8.18)

→ 미야기현
宮城県
(M5.1.8)

(M4.7.14)
구보타번
久保田藩 — 아키타현
秋田県

아키타신덴번
秋田新田藩 — 이와사키현
岩崎県

혼조번
本荘藩 — 혼조현
本荘県

야시마번
矢島藩 — 야시마현
矢島県

가메다번
亀田藩 — 가메다현
亀田県

→ 아키타현
秋田県
(M4.11.2)

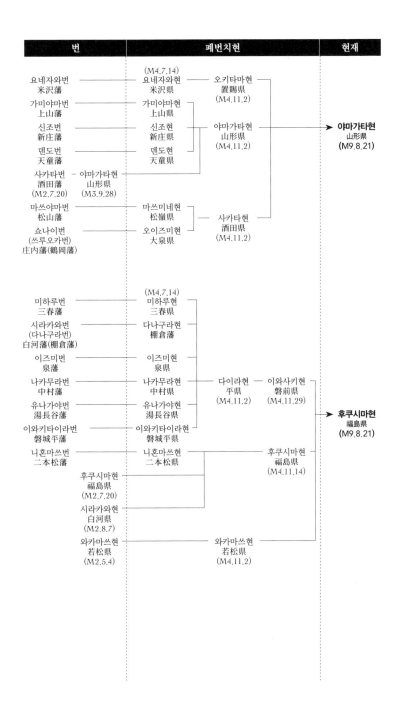

번	폐번치현		현재

번

요네자와번
米沢藩

가미야마번
上山藩

신조번
新庄藩

덴도번
天童藩

사카타번
酒田藩
(M2.7.20)

마쓰야마번
松山藩

쇼나이번
(쓰루오카번)
庄内藩(鶴岡藩)

폐번치현

(M4.7.14)
요네자와현
米沢県

가미야마현
上山県

신조현
新庄県

덴도현
天童県

야마가타현
山形県
(M3.9.28)

오키타마현
置賜県
(M4.11.2)

야마가타현
山形県
(M4.11.2)

마쓰미네현
松嶺県

오이즈미현
大泉県

사카타현
酒田県
(M4.11.2)

현재

➤ **야마가타현**
山形県
(M9.8.21)

번

미하루번
三春藩

시라카와번
(다나구라번)
白河藩(棚倉藩)

이즈미번
泉藩

나카무라번
中村藩

유나가야번
湯長谷藩

이와키타이라번
磐城平藩

니혼마쓰번
二本松藩

후쿠시마현
福島県
(M2.7.20)

시라카와현
白河県
(M2.8.7)

와카마쓰현
若松県
(M2.5.4)

폐번치현

(M4.7.14)
미하루현
三春県

다나구라현
棚倉藩

이즈미현
泉県

나카무라현
中村県

유나가야현
湯長谷県

이와키타이라현
磐城平県

니혼마쓰현
二本松県

와카마쓰현
若松県
(M4.11.2)

다이라현
平県
(M4.11.2)

이와사키현
磐前県
(M4.11.29)

후쿠시마현
福島県
(M4.11.14)

현재

➤ **후쿠시마현**
福島県
(M9.8.21)

번	폐번치현	현재

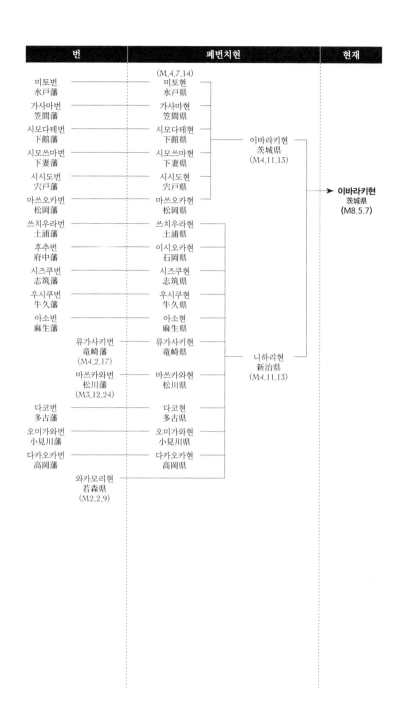

미토번
水戸藩

가사마번
笠間藩

시모다테번
下館藩

시모쓰마번
下妻藩

시시도번
宍戸藩

마쓰오카번
松岡藩

쓰치우라번
土浦藩

후추번
府中藩

시즈쿠번
志筑藩

우시쿠번
牛久藩

아소번
麻生藩

류가사키번
竜崎藩
(M4.2.17)

마쓰카와번
松川藩
(M3.12.24)

다코번
多古藩

오미가와번
小見川藩

다카오카번
高岡藩

와카모리현
若森県
(M2.2.9)

(M.4.7.14)
미토현
水戸県

가사마현
笠間県

시모다테현
下館県

시모쓰마현
下妻県

시시도현
宍戸県

마쓰오카현
松岡県

쓰치우라현
土浦県

이시오카현
石岡県

시즈쿠현
志筑県

우시쿠현
牛久県

아소현
麻生県

류가사키현
竜崎県

마쓰카와현
松川県

다코현
多古県

오미가와현
小見川県

다카오카현
高岡県

이바라키현
茨城県
(M4.11.13)

니하리현
新治県
(M4.11.13)

이바라키현
茨城県
(M8.5.7)

번	폐번치현	현재

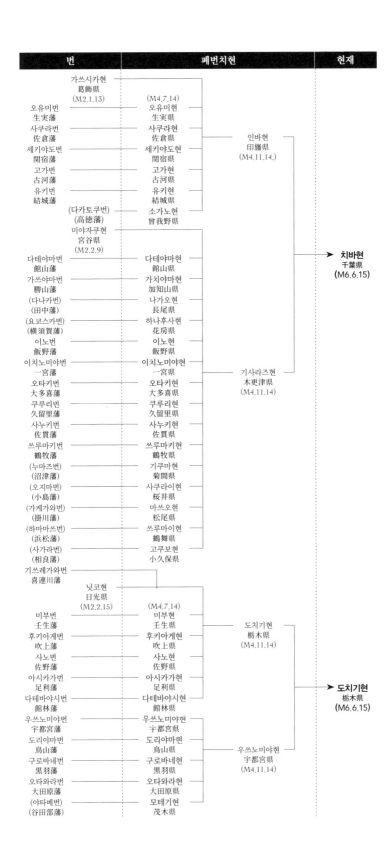

번

가쓰시카현
葛飾県
(M2.1.13)

오유미번
生実藩

사쿠라번
佐倉藩

세키야도번
関宿藩

고가번
古河藩

유키번
結城藩

(다카토쿠번)
(高徳藩)

미야자쿠현
宮谷県
(M2.2.9)

다테야마번
館山藩

가쓰야마번
勝山藩

(다나카번)
(田中藩)

(요코스카번)
(横須賀藩)

이노번
飯野藩

이치노미야번
一宮藩

오타키번
大多喜藩

쿠루리번
久留里藩

사누키번
佐貫藩

쓰루마키번
鶴牧藩

(누마즈번)
(沼津藩)

(오지마번)
(小島藩)

(가케가와번)
(掛川藩)

(하마마쓰번)
(浜松藩)

(사가라번)
(相良藩)

기쓰레가와번
喜連川藩

닛코현
日光県
(M2.2.15)

미부번
壬生藩

후키아게번
吹上藩

사노번
佐野藩

아시카가번
足利藩

다테바야시번
館林藩

우쓰노미야번
宇都宮藩

도리야마번
烏山藩

구로바네번
黒羽藩

오타와라번
大田原藩

(야타베번)
(谷田部藩)

폐번치현

(M4.7.14)
오유미현
生実県

사쿠라현
佐倉県

세키야도현
関宿県

고가현
古河県

유키현
結城県

소가노현
曾我野県

다테야마현
館山県

가치야마현
加知山県

나가오현
長尾県

하나후사현
花房県

이노현
飯野県

이치노미야현
一宮県

오타키현
大多喜県

쿠루리현
久留里県

사누키현
佐貫県

쓰루마키현
鶴牧県

기쿠마현
菊間県

사쿠라이현
桜井県

마쓰오현
松尾県

쓰루마이현
鶴舞県

고쿠보현
小久保県

(M4.7.14)
미부현
壬生県

후키아게현
吹上県

사노현
佐野県

아시카가현
足利県

다테바야시현
館林県

우쓰노미야현
宇都宮県

도리야마현
烏山県

구로바네현
黒羽県

오타와라현
大田原県

모테기현
茂木県

인바현
印旛県
(M4.11.14.)

기사라즈현
木更津県
(M4.11.14)

도치기현
栃木県
(M4.11.14)

우쓰노미야현
宇都宮県
(M4.11.14)

현재

→ 치바현
千葉県
(M6.6.15)

→ 도치기현
栃木県
(M6.6.15)

번	폐번치현	현재

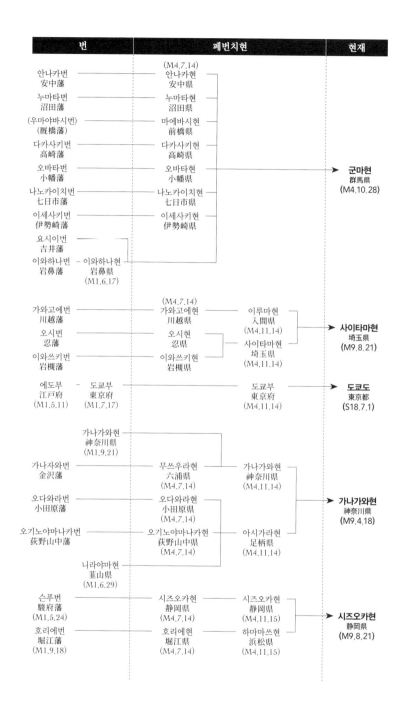

안나카번
安中藩
(M4.7.14)
안나카현
安中県

누마타번
沼田藩
누마타현
沼田県

(우마야바시번)
(厩橋藩)
마에바시현
前橋県

다카사키번
高崎藩
다카사키현
高崎県

오바타번
小幡藩
오바타현
小幡県

나노카이치번
七日市藩
나노카이치현
七日市県

이세사키번
伊勢崎藩
이세사키현
伊勢崎県

요시이번
吉井藩

이와하나번
岩鼻藩
이와하나현
岩鼻県
(M1.6.17)

군마현
群馬県
(M4.10.28)

가와고에번
川越藩
(M4.7.14)
가와고에현
川越県
이루마현
入間県
(M4.11.14)

오시번
忍藩
오시현
忍県
사이타마현
埼玉県
(M4.11.14)

이와쓰키번
岩槻藩
이와쓰키현
岩槻県

사이타마현
埼玉県
(M9.8.21)

에도부
江戸府
(M1.5.11)
도쿄부
東京府
(M1.7.17)
도쿄부
東京府
(M4.11.14)

도쿄도
東京都
(S18.7.1)

가나가와현
神奈川県
(M1.9.21)

가나자와번
金沢藩
무쓰우라현
六浦県
(M4.7.14)
가나가와현
神奈川県
(M4.11.14)

오다와라번
小田原藩
오다와라현
小田原県
(M4.7.14)

오기노야마나카번
荻野山中藩
오기노야마나카현
荻野山中県
(M4.7.14)
아시가라현
足柄県
(M4.11.14)

니라야마현
韮山県
(M1.6.29)

가나가와현
神奈川県
(M9.4.18)

슨푸번
駿府藩
(M1.5.24)
시즈오카현
静岡県
(M4.7.14)
시즈오카현
静岡県
(M4.11.15)

호리에번
堀江藩
(M1.9.18)
호리에현
堀江県
(M4.7.14)
하마마쓰현
浜松県
(M4.11.15)

시즈오카현
静岡県
(M9.8.21)

번	폐번치현	현재

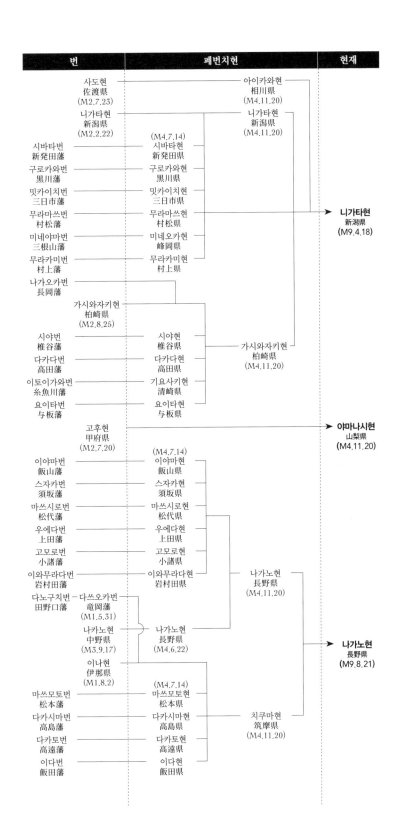

사도현
佐渡県
(M2.7.23)

아이카와현
相川県
(M4.11.20)

니가타현
新潟県
(M2.2.22)

니가타현
新潟県
(M4.11.20)

시바타번
新発田藩

(M4.7.14)
시바타현
新発田県

구로카와번
黒川藩

구로카와현
黒川県

밋카이치번
三日市藩

밋카이치현
三日市県

무라마쓰번
村松藩

무라마쓰현
村松県

미네야마번
三根山藩

미네오카현
峰岡県

무라카미번
村上藩

무라카미현
村上県

니가타현
新潟県
(M9.4.18)

나가오카번
長岡藩

가시와자키현
柏崎県
(M2.8.25)

시야번
椎谷藩

시야현
椎谷県

다카다번
高田藩

다카다현
高田県

가시와자키현
柏崎県
(M4.11.20)

이토이가와번
糸魚川藩

기요사키현
清崎県

요이타번
与板藩

요이타현
与板県

고후현
甲府県
(M2.7.20)

야마나시현
山梨県
(M4.11.20)

이야마번
飯山藩

(M4.7.14)
이야마현
飯山県

스자카번
須坂藩

스자카현
須坂県

마쓰시로번
松代藩

마쓰시로현
松代県

우에다번
上田藩

우에다현
上田県

고모로번
小諸藩

고모로현
小諸県

이와무라다번
岩村田藩

이와무라다현
岩村田県

나가노현
長野県
(M4.11.20)

다노구치번
田野口藩

다쓰오카번
竜岡藩
(M1.5.31)

나카노현
中野県
(M3.9.17)

나가노현
長野県
(M4.6.22)

이나현
伊那県
(M1.8.2)

나가노현
長野県
(M9.8.21)

마쓰모토번
松本藩

(M4.7.14)
마쓰모토현
松本県

다카시마번
高島藩

다카시마현
高島県

다카토번
高遠藩

다카토현
高遠県

이다번
飯田藩

이다현
飯田県

치쿠마현
筑摩県
(M4.11.20)

번	폐번치현	현재

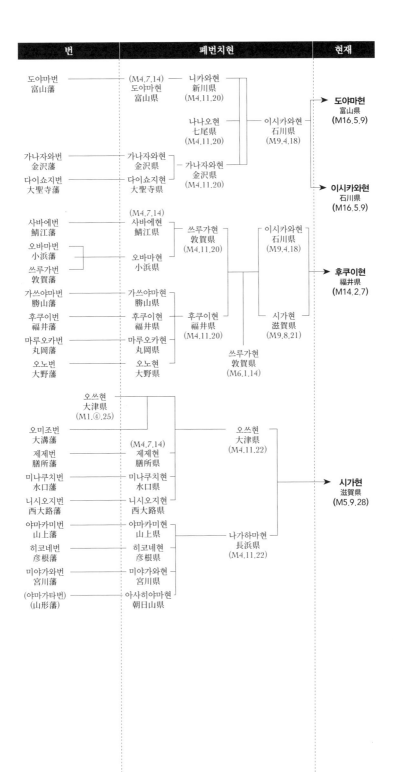

도야마번
富山藩 ── (M4.7.14)
도야마현
富山県 ── 니카와현
新川県
(M4.11.20)

나나오현
七尾県
(M4.11.20) ── 이시카와현
石川県
(M9.4.18)

→ **도야마현**
富山県
(M16.5.9)

가나자와번
金沢藩 ── 가나자와현
金沢県

다이쇼지번
大聖寺藩 ── 다이쇼지현
大聖寺県

가나자와현
金沢県
(M4.11.20)

→ **이시카와현**
石川県
(M16.5.9)

사바에번
鯖江藩 ── (M4.7.14)
사바에현
鯖江県 ── 쓰루가현
敦賀県
(M4.11.20)

오바마번
小浜藩
쓰루가번
敦賀藩 ── 오바마현
小浜県

이시카와현
石川県
(M9.4.18)

가쓰야마번
勝山藩 ── 가쓰야마현
勝山県

후쿠이번
福井藩 ── 후쿠이현
福井県

마루오카번
丸岡藩 ── 마루오카현
丸岡県

오노번
大野藩 ── 오노현
大野県

후쿠이현
福井県
(M4.11.20)

시가현
滋賀県
(M9.8.21)

쓰루가현
敦賀県
(M6.1.14)

→ **후쿠이현**
福井県
(M14.2.7)

오쓰현
大津県
(M1.④.25)

오미조번
大溝藩

제제번
膳所藩 ── (M4.7.14)
제제현
膳所県

미나쿠치번
水口藩 ── 미나쿠치현
水口県

니시오지번
西大路藩 ── 니시오지현
西大路県

야마카미번
山上藩 ── 야마카미현
山上県

히코네번
彦根藩 ── 히코네현
彦根県

미야가와번
宮川藩 ── 미야가와현
宮川県

(야마가타번)
(山形藩) ── 아사히야마현
朝日山県

오쓰현
大津県
(M4.11.22)

나가하마현
長浜県
(M4.11.22)

→ **시가현**
滋賀県
(M5.9.28)

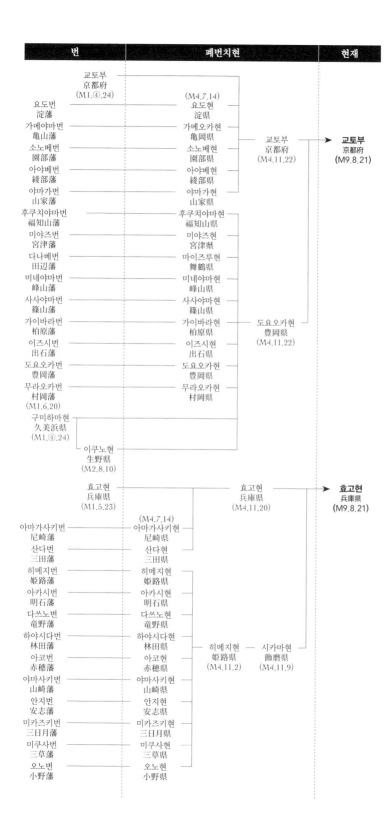

번	폐번치현	현재

교토부
京都府
(M1.④.24)

(M4.7.14)

요도번
淀藩
→ 요도현
淀県

가메야마번
亀山藩
→ 가메오카현
亀岡県

소노베번
園部藩
→ 소노베현
園部県

아야베번
綾部藩
→ 아야베현
綾部県

야마가번
山家藩
→ 야마가현
山家県

교토부
京都府
(M4.11.22)

후쿠치야마번
福知山藩
→ 후쿠치야마현
福知山県

미야즈번
宮津藩
→ 미야즈현
宮津県

다나베번
田辺藩
→ 마이즈루현
舞鶴県

미네야마번
峰山藩
→ 미네야마현
峰山県

사사야마번
篠山藩
→ 사사야마현
篠山県

가이바라번
柏原藩
→ 가이바라현
柏原県

이즈시번
出石藩
→ 이즈시현
出石県

도요오카번
豊岡藩
→ 도요오카현
豊岡県

무라오카번
村岡藩
(M1.6.20)
→ 무라오카현
村岡県

도요오카현
豊岡県
(M4.11.22)

교토부
京都府
(M9.8.21)

구미하마현
久美浜県
(M1.④.24)

이쿠노현
生野県
(M2.8.10)

효고현
兵庫県
(M1.5.23)

(M4.7.14)

아마가사키번
尼崎藩
→ 아마가사키현
尼崎県

산다번
三田藩
→ 산다현
三田県

효고현
兵庫県
(M4.11.20)

효고현
兵庫県
(M9.8.21)

히메지번
姫路藩
→ 히메지현
姫路県

아카시번
明石藩
→ 아카시현
明石県

다쓰노번
竜野藩
→ 다쓰노현
竜野県

하야시다번
林田藩
→ 하야시다현
林田県

아코번
赤穂藩
→ 아코현
赤穂県

야마사키번
山崎藩
→ 야마사키현
山崎県

안지번
安志藩
→ 안지현
安志県

미카즈키번
三日月藩
→ 미카즈키현
三日月県

미쿠사번
三草藩
→ 미쿠사현
三草県

오노번
小野藩
→ 오노현
小野県

히메지현
姫路県
(M4.11.2)
→ 시카마현
飾磨県
(M4.11.9)

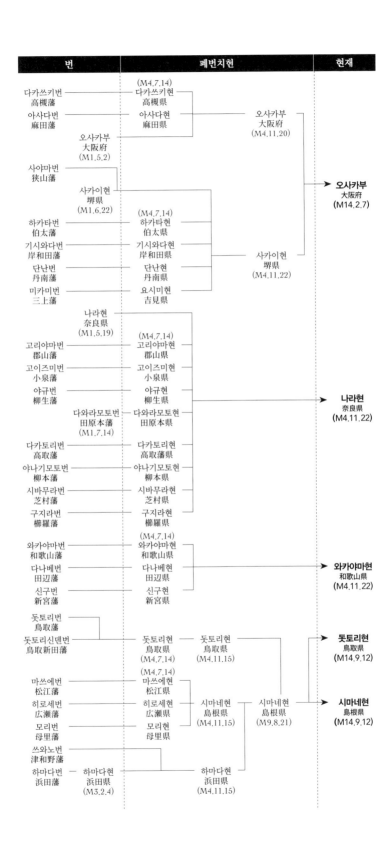

번	폐번치현	현재

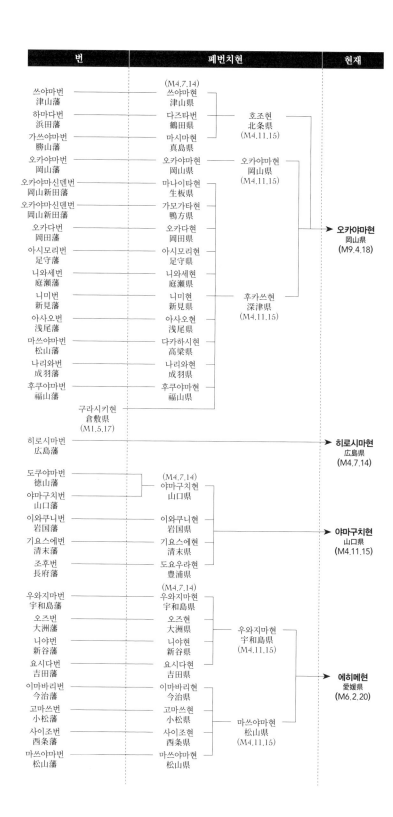

쓰야마번
津山藩

하마다번
浜田藩

가쓰야마번
勝山藩

오카야마번
岡山藩

오카야마신덴번
岡山新田藩

오카야마신덴번
岡山新田藩

오카다번
岡田藩

아시모리번
足守藩

니와세번
庭瀬藩

니미번
新見藩

아사오번
浅尾藩

마쓰야마번
松山藩

나리와번
成羽藩

후쿠야마번
福山藩

(M4.7.14)
쓰야마현
津山県

다즈타번
鶴田県

마시마현
真島県

오카야마현
岡山県

마나이타현
生板県

가모가타현
鴨方県

오카다현
岡田県

아시모리현
足守県

니와세현
庭瀬県

니미현
新見県

아사오현
浅尾県

다카하시현
高梁県

나리와현
成羽県

후쿠야마현
福山県

호조현
北条県
(M4.11.15)

오카야마현
岡山県
(M4.11.15)

후카쓰현
深津県
(M4.11.15)

구라시키현
倉敷県
(M1.5.17)

➤ 오카야마현
岡山県
(M9.4.18)

히로시마번
広島藩

➤ 히로시마현
広島県
(M4.7.14)

도쿠야마번
徳山藩

야마구치번
山口藩

이와쿠니번
岩国藩

기요스에번
清末藩

조후번
長府藩

(M4.7.14)
야마구치현
山口県

이와쿠니현
岩国県

기요스에현
清末県

도요우라현
豊浦県

➤ 야마구치현
山口県
(M4.11.15)

우와지마번
宇和島藩

오즈번
大洲藩

니야번
新谷藩

요시다번
吉田藩

이마바리번
今治藩

고마쓰번
小松藩

사이조번
西条藩

마쓰야마번
松山藩

(M4.7.14)
우와지마현
宇和島県

오즈현
大洲県

니야현
新谷県

요시다현
吉田県

이마바리현
今治県

고마쓰현
小松県

사이조현
西条県

마쓰야마현
松山県

우와지마현
宇和島県
(M4.11.15)

마쓰야마현
松山県
(M4.11.15)

➤ 에히메현
愛媛県
(M6.2.20)

번	폐번치현	현재
다카마쓰번 高松藩	다카마쓰현 高松県 (M4.7.14)	
마루가메번 丸亀藩	마루가메현 丸亀県 (M4.4.10)	가가와현 香川県 (M4.11.15) → 가가와현 香川県 (M8.9.5)
도쿠시마번 徳島藩	도쿠시마현 徳島県 (M4.7.14)	묘도현 名東県 (M4.11.15) → 도쿠시마현 徳島県 (M13.3.2)
고치번 高知藩	고치현 高知県 (M4.7.14)	→ 고치현 高知県 (M13.3.2)
후쿠오카번 福岡藩	(M4.7.14) 후쿠오카현 福岡県	후쿠오카현 福岡県 (M4.11.14)	
아키즈키번 秋月藩	아키즈키현 秋月県	후쿠오카현 福岡県 (M9.4.18) → 후쿠오카현 福岡県 (M9.8.21)
나카쓰번 中津藩	나카쓰현 中津県	고쿠라현 小倉県 (M4.11.14)	
고쿠라번 小倉藩	도요쓰현 豊津県		
고쿠라신덴번 小倉新田藩	치즈카현 千束県		
야나가와번 柳川藩	야나가와현 柳川県	미즈마현 三潴県 (M4.11.14)	
구루메번 久留米藩	구루메현 久留米県		
미이케번 三池藩 (M2.6.24)	미이케현 三池県		
하스노이케번 蓮池藩	(M4.7.14) 하스노이케현 蓮池県		
오기번 小城藩	오기현 小城県		
가시마번 鹿島藩	가시마현 鹿島県	이마리현 伊万里県 (M4.11.14) → 사가현 佐賀県 (M5.5.29)
가라쓰번 唐津藩	가라쓰현 唐津県		
사가번 佐賀藩	사가현 佐賀県		
후추번 府中藩	이즈하라현 厳原県		
	나가사키현 長崎県 (M2.6.20)		
시마바라번 島原藩	(M4.7.14) 시마바라현 島原県		
히라도번 平戸藩	히라도현 平戸県		
히라도신덴번 平戸新田藩			
고토번 (후쿠에번) 五島藩(福江藩)	후쿠에현 福江県		나가사키현 長崎県 (M4.11.14)
오무라번 大村藩	오무라현 大村県		

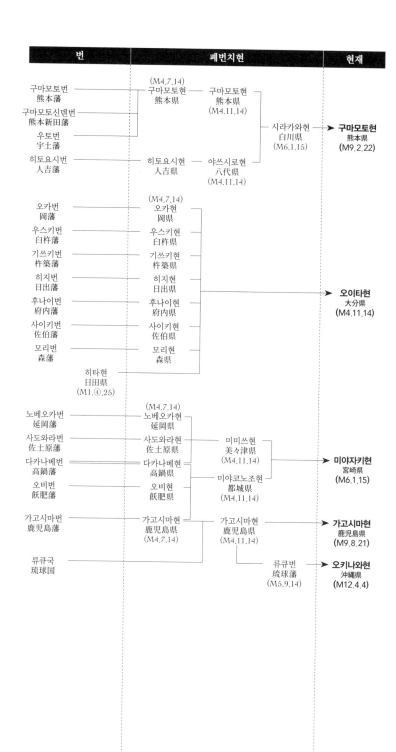

번	폐번치현	현재

구마모토번
熊本藩

(M4.7.14)
구마모토현
熊本県

구마모토현
熊本県
(M4.11.14)

구마모토신덴번
熊本新田藩

우토번
宇土藩

시라카와현
白川県
(M6.1.15)

➤ **구마모토현**
熊本県
(M9.2.22)

히토요시번
人吉藩

히토요시현
人吉県

야쓰시로현
八代県
(M4.11.14)

오카번
岡藩

(M4.7.14)
오카현
岡県

우스키번
臼杵藩

우스키현
臼杵県

기쓰키번
杵築藩

기쓰키현
杵築県

히지번
日出藩

히지현
日出県

후나이번
府内藩

후나이현
府内県

➤ **오이타현**
大分県
(M4.11.14)

사이키번
佐伯藩

사이키현
佐伯県

모리번
森藩

모리현
森県

히타현
日田県
(M1.④.25)

노베오카번
延岡藩

(M4.7.14)
노베오카현
延岡県

사도와라번
佐土原藩

사도와라현
佐土原県

미미쓰현
美々津県
(M4.11.14)

다카나베번
高鍋藩

다카나베현
高鍋県

미야코노조현
都城県
(M4.11.14)

➤ **미야자키현**
宮崎県
(M6.1.15)

오비번
飫肥藩

오비현
飫肥県

가고시마번
鹿児島藩

가고시마현
鹿児島県
(M4.7.14)

가고시마현
鹿児島県
(M4.11.14)

➤ **가고시마현**
鹿児島県
(M9.8.21)

류큐국
琉球国

류큐번
琉球藩
(M5.9.14)

➤ **오키나와현**
沖縄県
(M12.4.4)

역자 후기

이 책은 2014년 가도카와문고에서 출판된 가쓰타 마사하루 저 『폐번치현 근대국가탄생의 무대 뒤(廃藩置県 — 近代国家誕生の 舞台裏)』의 번역서이다. 역자가 과문한 탓일 수도 있으나 메이지유 신기 폐번치현을 단독으로 다룬 책으로는 국내 첫 소개가 아닐까 한다.

유학시절 일본근대사를 공부할 때에 막번제(幕藩制) 봉건국 가 일본이 700년간 내려온 국체를 변혁하여 근대 메이지 중앙집 권체제를 성립시킨 과정은 관심의 대상이었는데, 근대 메이지 일 본이 완성되기 전의 기초를 쌓던 이 시기를 단독으로 다룬 번역 서가 한 권도 나와 있지 않았던 점이 개인적으로도 아쉬웠던 차 에 이렇게 본서가 빛을 볼 수 있게 되어 다행일 따름이다.

이 책에서 다루는 메이지유신의 시작인 왕정복고 대호령 (1867년)부터 폐번치현(1871년)에 이르기까지의 불과 4년 남짓 한 시기 일본에서는 근대국가 수립을 향한 급격한 변화가 이루어졌고, 서구적·근대적 요소를 도입하려는 시도도 이루어졌다. 몇 가지 예를 들자면 폐번치현에 앞선 판적봉환이 이뤄진 시기에 설치된 공의소는 전국 각지 제번의 의견을 듣기 위해 대표들을 모아 '만기공론'으로 결정했던 점에서, 자문기관에 불과했다고는 하나 의회제도의 원형과 흡사한 모습을 보여주며, 군현이 처음 설치될 시기에 사용되었던 '재판소'라는 명칭은 현재에도 '사법' 한정으로 의미가 축소되었긴 하나 오늘날까지 쓰이고 있다. 우리에게 낯익은 근대용어의 탄생도 이 시기를 빼놓고서는 생각할 수 없는 것이다.

책의 본제인 폐번치현으로 돌아가서, 어째서 폐번치현이 이루어졌는지에 대해서 저자는 폐번의 첫번째 이유로 각 번의 경제적 이유를 들고 있다. 메이지유신 이전부터 재정상태가 좋지 않던 각 번의 입장에서, 보신전쟁 당시의 군비 염출은 승자에게나 패자에게나 재정에 치명타를 안겨주었다.

일례로 보신전쟁 때 막부측에 섰던 도호쿠지역 중번(모리오카번)의 사례에서 보이듯, 소위 조적번에 대하여 영지 삭감과 더불어 무거운 헌금을 강요했으며, 이에 응하지 못하면 안찰사를 통해 미이행금만큼 영지를 추가삭감하여 번 재정을 유지하지 못한 나머지 폐번을 스스로 청하게 만들어, 잠재적 적대세력의 실질적 붕괴를 가져오게 만들었다. 실제로 폐번치현 즈음하여 몇몇 번에서는 스스로 폐번 의사를 정부에 청해오기도 한다.

또다른 중요한 이유는 사쓰마·조슈·도사 3개 번 제휴에 둘 수 있다. 3개 번 제휴에 의하여 성립된 친병(정부직할군)의 위압력은 폐번 이후 각 번을 제어하는 데 기여했으나, 이와 반대로 정부 내 관제개혁문제나 인사문제에 대한 내부 의견대립으로, 시작도 전에 정부붕괴에 직면할지도 모른다는 위기감이 생겨났고, 이렇게 된 이상 오히려 과감히 나서서 폐번치현을 단행하자는 움직임에서 폐번치현은 전광석화와 같이 단행되었다. 또한 이를 통해 중앙집권국가 일본을 완성시킨 후, 이와쿠라사절단은 조약 개정 및 구미 시찰을 위한 여정을 떠날 수 있었다.

폐번치현은 현재도 일본에서 폐번치현의 날(7월 14일)을 따로 기념하고 있듯 근대국가 일본의 성립의 단초가 된 사건이었고, 책에서도 다루듯이 이와 시기를 비슷하게 하여 죄수·피차별민 등을 개척으로 내보내려 했던(이후 자주적 개척을 원하는 이들에게 토지분양을 하는 모습으로 바뀌긴 했지만) '내국 식민지'로서의 홋카이도 개척사 설치, 그리고 중국 책봉체제 내에 이중으로 속해 있던 류큐왕국의 소멸 및 오키나와현 설치로 일본은 근세의 낡은 옷을 벗어던지고 근대 일본으로 탈바꿈하게 된다.

이러한 과정을 설명하기 위해 본서는 당시 문서, 당사자의 일기류, 회의록 등에 기초한 1차 사료를 풍부히 인용한 현장감 있는 서술로 독자를 끌어들이고 있다. 특히, 본문에서 일부나마 판적봉환의 건백문과 폐번치현의 조서를 직접 다루고 있는 것은 당시의 분위기를 생생히 전달하는 점으로 사료된다.

마지막으로 감사의 인사말과 함께 역자 후기를 마무리하고자 한다. 많은 분들이 힘써주셨기에 책이 출간될 수 있었다. 원고를 보고 흔쾌히 출간에 나서주신 교유서가 신정민 대표님께 감사의 말씀을 드린다. 또한 이렇게 잘 정리된 한 권의 책으로 나오도록 노고를 아끼지 않은 편집부와 편집자님께 감사의 말씀을 드린다.

또한 재직하고 있는 한국산업인력공단의 겸직 허가의 배려로 인해 원고가 나올 수 있었다. 너그러이 이해하고 지켜봐주신 공단의 선후배님들께 감사의 말씀을 드린다.

끝으로, 어린 시절 책에 관심을 갖게 해주신 할아버지, 일본어에 관심을 갖게 해주신 할머니, 언제나 사랑을 베풀어주신 부모님께 감사의 말씀을 드린다.

2024년 3월
김용범

찾아보기

폐번치현

일본 근대국가 탄생의 무대 뒤

—

초판 1쇄 발행　2024년 4월 25일
초판 2쇄 발행　2024년 6월 10일

—

지은이　가쓰타 마사하루
옮긴이　김용범

—

편집　이원주 이희연 이고호
디자인　김하얀
마케팅　김선진 김다정
브랜딩　함유지 함근아 고보미 박민재 김희숙 박다솔 조다현 정승민 배진성
저작권　박지영 형소진 최은진 서연주 오서영
제작　강신은 김동욱 이순호
제작처　상지사

—

펴낸곳　(주)교유당
펴낸이　신정민
출판등록　2019년 5월 24일 제406-2019-000052호

—

주소　10881 경기도 파주시 회동길 210
전화　031.955.8891(마케팅) | 031.955.2680(편집) | 031.955.8855(팩스)
전자우편　gyoyudang@munhak.com

—

인스타그램　@gyoyu_books | 트위터 @gyoyu_books | 페이스북 @gyoyubooks

—

ISBN　979-11-93710-25-8 03910

—